아이비리그 올마이티

Ivy League Almighty
아이비리그 올마이티

초판 1쇄 발행 2007년 8월 23일   초판 3쇄 발행 2011년 4월 6일

지은이 오영주 펴낸이 김태영

출판 1분사 분사장 최혜진
제작 이재승 송현주

펴낸곳 (주)위즈덤하우스 출판등록 2000년 5월 23일 제13-1071호
주소 경기도 고양시 일산동구 장항동 846번지 센트럴프라자 6층   전화 031)936-4114 팩스 031)903-3895
전자우편 yedam1@wisdomhouse.co.kr 홈페이지 www.wisdomhouse.co.kr
출력 으뜸프로세스 종이 화인페이퍼 인쇄 미광원색사 제본 세원제책

값 16,000원 ⓒ오영주, 2007 ISBN 978-89-91731-22-6 13000

* 이 도서의 국립중앙도서관 출판시도서목록(CIP)은 e-CIP 홈페이지(http://www.nl.go.kr/cip.php)에서
  이용하실 수 있습니다.(CIP제어번호: CIP2007002570)

Ivy League
Almighty
아이비리그 올마이티

오영주 지음

아이비리그라는 고지를 향하여

1983년에 유학생인 남편을 따라 생후 6개월 된 아들을 데리고 미국으로 갔다. 그곳에서 딸을 낳았고, 딸이 네 살 되던 무렵에 나는 다시 공부를 시작해 석사와 박사 학위를 받았다. 온 가족이 다시 귀국한 것은 아들이 초등학교 6학년, 딸이 3학년 때다. 영어권에서 자란 두 아이가 우리나라로 돌아와 공부하던 첫해는 우리 가족 모두에게 힘든 기간이었다. 다행히도 시간이 흐르면서 아이들은 잘 적응해 주었고 공부도 잘해주었다.

그런데 대원외국어고를 다니던 아들이 미국 대학으로 진학하고 싶다는 뜻을 밝혔다. 고심하던 우리 부부는 5년간의 한국 생활을 정리하고 다시 미국으로 향했다. 아들은 고1을, 딸아이는 중1을 마쳤을 때였다. 우리 말에 익숙해진 아이들이 미국에서 다시 영어로 수업을 받아야 했으니, 그 어려움이야 이루 말할 수 없었을 것이다. 하지만 미국에서 우리나라로 돌아왔을 때보단 다시 미국으로 갔을 때 훨씬 더 빨리 적응해 주었다. 어렸을 때의 경험이 도움이 되었던 모양이다. 사실 태평양을 두세 번씩 건너느라 고생은 많았지만 두 가지 언어와 문화를 익히면서 얻게 된 장점도 많았다. 무엇보다 아이들과 내가 우리말로 대화할 수 있다는 점에 감사한다.

미국에 간 지 1년밖에 되지 않아 아들은 12학년(우리나라의 고3)이 되었다. 입시생이 된 것이다. 어렸을 때부터 공부를 잘한 아들은 명문 사립대로 진학하고 싶다고 했다. 아이비리그 대학 지원서를 쓰는 아들을 도와주면서, 나는 아들과 함께 풀리지 않는 숙제를 잔뜩 떠안은 기분이었다. 무엇을 어떻게 도와주어야 할지 막막했다. 미국에서 석사, 박사 공부를 한 덕분에 대학 지원서 작성이나 절차에는 비교적 훤한 나였지만, 명문 사립대의 학부 전형에는 다른 전략이 필요했다.

아들은 나보다 발 빠르게 여러 곳에서 많은 정보를 얻어 대처한 편이지만, 지금 생각해 보면 정확한 전략을 모르는 채 많은 시행착오를 거쳤던 것 같다. 다른 부모들과 소문으로 나도는 진학 전략을 주고받기도 했지만 확실한 정보인지 알 길이 없었다. 대학 지원서를 제출하던 12학년 1학기에는 6개의 AP 과목을 수강하면서 10개 대학의 원서를 쓰느라 하루에 서너 시간밖에 자지 못하는 아들을 지켜보는 것이 안타까웠다. 그런 아들을 어떻게든 돕고 싶은 마음에, 진학 안내서란 안내서는 닥치는 대로 읽고, 교사에게 조언도 구했다. 그래도 명문대로 진학하는 방법과 전략을 알아내는 것은 장님이 코끼리를 더듬는 것만큼이나 막막한 일이었다.

미국에서 교육심리학(영재교육 전공) 박사 학위를 받은 나에게 아이비리그 대학 진학 전략을 세우는 것이 이토록 힘든데, 미국 체류 경험이 없는 다른 평범한 입시생들과 그들의 부모는 얼마나 힘들고 답답할까 하는 생각이 들었다. 그리고 그런 생각에서 한걸음 더 나아가, 아이비리그 대학 진학에 실질적인 도움을 줄 수 있는 책을 써야겠다는 사명감을 갖게 되었다.

아들이 대학에 합격한 뒤 나는 미국의 아이비리그 대학과 명문 사립고 진학 전문 컨설턴트로 일하기 시작했고, 지금도 수많은 학생들의 지원 과정에 동참하고 있다. 그리고 딸아이가 미술대학에 지원할 무렵에 나는 훨씬 정확한 안내자가 되어 있었다. 물론 나에겐 생소한 미술 전공이라는 특이성 때문에 새로운 입시 전략을 터득해야 했지만 큰아이 때보단 여러모로 쉽게 딸을 도와줄 수 있었다.

교육학자로서, 또 두 아이의 대학 입시를 치른 부모로서 나는 미국 명문 대학으로의 진학을 꿈꾸는 학생과 부모에게 되도록 적은 시행착오를 거치면서 합격할 수 있는 길을 보여주고 싶었다. 그래서 미국에서 수년간 명문대 진학 전문 컨설턴트로 활동했던 경험과, 아들과 딸의 진학을 준비하면서 얻게 된 모든 지식을 부족하나마 이 책에 담아보았다. 이 책을 집필하면서 아이비리그 대학들을 탐방하기도 했고, 입시 관련 자료를 수집하기 위해 집중적인 연구와 조사도 했다. 특히 대학 입학 사정관과 고교 진학 카운슬러와 직접 만나고 서신을 주고받으면서 많은 정보를 얻었다.

이 책이 우리나라에서 미국의 명문대로 진학하려는 중고교생뿐만 아니라 미국에 거주하는 한인 1.5세나 2세 학생, 진학 담당 교사, 진학 컨설턴트, 입시생을 둔 부모, 자녀교육에 큰 뜻을 품고 있는 모든 부모들에게 유용한 길잡이가 되기를 바란다.

이 책은 세계 최고의 수재들이 모이는 아이비리그라는 고지로 가는 길과, 그 여정에 필요한 것이 무엇인지 구체적으로 보여줄 것이다. 그런데 중요한 것은 그 고지에 도달해야 하는 사람은 학생 본인이라는 사실이다.

히말라야 고지를 정복하려 할 때, 전문 등반가로부터 최선의 길과 노하우를 배울 수는 있지만, 산 아래에서 고지까지 험난한 등반을 해야 하는 것은 바로 등반가 자신이다.

이 책의 효용성과 활용성을 높이려면, 먼저 전체 내용을 가볍게 한 번 읽은 다음 구체적인 내용을 파악할 수 있도록 정독할 것을 권한다. 등산을 효율적으로 하기 위해서 산의 전반적인 형세를 파악한 후 세부적인 등산 길을 정하는 것과 같은 이치다.

「Chapter 1」에서는 아이비리그 대학의 매력과 저력을 소개하면서 왜 수많은 사람들이 아이비리그로 진학하길 바라는지, 합격하기는 얼마나 힘든지를 다루었고, 아이비리그 대학과 그에 버금가는 명문 사립대학들도 소개했다. 「Chapter 2」에서는 아이비리그 대학에서 어떤 요소와 기준으로 지원자를 심사하는지, 또 아이비리그 대학 진학을 목표로 하는 학생들이 중고교 시절에 학년별로 무엇을 어떻게 준비해야 하는지 자세하게 소개했고, 「Chapter 3」에서는 지원서에 포함된 다양한 양식과 각 양식의 작성 요령에 대해 설명했다. 「Chapter 4」에서는 대학의 지원서 심사 방법과 전형 서류를 심사하는 사정관이 어떤 사람인지에 대해 소개했다. 또 지원 시기별 전형 유형과 심사 과정도 다루었다. 「Chapter 5」에서는 대학에서 지원자의 학업과 교내외 활동을 어떻게 점수화하는지 상세히 설명해 놓았다.

책을 출간하기까지 여러 분들께 큰 도움을 받았다. 우선 내게 글로벌 인재 양성의 비전을 가슴에 품고 그 길을 실천하며 살아갈 수 있는 열정을 주신 미국 퍼듀 대학교 석좌교수이신 존 펠드휴즌 박사님께 감사드린다.

7

아이비리그 입시와 관련해 아낌없는 조언을 해준 미국 워싱턴 주 소재 벨뷰 교육청의 스튜어트 박사와 렌톤 교육청의 론도우 박사께도 감사드린다. 또 우리나라의 입시 상황과 미국 유학 준비에 관해 고견을 주신 민족사관고와 대원외고의 선생님들께 감사드린다. 원고를 읽고 미흡한 점을 지적해 주신 여러 선생님과 학생 들에게도 감사를 전한다. 무엇보다도 항상 마음속으로 나를 응원하고 지지해 주는 남편과 아들딸에게, 그리고 시댁과 친정 가족들에게 마음을 다해 감사한다.

자! 이제 아이비리그라는 험난한 고지를 향해 첫걸음을 떼어보자.

2007년 여름
한솔 영재교육연구원 집무실에서
오영주

| C o n t e n t s |

chapter 3　내 모든 것을 보여주는 지원서, 어떻게 쓸까

세계 최고 수재들의 치열한 입학 전쟁

chapter 4

—아이비리그 대입 전형 유형과 심사 과정

chapter 5　나의 평가 등급, 이렇게 매겨진다

chapter 1

글로벌 리더가 되는 길, 아이비리그

1_ 가자!
아이비리그로

아이비리그!

 미국 500대 기업의 CEO로 활약 중인 세계적인 경영인들을 비롯해 사회 각계각층에서 영향력을 행사하는 사람들과 수많은 노벨상 수상자를 끊임없이 배출하는 곳, 그곳이 바로 아이비리그 대학이다. 한국에서 일 년간 대학을 다니다 아이비리그 대학으로 진학했던 한 학생의 말이 생각난다. 그는 아이비리그에서 쓰던 교재나 교수들의 강의는 한국의 대학과 크게 다르지 않았지만 아이비리그에서 함께 공부했던 학생들의 자신에 찬 모습에, 또 그들의 집중과 열정, 창조적인 아이디어, 논리 정연한 발표 토론에 익숙하지 않아 처음엔 주눅이 들었다고 했다. 그러나 점차 자신감을 회복하여 그들과 어깨를 나란히 겨루는 진정한 동반자가 되었다고 회고했다.

 프린스턴의 졸업생인 또 다른 한국인은 "아이비리그 출신이란 점이 주는 가장 큰 혜택은 지적인 것이 아니라 사회적인 것이다"라고 말했다. 세계적 두뇌들이 모인 전당, 그곳이 '아이비리그'라는 데에는 아무도 이의를 제기하지 않을 것이다. 그러나 아이비리그의 진정한 저력은 다른 데 있다. 바로 졸업 후에 대기업을 경영하거나 TV 쇼를 장식하는 거물이 같은 학교 출신이라는 점, 사회 각 분야에 영향력을 행사하고 글로벌 리더로 활약하는 사람들이 동문이라는 점이다. 한마디로 탄탄한 인적 네트워크를 갖는다는 것이 아이비리그의 가장 큰 매력이다.

　지금도 세계 각국의 수많은 학생과 부모들이 너도나도 아이비리그의 꿈을 품고, 그 꿈을 이루기 위해 각고의 노력을 기울이고 있다. 그들은 왜 아이비리그를 열망하는 것일까? 이 장에서는 아이비리그 대학의 매력이 무엇이기에 전 세계 사람들이 그토록 아이비리그로 입성하길 소원하는지 생각해 보았다. 그리고 그 대열에 우리나라 학생들은 왜 합류하는지, 현재 몇 명의 유학생이 재학 중인지도 소개했다. 마지막으로 아이비리그 대학에 입학하기가 얼마나 힘든지 그 좁아지는 문, 높아지는 문턱에 대해서도 분석해 보았다.

그대, 아이비리그를 꿈꾸는가

현대 사회에서 인터넷이나 컴퓨터 오퍼레이팅 시스템인 윈도우를 쓰지 않는 사람은 거의 없다. 이렇게 세상 사람들의 삶을 바꾸고 생활 패턴까지 바꿔놓은 빌 게이츠(William Henry Gates 3세). 사람들은 그가 대학도 나오지 않은 가난한 유대인이라고 오해하곤 한다. 그러나 그는 유대인이 아니라 미국 시애틀의 유서 깊은 명문가 자제이며, 명문 사립인 레이크사이드 고교를 졸업했고, 무엇보다 학문의 전당인 하버드 대학에 2년간 재학했던 수재다. 비록 하버드 졸업장보다는 그가 간직한 꿈을 실현하는 데 더 큰 열정을 품어 대학을 중퇴했지만 그는 고교에서 폴 앨런을 만났고, 또 하버드의 앞서가는 최신식 기자재를 활용하면서 폴과 함께 그의 꿈을 실현시켰다. 한마디로 빌 게이츠는 고교에서, 또 대학에서 그가 지닌 꿈과 열정을 함께 나눌 평생의 동반자를 만난 셈이다. 자유롭게 생각을 나누며 서로를 이끌어줄 동반자를 만난다는 것, 그것은 정말로 가슴 벅찬 일이다.

『월스트리트저널』은 미국 500대 회사의 CEO 중 10%만이 아이비리그 출신이라고 보도하면서 일류대 출신이 성공의 열쇠는 아니라고 보도했다. 그러나 하버드대 경제학과 교수는 아이비리그 졸업생이 전체 대졸자의 1%밖에 되지 않는데 500대 기업 CEO의 10%나 아이비리그 출신이라는 말은 아이비리그 졸업생이 CEO가 될 확률이 타 대학 졸업자에 비해 10배나 높다는 의미라고 반박했다. 미 정부 고위 인사들의 출신 대학을 봐도 예일대에서 학부를, 하버드대에서 MBA를 한 부시 대통령을 위시해 21명의 각료 중 8명(40%)이 아이비리그 출신이다. 이처럼 아이비리그 출신들이 사회의 기득권층에 속해서 영향력을 행사한다는 점은 분명 아이비리그의 저력을 과시하는 것이라 할 수 있겠다.

이렇게 사회 각계각층에서 영향력을 행사하는 동문들이 아이비리그 졸업생에게 든든한 후원자요 동반자요 울타리가 되어준다. 올해 하버드에 입학한 학생들은 졸업 후 30여만 명이나 되는 동문으로부터 각종 도움과 정보를 받으며 그들이 속해 있는 세상 속으로 들어갈 것이다. 그리고 그들과 어깨를 나란히 하며 세상을 이끌어갈 비전을 품고 하루하루를 살아갈 것이다. 재학 중 그들과 함께 가까이 숨쉬며 생활했기 때문에 그들처럼 사는 것이 그렇게 요원한 일이 아니라는 자신감도 갖게 되고, 그들과 어깨를 나란히 하고 싶다는 꿈과 비전도 품게 된다.

꿈과 비전을 갖고 산다는 것은 참으로 멋진 삶이다. 그런데 그런 꿈과 비전을 혼자 힘으론 실현하기 힘들다. 같은 꿈과 열정을 지닌 스승, 친구, 선후배가 긴 여정에 동반해 주어야 한다. 평생 함께 일할 지적인 동반자를 만날 수 있는 곳, 그곳에 속하고 싶지 않은 사람이 과연 몇이나 될까? 그래서 언젠가는 글로벌 인재로 활약할 자신의 모습을 꿈꾸는 수많은 인재들이 아이비리그라는 대열에 동참하려고 지금도 지구촌 곳곳에서 목표를 향해 도전하고 있는 것이다.

왜 아이비리그를 열망하는가

아이비리그 대학 여덟 곳의 신입생 정원은 모두 13,430명이다. MIT와 스탠퍼드 대학의 정원까지 합쳐도 16,030명밖에 되지 않는다. 2006년도 입학생 통계를 보면, 이들 10개 대학의 지원자 수는 무려 196,000여 명이나 되는데, 그중 합격 통지를 받은 학생 수는 고작 26,000여 명밖에 되지 않았다. 합격률이 13.3%라는 말이다. 100명이 지원하면 13명은 붙고, 나머지 87명은 떨어진다는 얘기다. 그런데 불합격자들도 그들이 사는 지역이나 그들 나라에서 수재라는 평가를 듣는 학생인 것을 감안하면, 아이비리그의 좁은 문은 낙타가 비집고 들어가야 할 바늘구멍에 비유될 만하다. 게다가 그 좁은 입학 문이 해가 갈수록 더욱더 좁아지고 있다. 이유가 무엇일까? 또 세계의 우수한 학생들이 왜 그토록 아이비리그 대학 진학을 열망하는 것일까? 아이비리그 대학을 선호하는 이유는 다양하겠지만, 크게는 다음의 세 가지로 나누어볼 수 있다.

우선 아이비리그 대학들이 하나같이 오랜 역사와 전통을 자랑하는 명문이라는 것을 들 수 있겠다. 하버드 대학이 1636년에 세워진 것을 필두로, 연이어 설립된 아이비리그 대학은 코넬 대학을 제외한 7개 대학이 200년 이상의 유구한 역사를 지니고 있다. 사람들은 새것을 좋아하면서도 유서 깊은 역사와 전통에 소속된 일원이라는 점을 명예롭게 여기게 마련이다. 따라서 뛰어난 학생들이 아이비리그의 일원이 되는 영광을 맞보고자 열망하는 것은 당연한 일이다.

그다음으로는 아이비리그 대학이 오랜 역사만큼이나 수많은 인재를 배출한 점을 들 수 있을 것이다. 실제로 미국 사회 각계각층의 요직에는 아이비리그 출신자들이 대거 포진해 있다. 그런 까닭에 아이비리그를 졸업하면 취업이나 승진 등 앞길을 일구어나가는 데 있어 유리한 위치를 선점할 수 있게 된다. 한마디로 무궁무진한 가치가 있는 인적 재산을 쌓고 인맥 네트워크를 구축할 수 있기에 아이비리그의 가족이 되기를 열망하는 것이다.

마지막으로는 아이비리그가 세계 최고의 두뇌들이 진정한 배움을 갈구하며 모여드는 곳이라는 점이다. 아이비리그 출신들이 노벨상을 수상하거나 탁월한 업적을 이루어낼 수 있는 것은 당대의 뛰어난 석학들에게 직접 배우고 그들과 교류할 수 있기 때문이기도 하지만, 궁극적으로는 아이비리그 학생들의 우수성과 천재성 덕분이다. 그들은 역사에 길이 남을 한 획을 그을 인물이 되거나 그러한 인재들과 당당히 경쟁할 기회를 누리고자 아이비리그 대학에 입학하려 한다.

아이비리그로 향하는 우리나라 학생들

최근에 집계된 중앙일보 보도(2007년 6월 5일자)에 의하면, 아이비리그 대학에 진학한 한국 유학생 수가 2,000여 명이나 되고, MIT와 스탠퍼드 대학 유학생까지 합치면 2,723명에 달한다고 한다. 이들 10개 대학의 학부 유학생은 801명이고, 대학원 유학생은 1,922명이다. 상위 30위권 이내의 미국 명문대로 진학한 유학생까지 합치면 4,000여 명이 넘는 셈이다. 우수한 학생들이 몰려 있는 대원외고, 민족사관고, 서울과학고, 한국과학영재고, 한영외고 등의 특목고 홈페이지에 올라 있는 자료를 정리하면, 2007학년도에 미국의 명문대에 합격한 학생이 무려 100명이 넘는 것으로 집계된다.

2007년 7월 4일자 동아일보에도 "외고-자사고 올 해외대 진학자, 서울대 진학생 수 첫 추월"이란 제목의 기사가 실렸다. 외고와 자사고 졸업생 중 서울대 진학자 수는 321명인데, 해외 유명 대학 진학자 수는 371명이라고 발표했다. 같은 날 동아일보 신문에는 또 어떤 대학에 몇 명씩 합격했는지 고교별 통계치도 게재하고 있다. 전국 20개 외고와 6개 자사고의 진학

실적을 분석한 결과, 아이비리그 합격자 수는 브라운 11명, 컬럼비아 8명, 코넬 20명, 다트머스 11명, 하버드 4명, 프린스턴 8명, 예일 3명, 펜실베이니아 10명으로 전국에서 총 75명이 합격했다. 그 외에 스탠퍼드대 11명, 시카고대 8명, 듀크대 14명, 뉴욕대 8명, 노스웨스턴대 8명, 퍼듀대 8명으로 57명의 합격자를 더 냈다. 합격자를 낸 외고와 자사고 중 민족사관고, 대원외고, 한영외고 세 학교에서만 무려 187명(50.4%)의 해외대 합격자를 냈으며, 그중 65명이 아이비리그 합격자이다.

각 일간지에서는 학생들이 왜 해외 대학으로 눈길을 돌리는지 그 이유에 대해서도 설명하고 있는데, 가장 크게는 국내 입시제도와 대학의 교육 여건에 대한 불만이 꼽히고 있다. 구체적으로는 내신 비중 확대로 국내 명문대 진학에 변수가 많아서, 대학 진학 뒤 정작 원하는 공부를 하지 못하고 취업 경쟁에 내몰리는 국내 분위기가 싫어서, 대학에 가서 관심 분야를 마음껏 공부할 수 있는 기회가 적어서, 더 좋은 환경과 수준 높은 교육을 제공받기 위해서, 인맥보다 실력이 더 중요하다는 생각에, 넓은 세상에서 우수한 학생들과 경쟁하며 공부하고 싶어서 등이 나열되어 있다. 미국인들도 자신의 실력이 허락한다면 아이비리그 대학으로 진학하길 소원하는 요즈음, 우리나라에서 미국 대학으로 진학하길 희망하는 학생들의 수가 놀라울 정도로 급증하고 있다.

지난 6월 27일 취임한 영국의 총리 고든 브라운은 10년간 집권했던 토니 블레어 총리에 이어 "영국을 교육 강국으로 만들겠다"는 국정 과제를 내세웠다. 글로벌 시대에 무한 경쟁을 하려면 교육에 투자해 인재를 양성하는 길밖에 없음을 인식하기 때문이다. 우리나라도 인력 자원의 잠재력을 더 이상 낭비하게 되면 국가의 장래가 암울하다는 인식이 확산되어야 하겠다. 우리도 그들처럼 교육을 최고 수준으로 끌어올리기 위한 각고의 노력을 기울이지 않는 한 우리의 인재들은 끊임없이 국외로 시선과 발길을 돌릴 것이기 때문이다.

좁아지는 문, 낮아지는 합격률

미국에서는 합격률이 30% 이내인 학교를 명문대로 손꼽는다. 합격률은 다른 말로 선택률(Selectivity Rate) 또는 수락률(Acceptance Rate)이라고도 하는데, 이 수치는 총 합격자 수를 총 지원자 수에 대비해 산출한 백분율이다. 이 수치가 낮아질수록 합격이 어려워진다는 뜻이다.

아이비리그 대학의 합격률은 매년 조금씩 다르긴 하지만 대개 10~15% 선을 유지해 왔다. 그런데 에코 베이비부머(2차 대전 종전 직후의 베이비붐 시기에 태어난 베이비부머의 자녀들로, 1973~1993년에 출생한 이들을 가리킨다. 현재 미국 인구의 3분의 1에 해당하는 베이비부머 숫자와 맞먹는 거대한 군단이다)가 지원하는 요즘은 해가 거듭될수록 합격률이 낮아지고 있으며 매년 기록을 갱신하는 추세다.

하버드 대학의 입학 통계를 예로 들면 2006년에는 지원자 22,753명 중 2,109명만이 합격 통지를 받아서 9.3%의 합격률을 보였다. 2005년에는 22,717명 중 2,074명만이 합격해 9.1%의 합격률을 보였고, 2002년에는 19,605명 중 2,068명(10.5%)만이 합격했다. 다시 말해, 지원자 수는 5년 사이에 3,000여 명이 늘어났는데 합격자 수는 거의 변동이 없는 것으로 합격률이 내려간 셈이다. 에코 베이비부머인 고등학생 수가 지속적으로 증가하는 2010년까지는 합격률이 낮아질 수밖에 없다.

2006년 하버드 대학 지원자들 가운데 SAT 수학 만점을 받은 학생은 2,700명이었고, SAT 독해 만점자도 2,600명이나 되었다. 전교 1등으로 고교를 졸업한 학생은 무려 3,200명에 달한다. 조기 전형의 경우, 지원자 4,313명 중 20.7%가 합격했고, 73%는 보류, 3.8%는 불합격 통보를 받았으며, 79명은 서류 미비, 12명은 학생 측에서 지원을 철회한 것으로 나타났다.

아이비리그 입학 문이 좁아지는 이유

1 대학 진학 연령대의 학생 수가 급증한 것을 들 수 있다. 이들은 베이비부머의 자녀인 '에코 베이비부머'로, 베이비부머의 숫자와 맞먹는 거대한 군단이다. 에코 베이비부머 세대가 대학에 진학하는 1990년~2010년은 그 어느 때보다 치열한 대학 입시 경쟁률을 기록하게 된다.

2 경제 주역인 베이비부머들의 높은 교육열과 아낌없는 투자로 자녀들의 교육적, 지적 수준이 예진보다 훨씬 높아졌다는 점을 꼽을 수 있다. 에코 베이비부머들의 학교 성적이나 SAT 점수가 과거에 비해 월등히 높아진 것이 그 예다.

3 대학에 진학하려는 고교 졸업생의 비율이 높아졌다는 점이다. 대학 진학을 앞둔 학생 수도 절대적으로 많지만, 경제적 기반을 잡은 베이비부머들이 자녀교육을 우선순위로 두었기 때문이다. 이들은 자녀의 더 나은 미래와 가족의 사회 경제적 지위 확보를 위해 자녀가 세계 일류 대학인 아이비리그로 진학할 수 있도록 물심양면으로 뒷받침하고 있다.

대기자 명단에 오르더라도 합격의 문을 넘어서기는 여간 힘든 일이 아니다. 대기자들 중 추가 합격 통지를 받는 사람은 다섯 손가락 안에 들까 말까 한 정도다. 편입도 어렵기는 마찬가지다. 하버드 대학의 경우 2학년과 3학년으로 편입할 수 있는데, 입학 전형보다 훨씬 더 치열한 경쟁률을 보인다. 2004년에는 1,000명이 지원했는데 고작 4%인 40명만이 편입 합격 통지서를 받았다.

대학별 웹사이트에 실린 입학 통계 자료를 일목요연하게 정리한 다음의 표를 보면 아이비리그 입성이 얼마나 어려운지 한눈에 파악할 수 있다. 여기서 주목해야 할 점은 조기 지원자가 정시 지원자보다 거의 두 배나 높은 합격률을 보였다는 사실이다. 따라서 명문 대학 진학에 뜻을 둔 학생이라면 반드시 조기 지원에 응시하라고 권하고 싶다.

입학 통계 자료에서 알 수 있듯이 8개 아이비리그 대학의 전체 합격자 수는 22,000여 명인 데 비해 총 지원자 수는 160,000여 명이나 된다. 즉 전체 지원자의 14%만 합격하고 나머지 140,000여 명은 떨어진다는 말이다. MIT와 스탠퍼드 대학까지 합치면 총 지원자 수가 거의 200,000명에 달하는데, 10개 대학의 합격자 수를 모두 합쳐도 26,000여 명밖에 되지 않는다. 지원자의 87%나 되는 174,000여 명이 불합격의 고배를 마신다는 뜻이다.

입학 통계 자료에는 나타나 있지 않지만, MIT의 2006년 합격률 통계에 따르면 미국 시민권자나 영주권자가 아닌 외국인 학생의 합격률은 4%로 상당히 낮다. 해마다 수치가 조금씩 바뀌기는 하겠지만, 외국인의 합격률이 낮아졌다는 말은 우리나라 학생들에겐 반갑지 않은 소식이다.

아이비리그 대학 및 명문 사립대학 입학 통계 자료

대학명	조기 지원			정시 지원			대학별 총계		
	지원자수	합격자수	합격률	지원자수	합격자수	합격률	지원자수	합격자수	합격률
브라운	2,379	540	22.7%	15,934	1,987	12.5%	18,313	2,527	13.8%
(Early Action)	1,920	538	28.0%	14,988	1,925	12.8%	16,908	2,463	14.6%
컬럼비아칼리지	2,275	582	25.6%	14,813	1,072	7.9%	17,148	1,653	9.6%
	–	–	–	–	–	–	15,790	1,638	10.4%
SEAS	–	–	–	–	–	–	2,700	614	22.7%
(Early decision)	–	–	–	–	–	–	2,328	612	26.3%
코넬	2,836	1.106	39%	25,261	5,821	23.0%	28,097	6,927	24.7%
(Early decision)	2,572	1.072	41.7%	21,872	5,312	24.3%	24,444	6,384	26.1%
다트머스	1,321	398	30,1%	12,616	1,752	13.89%	11,937	2,146	15,4%
(Early decision)	1,271	394	33,6%	11,586	1,755	15.0%	12,757	2,149	16,8%
하버드	3,872	804	20.7%	18,881	1,305	6.9%	22,753	2,109	9.3%
(Single Choice Early Action)	4,313	885	21%	22,276	1,185	5.3%	22,717	2,074	9.1%
펜실베이니아	4,140	1,180	28.6%	17,695	2,442	13.8%	20,479	3,622	17.7%
(Early decision)	3,420	1,163	34%	15,400	2,749	17.9%	18,820	3,912	21.0%
프린스턴	2,236	599	26.8%	15,327	1,193	7.8%	17,563	1,792	10.2%
(Early decision)	1,999	593	29.1%	14,452	1,214	8.4%	16,516	1,807	10.9%
예일	4,084	724	17.7%	18,948	1,099	5.8%	21,099	1,823	8.6%
(Single Choice Early Action)	3,933	704	17.9%	15,497	1,176	7.6%	19,430	1,880	9.7%
아이비리그 대학 총계	23,143	5,938	25.6%	139,535	16,671	11.9%	162,089	22,213	14.3%
	19,328	5,349	27.7%	116,071	15,316	13.2%	149,710	22,919	15.3%
MIT	3,098	377	12.2%	8,275	1,097	13.3%	11,373	1,474	13%
(Early Action)	2,830	383	13.5%	7,609	1,112	14.6%	10,439	1,495	14.3%
스탠퍼드	4,503	852	18.9%	17,829	1,578	8.8%	22,332	2,430	10.9%
(Early Action)	4,335	867	20.0%	15,859	1,545	9.7%	20,194	2,412	12.0%
전체 총계	30,744	7,162	23.3%	165,639	19,346	11.7%	195,794	26,117	13.3%
	26,493	6,599	24.9%	139,539	17,973	12.9%	180,343	26,826	14.9%

＊윗줄 : 2006년 입학생(Class of 2010), 아랫줄 : 2005년 입학생(Class of 2009)

• 컬럼비아 대학은 컬럼비아 칼리지와 이공대인 SEAS를 합친 통계다.
• 총 지원자 수가 조기 지원자와 정시 지원자 수를 더한 것보다 적은 대학(예일, 펜실베이니아의 경우)은 조기 지원 때 보류 판정을 받은 학생을 정시 지원에 포함시키면서 그 인원을 별도로 계산하지 않았기 때문이다.

2_ 아이비리그,
세계 최고 두뇌들의 배움터

미국의 뛰어난 학생들뿐만 아니라 세계의 수재들이 들어가기를 꿈꾸는 최고의 배움터, 그곳이 바로 아이비리그 대학이다. 미국 동부에는 하버드 대학을 비롯한 8개 아이비리그 대학이 있다. 또한 미국에는 아이비리그 대학 말고도 오랜 전통과 명성을 자랑하는 크고 작은 명문 대학들이 여럿 있다. 예를 들면 동부의 MIT(매사추세츠 공과 대학), 서부의 스탠퍼드 대학, 이공학으로 유명한 칼텍(캘리포니아 공과 대학), 의대 진학을 목표로 한 학생들에게 인기 높은 존스홉킨스 대학, 인문사회 계열로 이름 높은 시카고 대학, 동남부의 전통 깊은 듀크 대학, 중부의 노스웨스턴 대학, 중남부의 워싱턴 대학, 우리나라 사람들에게 인지도가 높은 UC버클리 주립대학은 미국의 2,500여 개 4년제 대학 중 상위 20위권 안에 드는 명문 중의 명문이다.

미국에는 현재 총 4,197개의 대학이 있는데, 그중 4년제 대학은 2,487개이다. 그리고 4년제 대학 중 사립대학은 1,859개, 주립대학은 628개가 있다. 이렇게 많은 대학 중에서 한국 유학생들이 가장 선호하는 대학은 단연코 하버드와 예일이다. 그 외에도 캠퍼스 규모가 크고 학생 수가 많은 대학, 한적한 시골보다는 도시에 있는 대학, 오랜 역사를 지닌 전통 깊은 대학, 대학 순위가 꾸준히 높은 대학, 최첨단 설비와 시설을 갖춘 대학, 한국 유학생 수가 너무 많지도 적지도 않은 대학을 선호한다.

이렇게 많은 대학 중 아이비리그 대학들이 미국 최고의 명문으로 우뚝 설 수 있었던 배경은 무엇일까? 흔히 아이비리그로 통칭되는 미국의 명문 대학에는 어떤 대학들이 있고, 이들 학교는 어떤 역사와 특징을 가지고 있을까? 이 장에서는 아이비리그 대학 진학에 뜻을 둔 우리나라 학생들이 대학을 선택하는 데 도움이 되도록 8개 아이비리그 대학과 많은 한국 학생들이 진학하기를 희망하는 MIT, 스탠퍼드 대학을 구체적으로 소개하겠다.

아이비리그 대학의 탄생

아이비리그 대학이란 미국 동북부에 있는 8개 명문 사립대학, 즉 브라운, 컬럼비아, 코넬, 다트머스, 하버드, 프린스턴, 펜실베이니아, 예일 대학을 가리킨다. '아이비리그(Ivy+League)'라는 명칭은 이들 대학 건물이 담쟁이덩굴로 뒤덮여 있고, 8개 대학 간에 미식축구 경기가 리그제로 치러지면서 붙은 이름이다. '아이비리그'라는 용어가 본격적으로 쓰이기 시작한 것은 1954년, 대학 미식축구를 비롯한 다양한 스포츠 경기의 운영을 위해 동북부 지역인 NCAA(National Collegiate Athletic Association, 미국대학스포츠 협회) Division I에 현재의 아이비리그 대학들이 포함된 때부터다. 참고로, NCAA는 미국 내 대학을 모두 3개의 Division으로 나누어서 대회를 운영하는데, Division I에 속하는 대학은 적어도 남자 7종목, 여자 7종목(또는 남자 6종목, 여자 8종목)의 경기팀을 운영해야 한다.

아이비리그 대학은 각종 스포츠 경기에서 우승하기 위해 가장 유능한 선수들을 경쟁적으로 끌어들였고, 그로 인해 대학끼리 보이지 않는 마찰을 빚게 되었다. 경기장 안뿐만 아니라 밖에서도 게임의 법칙이 필요하게 된 것이다. 그래서 선수 선발의 공정성과 신뢰성을 높이기 위한 방안으로, 8개 대학이 반드시 준수해야 할 규정이 만들어졌다. 그 내용에는 운동선수 입학의 전형 기준과 절차뿐만 아니라 각 선수가 받게 될 장학금 액수까지 명시되어 있다. 아이비리그 대학의 선수 선발 규정은 세월이 흐르면서 조금씩 수정되긴 했지만, 그 기본 골격은 큰 변화 없이 적용되고 있다.

그런데 이 규정은 그 뒤로 아이비리그 각 대학의 일반 학생 전형에도 적용되기 시작했다. 뛰어난 선수를 선발하는 규정이라면 우수한 일반 신입생을 뽑는 전형 기준과 방법으로도 손색이 없다고 판단한 것이다. 또한 이 규정은 아이비리그 대학뿐만 아니라 다른 명문 사립대학에도 신입생 선발 전형 방법으로 도입되었다. 지금의 아이비리그와 그에 준하는 명문 사립대학의 입학 심사 과정과 기준이 대동소이한 것은 바로 그 때문이다.

200년 이상의 유구한 역사와 전통을 바탕으로, 뛰어난 인재를 뽑는 기준을 탄탄히 마련한 아이비리그 대학들은 미국뿐 아니라 세계의 수재들을 끌어 모으는 최고의 배움터로 거듭나고 있다.

미국의 명문 대학들은 1등부터 꼴등까지 순위를 매기는 것이 불가능하다. 하버드나 프린스턴, 예일 등은 최고 명문 대학 중 하나일 뿐, 어느 학교가 더 우수하다거나 덜 우수하다고 말하기 어렵다. 각 대학마다 명성을 떨치는 분야와 전공, 프로그램이 제각기 다르기 때문이다.

지금부터는 아이비리그로 진학하고자 하는 학생과 학부모 들에게 각 대학에 대한 상세한 정보를 주어 자신의 희망과 전공, 수준에 맞는 대학을 선택하는 데 도움을 주고자 8개 아이비리그 대학과, 그에 버금가는 미국 내 명문 사립으로 꼽히는 MIT, 스탠퍼드 대학의 역사와 특징을 소개하려고 한다. 참고로, 이 책에서는 8개 아이비리그 대학과 그에 못지않은 명성을 지닌 미국의 명문 사립대학들을 통칭하는 말로 아이비리그라는 용어를 사용했다.

브라운 대학(Brown University)

1764년에 침례교도를 양성하기 위해 세워진 브라운 대학은 미국에서 일곱 번째로 오래된 대학이다. 초기에는 학교 소재지의 지명을 따서 로드아일랜드 칼리지로 불렸는데, 거액을 기증한 니콜라스 브라운의 이름을 따서 1804년에 브라운 대학으로 개명되었다. 1930년부터는 종교적 색채를 탈피하고 학교 시설에 과감히 투자하면서, 유명 교수 확보 및 우수 학생 유치에 총력을 기울여 현재의 명문대로 자리매김했다.

로드아일랜드 주의 주도인 프로비던스 시에 위치한 브라운 대학은 보스턴에서 남쪽으로 30분 거리에 있다. 학교 교정뿐만 아니라 도시 전체가 뉴잉글랜드 식의 고풍스러운 건물들로 꾸며져 있고, 최우수 미대로 꼽히는 '로드아일랜드 스쿨 오브 디자인'과 이웃해 있다. 우리나라 사람들에겐 다른 아이비리그 대학에 비해 인지도가 낮지만 미국 학생들에겐 굉장히 인기 있는 학교다.

브라운 대학은 학사와 의대 과정을 통합한 PLME(Program in Liberal Medical Education)라는 이중 학위 과정을 1985년부터 시행하고 있다. PLME 과정은 일단 합격하면 4년 후에 학사 학위를 받게 되고, 그 뒤 의대에 별도로 지망하지 않고도 계속 4년간 더 공부하면 의사 학위(MD)를 받게 된다. 이 프로그램에 지원하는 학생 수는 매년 1,250여 명에 달하는데, 그중 5% 정도인 60명만이 입학 허가를 받는다.

브라운 대학의 우수 전공 분야로는 컴퓨터학, 생의공학, 토목공학, 응용수학, 역사학, 지질학, 비교문학, 미술사, 응용수학, 철학, 전자공학 등이

TIP

브라운 대학의 합격률은 14% 선이다. 2007년(괄호 안은 2006년 수치)에는 총 19,044명(18,313명)이 지원했고, 그중 13.53%(13.8%)인 2,577명(2,527명)이 합격했다. 불과 1년 사이에 지원자 수가 731명이나 늘었는데 합격자 수는 50명만 늘었을 뿐이다. 조기 지원자는 2,307명이었고 그중 523명(22.7%)이 합격했다. 매년 입학하는 신입생 수는 1,460여 명이다. 브라운 대학의 현재 총 학생 수가 7,788명이고 그중 학부 학생 수가 6,030명인 것에 비하면 굉장히 적은 수이다. 2007년도 한국 유학생 수는 학부에 60명, 대학원에 50명으로 총 110명이다.

꼽힌다. 학부에 이집트학과 수학역사학이 있는 유일한 대학이다. 전공대학원 과정에는 의대와 공대는 있지만 법대나 경영대는 없다.

브라운 대학은 유명 인사의 자녀들이 많이 재학하는 것으로 알려져 있다. 예를 들면 지미 카터 전 대통령의 딸, 월터 먼데일 전 부통령의 아들, 여배우 제인 폰다의 딸, 존 F. 케네디 전 대통령의 아들 등이 있다. 졸업생 중 유명인으로는 IBM 설립자인 토머스 왓슨, 체이스 맨해튼 은행 이사장인 월라드 부처, 전 애플 컴퓨터 사장인 존 스컬리 3세, CNN의 테드 터너가 있다.

컬럼비아 대학(Columbia University)

미국에서 다섯 번째로 오래된 컬럼비아 대학은 1754년에 '킹스 칼리지'라는 이름으로 세워졌고, 독립혁명 이후인 1784년에 컬럼비아 칼리지로 개명되었다.

캠퍼스는 미국 최대의 도시인 뉴욕 맨해튼 116번가에 위치해 있다. 대도시 한가운데에 있는 30에이커 규모의 한적하고 평화로운 교정은 분주하고 번잡한 학교 밖 풍경과는 매우 대조적인 모습이다. 캠퍼스가 대도시 안에 자리잡고 있어 조용한 생활에 익숙한 학생들에게는 다소 어려움이 있겠지만, 미국 최대 도시에 위치하고 있기에 누릴 수 있는 다양한 혜택은 무시할 수 없는 매력이다. 42억 불이 넘는 재단을 소유한 부자 학교이기도 하다.

컬럼비아 대학은 행정적으로 완전히 독립된 4개의 학부 대학을 별도로 운영하고 있는데, 이들을 총칭해서 '컬럼비아 유니버시티'라고 부른다. 그중에서 학사 과정은 대개 문리대인 '컬럼비아 칼리지'와 이공대인 SEAS(The School of Engineering and Applied Science)를 가리킨다. 컬럼비아 칼리지에는 총 4,109명의 학부 학생이 재학 중이며, 그중 한 학년 정원은 1,040명이다. 공대인 SEAS에는 1,000여 명의 대학원생과 1,000여 명의 학부 학생이 있다. 다시 말해 한 학년 전체 학부 학생 수는 약 1,250명이 된다.

컬럼비아 대학은 공통 과목을 정해놓고 모든 재학생이 반드시 이수하도록 요구하는 필수 교양 과정인 '코어 커리큘럼 제도'를 미국에서 최초로 도입한 이래 지금까지 지속적으로 시행하고 있다. 많은 대학들이 이 제도를 축소하거나 폐지하는 추세이지만, 컬럼비아 대학은 모든 학부 학생들에게 기초적인 인문사회 계열 강좌를 수강할 것을 요구한다.

이 대학의 명성은 14개 전문 대학(대학원 과정)으로 더욱 정평이 나 있다. 법대, 경영대, 일반 대학원은 우수 대학원 순위에 매년 Top 10으로 꾸

컬럼비아 칼리지의 합격률은 10% 선이다. 2007년 (2006년)에는 총 16,070명(17,148명)이 지원했으며 그중 7.24%(9.6%)인 1,618명(1,653명)이 합격했다. 이공대인 SEAS의 합격률은 아직까지 평균 15% 선을 유지하고 있다. 2007년에는 총 2,844명이 지원해 592명(15.89%)이 합격했다. SEAS는 1년 전에 비해 지원자가 144명 늘었는데 합격자 수는 오히려 22명이 줄었다. 2007년도 한국 유학생 수는 학부에 180명, 대학원에 400명으로 총 580명이다.

준히 선정된다. 저널리즘 대학원은 미국에서 1위로 인정받고 있으며, 매년 이곳에서 유명한 퓰리처상을 시상한다. 또 의과 대학은 의대, 치대, 간호대, 보건위생대의 네 개 학교로 구성되어 있고 하나같이 뛰어난 학교로 알려져 있다. 한국인으로는 일제 치하에서 대한민국이 수립될 당시 주역을 맡았던 조병옥 박사, 이대 총장을 역임한 김활란 박사 등이 이 대학 출신이다.

이 학교는 3명의 대통령을 배출했고, 유명 동문으로는 미국 최초의 대법원장인 존 재이, 억만장자인 존 클루지, 유명 작가 앨런 긴스버그가 있다. 신문 왕 조셉 퓰리처도 빼놓을 수 없다. 그는 1917년 당시 200만 달러의 유산으로 컬럼비아 대학에 저널리즘 대학원을 신설했으며 퓰리처상도 제정했다. 저널리즘 분야의 노벨상으로 일컬어지는 퓰리처상은 퓰리처상 위원회의 추천을 받아 컬럼비아 대학에서 매년 시상하고 있다.

코넬 대학(Cornell University)

코넬 대학은 미국 연방정부로부터 불하받은 토지와 큰 재벌이었던 에즈라 코넬의 기증금으로 1865년에 설립되었다. 뉴욕에서 북쪽으로 400킬로미터 정도 떨어진 이타카라는 작은 도시에 자리잡고 있어, 뉴욕 대도시에 위치한 컬럼비아 대학과는 대조적인 모습이다. 카유가 호수가 내려다보이는 높은 언덕 위에 자리잡은 캠퍼스는 외따로 떨어져 있긴 하지만 매우 아름답고 평화로운 분위기다.

코넬 대학은 사립과 주립이 공존하는 독특한 형태를 띠고 있다. 사립으로 운영되는 7개 단과대학(문리대, 공대, 건축대, 호텔경영대, 의대, 법대, 경영대)과 뉴욕 주정부의 후원을 받아 운영되는 4개 단과대학(농대, 문리대, 인간생태학대, 산업대)이 있다. 이러한 특성 때문에 코넬 대학의 입학 과정이나 합격률은 단과대학마다 조금씩 다르다. 대체로 공대나 문리대, 건축대의 경쟁률은 높고 합격하기 힘든 데 반해, 주립인 농대나 가정대에는 큰 어려움 없이 합격할 수 있다.

코넬 대학은 "모든 사람들이 모든 학문 분야에서 공부할 수 있는 학교를 세우겠다"라고 말한 설립자 에즈라 코넬의 이념에 따라, 무려 130여 개의 전공 학과가 있다. 그중 대학이 자랑하는 학과는 단연코 공학 부문이다. 특히 훌륭한 시설을 자랑하는 컴퓨터학과와 건축공학과는 미국 최고 수준으로 평가받고 있으며, 의예과와 생물학과 과정이 뛰어나 졸업 후 의대로 진학하는 학생들이 많다. 그다음으로는 호텔관광대가 꼽히는데, 교

Tip

코넬 대학은 주립과 사립이 공존하는 형태여서 이 대학의 합격률은 다른 아이비리그 대학보다 높은 편이다. 2007년에는 30,382명이 지원해 6,229명(20.7%)이 합격했고, 2006년에는 총 28,097명의 지원자 중에서 6,927명이 합격해 24.7%의 합격률을 보였다. 불과 1년 사이에 지원자 수가 2,285명이나 늘었는데 합격자 수는 오히려 698명이 줄어들었다. 매년 입학하는 신입생 수는 약 3,030명 정도이다. 현재 재학중인 총 학생 수는 19,295명인데, 그중 학부 학생은 13,725명, 대학원생은 5,570명이다. 2007년도 한국 유학생 수는 학부에 246명, 대학원에 225명으로 총 471명이다.

내에 150개 객실이 있는 최신식 호텔을 직접 운영하면서 학생들에게 풍부하고도 다양한 실습 기회를 제공한다.

다트머스 대학(Dartmouth College)

다트머스 대학은 1769년에 설립되어 미국에서는 아홉 번째로 오래된 대학이다. 리버렌드 휘록이 설립한 다트머스 대학은 100여 개 학교 건물이 27,000에이커의 캠퍼스에 뉴잉글랜드 풍으로 아름답게 펼쳐져 있다. 캠퍼스는 보스턴에서 북서쪽으로 210여 킬로미터 떨어진(2시간 30분 소요) 뉴햄프셔 주의 작은 시골 마을 하노버에 있다.

학문적으로 매우 우수한 아이비리그 대학임에도 불구하고 우리나라에는 많이 알려져 있지 않다. 전통적이고 보수적인 색채가 강해서 다른 아이

다트머스 대학의 합격률은 매년 낮아지는 추세다. 2007년(2006년) 입학생 통계를 보면 14,176명(13,937명)이 지원해 그중 15.27%(15.4%)인 2,165명(2,146명)이 합격했다. 다른 대학과 마찬가지로 1년 사이에 지원자 수가 239명이나 늘었는데, 합격자 수는 겨우 19명이 늘었을 뿐이다. 매년 입학하는 신입생 수는 약 1,140명이다. 총 학생 수는 아이비리그 대학 중에서 가장 적은 5,500여 명이고, 그중 학부생 수는 4,100명이다. 2007년도 한국 유학생 수는 학부에 40명, 대학원에 15명으로 총 55명이다.

비리그 대학에 비해 동양계 학생의 비율이 현저히 낮은 편이기 때문이다. 여학생도 1972년이 되어서야 입학을 허용하기 시작했다.

다트머스 대학은 다른 아이비리그 대학에 비해 학부 과정을 중시한다. 그래서 공대, 의대, 경영대와 같은 전문 대학원이 있는 종합대학이지만 학부에서는 인문사회 계열 교육에 치중하고 있다. 총 33종의 학위를 수여하며, 미국에서 최초로 설립된 아모스 터크 경영대학의 MBA 과정은 매우 우수하기로 정평이 나 있다.

우수 전공 분야로는 생물학, 경제학, 영문학, 국제학, 역사학 등이 꼽힌다. 학기는 1년을 4학기로 나누어 쿼터제로 운영하며, 외국이나 타 대학과의 교환학생 프로그램도 적극 장려하고 후원한다.

다트머스 대학을 졸업한 유명인으로는 전 연방 하원의원인 대니얼 웹스터, 퓰리처상 수상자인 작가 로버트 프로스트, 현 재무장관 헨리 폴슨이 있다.

하버드 대학(Harvard University)

하버드 대학은 370년의 오랜 역사를 지닌 미국 최초의 대학이다. 영국을 떠난 청교도들은 미국 동부에 도착하자마자 집을 짓고 교회를 세우고 정부를 조직했다. 그리고 미국에 정착한 지 16년째 되던 해인 1636년에 교육의 필요성을 깨닫고 '케임브리지 칼리지'를 설립했다. 이 학교는 교장과 2명의 교사가 12명의 학생을 가르치는 것으로 첫발을 내디뎠다. 그 뒤

존 하버드 목사의 기증금을 받으면서 그의 이름을 따서 하버드 대학으로 개칭되었다.

남자 대학인 하버드 대학은 나중에 여자 대학인 래드클리프 칼리지와 통합되어 현재의 하버드 래드클리프 대학이 되었고, 통칭하여 '하버드 유니버시티'라고 부른다. 현재 자산은 172억 달러로 미국에서 가장 부유한 대학의 자리를 지키고 있다.

이 대학은 매사추세츠 보스턴을 감싸고 흐르는 찰스 강의 북쪽인 케임브리지에 자리하고 있으며, MIT와 담을 맞대다시피 하고 있다. 이웃한 두 명문 대학은 서로의 장점을 최대한 살려 수많은 프로젝트와 연구를 공동으로 진행하고 학점 교환제를 시행해 학생들에게 많은 이익을 주고 있다.

하버드 대학은 미국의 모든 대학을 통틀어 가장 입학하기 어려운 대학으로, 내셔널 메릿(National Merit) 장학생으로 뽑힌 12학년(우리나라의 고3) 학생들 중 가장 많은 수가 입학한다. 하버드 대학의 발표에 따르면 2007년 4월에 합격 통지를 받은 지원자 중에서 SAT 독해 만점자 2,500명, 수학 만점자 3,200명, 고교 수석 졸업자 3,000명이 지원했다.

이렇게 경쟁이 치열한 하버드 대학의 합격률은 거의 항상 10%를 밑돈다. 2007년 (2006년) 입학생 통계를 보면 22,955명(22,753명)의 지원자 중 2,058명(2,109명)이 합격 통지를 받았다. 8.97%(9.3%)의 합격률이다. 불과 5년 전인 2002년에는 19,605명이 지원해서 2,068명이 합격했다. 지원자 수는 5년 사이에 3,350명이 늘었는데 합격자 수는 거의 변동이 없음을 보여준다. 현재 총 학생 수는 18,918명이고 그중 학부생은 6,637명이다. 매년 입학하는 신입생 수는 1,650여 명에 달한다. 2007년도 한국 유학생 수는 학부에 29명, 대학원에 240명으로 총 269명이다.

하버드 대학은 대지 4,938에이커의 캠퍼스에 10개의 대학과 대학원이 있으며, 6개의 훌륭한 부설 박물관이 있다. 무엇보다도 1,500만 권의 장서를 보유한 도서관은 미국 대학 중에서 가장 뛰어난 도서 시설을 자랑한다. 또한 학생들을 각계각층의 리더로 키우려는 교육 이념에 따라, 학생들이 대학 생활 동안 학업 이외에도 다양한 경험을 할 수 있도록 장려하는 분위기와 지원 체제를 마련해 놓고 있다.

우수 전공 분야로는 경제학, 사회학, 정치학, 영문학, 고전문학, 비교문학, 철학, 동양학, 인류학 등 모든 인문사회 계열이 두루 손꼽히고 화학, 생화학, 생물학, 물리학, 천문학도 매우 우수하다. 그 외에도 대학원 과정인 의과, 법과, 경영 전문 대학들도 명실상부한 최고의 대학원으로 인정받고 있다.

전 세계적으로 권위를 인정받는 교수진은 물론이고 사회 각계에서 실력과 영향력을 행사하는 졸업생들 덕분에 하버드의 권위와 위상은 꺾일 줄을 모른다. 졸업생 중 유명 인사로는 존 F. 케네디 전 대통령, 헨리 키신저 전 국무장관, 시인 T.S.엘리엇, 신문출판업자 윌리엄 허스트, 백만장자 데이빗 록펠러, 사회사업가 헬렌 켈러 등이 있다.

펜실베이니아 대학(University of Pennsylvania)

미국 독립선언문의 기초를 다지고 피뢰침을 발명한 벤저민 플랭클린이 1740년에 세운 미국 최초의 종합대학으로, 짧게 유펜(U Penn)이라고 칭

한다. 주립대의 이름으로 많이 쓰이는 'University of ~'가 붙어 있어 주립대학으로 오인하는 사람들이 있지만, 이 대학은 아이비리그 대학 중 하나인 명문 사립대학이다.

실제성과 실용성을 강조하는 교육 이념에 따라 설립된 대학인 까닭에 일찍부터 의대, 경영대, 공대, 법대와 같은 전문 대학원 과정은 발전했지만, 기초 학문을 강조하는 문리대의 발전은 다른 아이비리그 대학들보다 미비했다. 하지만 최근에는 우수한 학생들을 확보하면서 모든 분야의 발전을 꾀하고 있다.

캠퍼스는 펜실베이니아 주의 필라델피아 시 중심에 260에이커 규모로 자리잡고 있어 캠퍼스와 시가지의 경계선이 불분명하다. 대학의 소재지인 필라델피아는 1776년 7월 4일에 미국 독립선언이 이루어진 곳으로 유명하며, 뉴욕이나 워싱턴 DC에서 자동차로 1시간 거리에 있다. 캠퍼스는 빅토리안 고딕 풍의 오래된 건물과 현대식 건물 116개 동이 어우러져 있다.

TiP

유펜의 합격률은 평균 20% 선이었는데, 2007년 입학 자료를 보면 16%로 낮아졌다. 2006년에는 20,479명이 지원해 그중 17.7%인 3,622명이 합격했고, 2007년에는 22,634명이 지원해서 3,610명(15.95%)이 합격했다. 1년 사이에 지원자는 2,155명이 늘었는데 합격자는 오히려 12명이 줄어들었다. 매년 유펜에 입학하는 신입생 수는 약 2,430명이다. 총 학생 수는 18,070여 명이며, 그중 학부생은 9,730여 명, 대학원생은 8,340여 명이다. 2007년도 한국 유학생 수는 학부에 80명, 대학원에 300명으로 총 380명이다.

학부에는 문리대, 경영대, 공대, 간호대의 4개 단과대학이 있다. 유펜은 학부에서 경영학 과정을 개설한 미국 내 유일한 대학으로 워튼 상과대학의 명성은 최고라고 할 수 있다. 그 외에 경영학, 경제학, 회계학, 재정학, 노동산업학, 인류학, 생의공학도 매우 우수하다.

대학원 과정에는 의대, 치대, 수의대, 간호대, 교육학대, 법대, 경영대, 공대, 사회사업대의 9개 전문 대학과 커뮤니케이션, 예술, 문리의 3개 일반 대학원이 있다. 전문 대학과 대학원 과정은 전 분야에 걸쳐 대단히 우수하다는 평가를 받는다.

유펜의 특징은 다양한 이중 학위 과정을 운영한다는 점이다. 예를 들면 경영학과 공학을 겸한 이중 학위 과정(Management and Technology), 학사 과정과 치과 전문 대학원 과정을 겸한 이중 학위 과정(DDS : Doctor of Dental Surgery) 등이 있다.

주요 산업체의 중역이나 이사장직에 몸담고 있는 졸업생이 많은 편이다. 유명 동문으로는 부동산 왕인 도널드 트럼프, CBS 방송국 이사장인 로렌스 티시, 건축가인 루이스 칸, 브로드웨이 뮤지컬 제작자인 해럴드 프린스가 있다.

프린스턴 대학(Princeton University)

1746년에 장로교 교단에서 '뉴저지 칼리지'라는 이름으로 설립한 프린스턴 대학은 미국에서 여덟 번째로 역사가 깊은 대학이다. 캠퍼스는 뉴저지 남서쪽의 살기 좋은 교외 프린스턴 시에 자리잡고 있다. 프린스턴은 작지만 부유하고 조용한 대학 도시다. 대지 500에이커의 캠퍼스에는 고딕 식부터 현대식까지 200개의 건물이 조화롭게 어우러져 있으며, 자산 83억 달러로, 미국에서 하버드와 예일 다음으로 부유한 학교다.

프린스턴 대학은 다트머스 대학과 마찬가지로 학부 중심의 대학이다. 대학원 교육보다는 학부 중심의 수업 과정을 특히 강조하며, 교수들이 학부생을 위해 많은 시간과 열정을 쏟는 것을 최고의 자랑거리로 여긴다. 다른 아이비리그 대학에 비해 학생 수가 적은 편으로 소수정예주의를 추구한다. 대학 순위 발표로 정평이 나 있는 '유에스 뉴스 앤 월드 리포트(US News and World Report)'는 2007년에 하버드를 제치고 미국 내 최우수 대학으로 프린스턴을 선정했다.

우수 전공 분야는 수학, 물리학, 철학, 역사학, 정치학, 경제학으로 알려져 있다. 특히 윌슨 대통령의 이름을 따서 만든 '우드로 윌슨 스쿨'은 정

프린스턴 대학은 미국에서도 입학 요강이 까다롭기로 유명하다. 2006년 입학생의 경우에는 총 17,563명이 지원해서 그중 10.2%인 1,792명이 합격했다. 2007년에는 18,942명의 지원자 중 1,791명(9.46%)이 합격했다. 1년 사이에 지원자 수가 1,379명이나 늘어났는데 합격자 수는 변동이 없다. 다른 대학과 마찬가지로 해가 거듭될수록 합격률이 점차 낮아지고 있는 셈이다. 매년 입학하는 신입생 수는 1,170명 정도다. 총 학생 수는 6,300명이고 그중 4,600여 명이 학부에, 1,700여 명이 대학원에 재학한다. 2007년도 한국 유학생 수는 학부에 30명, 대학원에 45명으로 총 75명이다.

치가의 꿈을 지닌 학생들이 선망하는 학교다. 거의 모든 전공 분야에 박사 과정이 있지만 의대, 치대, 법대, 경영대와 같은 전문 대학은 없다.

어느 대학 못지않게 우수한 학자들이 교수진으로 포진해 있으며, 노벨상을 두 번이나 받은 존 바딘 교수를 비롯해 물리학과에 6명의 노벨상 수상자가 있다. 이렇게 훌륭한 교수들이 학생들과 긴밀한 관계를 유지하고 있다는 것은 최고의 가르침을 열망하는 학생들에겐 더없이 매력적인 요소이다.

프린스턴 대학은 미국에서 가장 많은 상원의원을 배출한 대학으로, 지금까지 80여 명의 졸업생을 정계로 내보냈다. 프린스턴 대학 출신의 유명 인사로는 4대 대통령 매디슨과 28대 대통령 월슨, 전 국무장관 존 델러스, 작가 F. 스캇 피츠제럴드, 배우 제임스 스튜어트, 캠블 수프 회사의 존 도랜스, 맥도넬 더글러스 항공 회사의 샌포스 맥도넬, 저명한 언어학자 놈 촘스키 등이 있다. 한국인으로는 이승만 초대 대통령, 정운찬 전 서울대 총장이 이 대학 출신이다.

예일 대학(Yale University)

예일 대학은 1701년에 목회자를 양성하기 위해 목사 10명이 개인 소장품을 모아서 코네티컷 주에 설립한 학교다. 미국에서 네 번째로 오랜 역사를 지닌 예일 대학은 처음에는 학생이 단 한 명뿐이었으며, 1716년에 지금의 소재지인 뉴헤이븐 시에 자리를 잡았다. 뉴헤이븐은 보스턴과 뉴욕의 중간 지점에 위치한 도시이다.

설립 당시 재정적인 어려움에 처해 있던 이 학교에 상인인 엘리후 예일이 기부를 하면서, 학교 이름이 '예일 칼리지'로 바뀌었다. 지금은 재단 자산이 105억 달러 이상으로, 미국 대학들 중 하버드 대학 다음으로 두 번째 부자 학교이기도 하다.

915에이커 규모의 캠퍼스에는 코로니얼 식과 빅토리안 고딕 양식의 붉은 벽돌 건물이 줄지어 서 있고, 현대식 건물과 조각품 들이 절묘한 조화를 이루고 있다. 자그마치 1,100만 권이 넘는 장서를 갖춘 도서관은 미국 대학들 중 하버드에 이어 두 번째로 큰 도서 시설을 자랑한다.

종합대학이지만 모든 학문의 기초가 되는 인문사회 계열 교육에 치중

예일 대학은 하버드, 프린스턴과 더불어 입학 관문이 무척이나 좁은 대학이다. 2006년 입학생 통계를 보면 21,099명이 지원해서 그중 8.6%인 1,823명이 합격했고, 2007년에는 19,323명이 지원해서 1,860명(9.63%)이 합격했다. 이를 세부적으로 나누어 보면, 조기 전형에서 지원자의 20%(709명)를 뽑고 나머지 80%는 정시 전형에서 선발한 것이다. 정시 전형의 합격률은 6.42%(2006년에는 5.8%)밖에 되지 않았으며, 2006년도에 대학 역사상 가장 낮은 합격률을 기록했다. 다른 대학과 마찬가지로 합격자 중에 내셔널 메릿 장학생이나 로즈 장학금, 조지 마셜 장학금 수혜자가 많아서 하버드에 이어 두 번째로 가장 많은 우수생을 확보하고 있는 것으로 알려져 있다. 현재 총 학생 수는 11,042명이고, 그중 학부생 수는 5,302명이다. 매년 입학하는 신입생 수는 1,300명 정도이다. 2007년도 한국 유학생 수는 학부에 28명, 대학원에 100명으로 총 128명이다.

하고 있어 자연과학이나 공학 계열은 명성이 그리 높지 못한 편이다. 현재 70개의 학부 전공이 있으며, 1개의 일반 대학원과 10개의 전문 대학원(법, 건축, 신학, 환경, 경영, 의학, 연극, 예술, 음악, 간호)이 있다. 우수 전공 분야는 역사학, 영문학, 정치학, 경제학, 심리학, 건축학, 미술사이며, 특히 전문 대학원 과정인 법대는 미국 내 최우수 대학으로 꼽힌다.

예일 대학의 가장 두드러진 특징은 '기숙사 중심 단과대학 제도'를 운영한다는 점이다. 이는 종합대학이면서도 각 단과대학을 최대한 독립적으로 운영하는 제도로, 중앙집권형을 피하고 지방분권형을 취하는 개념이다. 이 제도의 최대 장점은 종합대학과 작은 학부 중심 대학교의 분위기를 동시에 낸다는 점이다. 각 단과대학마다 도서관, 실험 실습실, 관련 부대시설, 식당, 기숙사를 따로따로 갖추고 별도로 운영된다.

예일 대학은 대통령과 대기업 CEO를 가장 많이 배출했다. 졸업생 중 유명 인사로는 5명의 대통령(윌리엄 태프트, 제럴드 포드, 조지 부시, 빌 클린턴, 조지 부시 2세)을 비롯해 차기 대선주자인 힐러리 클린턴, 굿이어 타이어의 로버 머서, IBM의 존 애스커가 있다. 유명한 육아서의 저자이자 소아과 의사인 벤저민 스포크 박사, 새뮤얼 모스, 폴 뉴먼, 조디 포스터도 예일 대학 출신이다.

매사추세츠 공과 대학(Massachusetts Institute of Technology)

1865년에 창설자이자 초대 총장인 윌리엄 리저스가 우수한 과학도 양성을 목표로 설립했다. 흔히 앞글자만 따서 'MIT'로 불린다. 이 대학은 보스턴 시내의 빌린 공간에서 15명의 학생을 가르치는 것으로 시작되었고, 지금의 보스턴 찰스 강 북쪽에 자리한 142에이커 규모의 케임브리지 캠퍼스에는 1916년에 옮겨 앉았다.

창립 후 140여 년이 지난 지금, 세계 최고의 공과 대학으로 자리매김한 MIT는 지난 100여 년간 과학 기술을 꾸준히 발전시켜 미국인들뿐만 아니라 전 세계인의 복지를 향상시켜 주었다. MIT는 전통적으로 이공계 분야 최고의 학교로 알려져 왔다. 그러나 최근에 와서는 학교의 성격을 바꾸어 이공계 전문 대학에서 종합대학으로의 발전을 도모하고 있다. 1950년에는 교양 과목을 강조하는 인문사회학 대학을 열었고, 1952년에는 경영대학을, 1977년에는 보건의료학 대학을 개설했다. 그 외에도 음악, 경제학, 철학, 경영학 등 다양한 학사 과정을 운영하고 있다.

10여 개 공학 관련 전공 분야 모두 대단히 훌륭한데, 특히 항공공학, 전

TiP

MIT의 합격률은 평균 13% 선이다. 2006년 입학생의 경우 11,373명의 지원자 중 13%인 1,474명이 합격했다. 2007년에는 12,443명이 지원해 1,533명(12.3%)이 합격했다. 미국 시민권자나 영주권자가 아닌 외국인 학생의 합격률은 2006년에 불과 4%(107명/2,575명)밖에 되지 않았다. MIT 대학의 총 학생 수는 5,000여 명으로, 학부생은 4,220명, 대학원생은 1,000여 명 정도 된다. 매년 입학하는 신입생 수는 약 970명이다. 2007년도 한국 유학생 수는 학부에 23명, 대학원에 237명으로 총 260명이다.

기공학, 기계공학, 핵공학, 조선공학, 해양공학은 미국 대학 중에서 최우수급으로 인정받고 있다. 또 컴퓨터학과 컴퓨터과학 분야도 최첨단을 걷고 있으며, 인공지능과 로봇에 관한 연구 업적에서도 두각을 나타낸다. 1,000여 명의 전체 교수진 가운데 노벨상 수상자가 여럿 있는 경제학과 역시 매우 우수하며, 미국 경제 분야에 지대한 영향을 끼치고 있다.

MIT 캠퍼스 내에 있는 40여 개의 특수연구소와 실험실 들은 독자적으로 혹은 다른 대학들과 공동으로 활발히 운영되고 있다. 특히 이웃한 하버드 대학과는 수많은 공동 프로젝트를 추진한다. 그중에는 인공지능발전연구소, 생명공학센터, 암연구소, 국제관계학연구소, 에너지연구소 등이 포함되어 있다. 캠퍼스 외부에 위치한 링컨연구소에서는 연방정부의 지원을 받아 국방과 관련된 최신 전자공학, 세계 통신, 비행 항로 조정 등을 연구하고 있다.

스탠퍼드 대학(Stanford University)

스탠퍼드 대학은 철도 사업으로 갑부가 된 연방 상원의원 릴랜드 스탠퍼드가 자신의 농장과 사재 500만 달러를 들여 1891년에 캘리포니아 주의 팔로알토 지역에 세운 학교이다. 미국 동부의 아이비리그 대학 대부분이 영국의 전통적인 학교를 모방하여 세워진 데 반해, 스탠퍼드는 최초의 전형적인 미국식 대학으로 미국 서부에 세워졌다. 1960년대에 들어서야 여학생을 받기 시작한 다른 아이비리그 대학과 달리, 스탠퍼드는 창립 당시부터 남녀공학으로 출발했다.

북쪽으로 샌프란시스코가 1시간 거리에 있는 실리콘밸리 심장부에 세워진 스탠퍼드 대학은 8,180에이커 규모의 드넓은 캠퍼스를 자랑하는데, 미국에서 캠퍼스가 가장 넓은 학교이기도 하다. 붉은 기와지붕의 스페인풍 건축으로 지어진 학교 건물은 많은 야자나무와 어울려 아름다운 풍경을 연출한다. 사계절 내내 온화하고 해수욕장과 스키장이 가까운 거리에 있어 학생들에게 인기 있는 학교다.

현재 스탠퍼드 대학은 동부의 아이비리그 대학들과 어깨를 나란히 하는 서부 최고의 명문으로 공학, 기술과학, 비즈니스 등 실용성이 강조된 이공계 중심 교육으로 학풍을 세웠다. 공학과 과학 프로그램은 대단히 우수하다고 평가받는데, 그중에서도 특히 전기공학, 컴퓨터과학, 인류생물학, 심리학 등이 잘 알려져 있다. 학부와 대학원 과정이 모두 있는 3개

TIP

스탠퍼드 대학의 입학 경쟁이 해마다 치열해져 과거 어느 때보다도 입학 문이 좁아지고 있다. 2006년도 입학 통계를 보면 22,334명의 지원자 중 10.88%인 2,430명이 합격했고, 2007년에는 23,956명이 지원해서 2,465명 (10.29%)이 합격했다. 불과 1년 사이에 지원자 수는 1,622명이 늘었는데 합격자 수는 거의 동일하다. 한국은 2007년에 외국인 학생 중에서 최다 합격 통지를 받은 것으로 나타났다. 1위인 우리나라는 35명, 2위인 싱가포르는 18명, 3위인 캐나다는 17명의 합격자를 배출했다. 스탠퍼드 대학의 신입생 정원은 1,630여 명에 달한다. 총 학생 수는 18,300여 명으로, 그중 학부생은 6,545명, 대학원생은 7,608여 명이다. 2007년도 한국 유학생 수는 학부에 85명, 대학원에 310명으로 총 395명이다.

단과대학(문리대, 공대, 지구과학대)과 더불어 경영대, 교육대, 법대, 의대의 4개 대학원 과정이 있다. 이 4개의 대학원 과정 역시 매우 우수하기로 정평이 나 있다.

스탠퍼드 대학에는 26개의 연구소가 있는데, 그중에서도 매우 이름 높은 후버연구소는 하버트 후버 전 미국 대통령이 창립한 것으로, 유능한 학자들이 모여 세계의 전쟁, 혁명, 평화 등에 관해 연구하고 있다.

유명 동문으로는 14명의 노벨상 수상자를 비롯해 후버 전 대통령, 워렌 크리스토퍼 전 국무장관, 마크 햇필드 상원의원 등 수많은 정치인과 스티브 스미스, 메이 제이미슨, 델리 오코아 등의 우주과학자, 타이거 우즈와 같은 많은 스포츠 스타가 이 대학 출신이다.

TIP

우리나라에서는 동창생이나 선후배 관계를 말할 때, 흔히 '28기', '34기', '97학번' 등으로 말한다. 특히 대학 동기를 지칭할 때는 입학 연도에 따라서, 예를 들어 2005년에 입학한 동기생들은 '05학번'이라고 한다. 미국에서는 동창생을 어떻게 표현할까? 그들도 우리와 비슷한 방법을 쓰긴 하는데, 다른 점은 졸업 연도를 기준으로 한다는 것이다. 예를 들어 우리나라에서는 2006년에 대학에 들어가면 입학 연도에 따라 '06학번'이라고 하는 반면, 미국에서는 2006년 입학생은 4년 뒤인 2010년에 졸업하게 되므로 'Class of 2010'이라고 표현한다. 즉 2010년에 졸업하는 동기생이라는 뜻이다. 참고로 미국 대학 지원서에서 'Class of' 'Class Rank'라는 표현을 보게 되는데, 이는 한 학급을 뜻하는 것이 아니고 앞에서 설명한 것처럼 '전체 동급생 중에서…'를 의미한다. 그러므로 'Class of 2011'은 2011년 졸업 예정자들로 2007년에 입학하는 학생이란 뜻이며, 'Class rank 7'이라고 하면 전교 석차가 7등이란 의미다.

아이비 플러스 리그(Ivy Plus League)

아이비리그는 아니지만 아이비리그에 버금가는 미국 명문 대학들이 있다. '아이비 플러스'라 불리는 스탠퍼드 대학과 MIT가 그것이다. 이 외에도 미국에서 우수 대학 순위 20위권에 꾸준히 드는 명문 사학으로 다음의 대학을 들 수 있다.

California Institute of Technology - Pasadena, California 주

Duke University - Durham, North Carolina 주

Johns Hopkins University - Baltimore, Maryland 주

Rice University - Houston, Texas 주

Washington University in St. Louis - St. Louis, Missouri 주

Northwestern University - Chicago, Illinois 주

University of Chicago - Chicago, Illinois 주

University of Notre Dame - Notre Dame, Indiana 주

Vanderbilt University - Nashville, Tennessee 주

UC 계열 대학

미국 캘리포니아 주에 산재한 10개 대학을 통칭하는 말이다. 전체 UC는 2007년 현재 20만 9,000명에 이르는 학생과 17만여 명의 교직원을 거느린 거대 군단으로, 한 개의 지원서로 이들 10개 대학에 동시에 지원할 수 있다. 단, 전형료는 대학별로 내야 한다. 10개의 UC 계열 대학을 알파벳순으로 나열하면 다음과 같다.

University of California at Berkeley

University of California at Davis

University of California at Irvine

University of California at Los Angeles

University of California at Merced

University of California at Riverside

University of California at San Diego

University of California at San Francisco

University of California at Santa Cruz

University of California at Santa Barbara

리틀 아이비(Little Ivy)

전교 학생 수가 2,000명 내외로 규모는 작지만 역사가 오래되고 아이비리그 대학처럼 학문적 전통이 우수한 대학으로, 대개 학부 중심인 리버럴 아츠 칼리지(Liberal Arts College)가 여기에 해당한다.

Amherst College – Amherst, Massachusetts 주

Bates College – Lewiston, Maine 주

Bowdoin College – Brunswick, Maine 주

Hamilton College – Clinton, New York 주

Haverford College – Haverford, Pennsylvania 주

Middlebury College – Middlebury, Vermont 주

Swarthmore College – Swarthmore, Pennsylvania 주

Trinity College – Hartford, Connecticut 주

Tufts University – Medford-Somerville, Massachusetts 주

Wesleyan University – Middletown, Connecticut 주

Williams College – Williamstown, Massachusetts 주

빅텐(Big Ten)

미국 동부에는 아이비리그와 명문 사학이 있고, 서부에는 스탠퍼드와 UC 대학이 있다면, 중부에는 빅텐(Big Ten)이 있다. 빅텐은 미 북중부에 소재한 우수 사립 및 주립 대학을 일컫는데, 최신식 학교 시설과 많은 재학생 수, 그리고 무엇보다도 드넓은 캠퍼스를 자랑한다. 아이비리그에 필적할 만한 활발한 연구와 전문가 양성으로 이름 높은 이들 10개 대학은 한국인 박사들도 많이 배출해 우리와 인연이 깊은 편이다.

Ilndiana University – Bloomington, Indiana 주

Northwestern University – Evanston, Illinois 주

Michigan State University – East Lansing, Michigan 주

Ohio State University – Columbus, Ohio 주

Penn State University – University Park, Pennsylvania 주

Purdue University – West Lafayette, Indiana 주

University of Illinois – Urbana-Champaign, Illinois 주

University of Iowa – Iowa City, Iowa 주

University of Michigan – Ann Arbor, Michigan 주

University of Minnesota – Minneapolis-St. Paul, Minnesota 주

University of Wisconsin – Madison, Wisconsin 주

* 미 동부에 소재한 펜실베이니아 주립대학이 Big Ten에 끼어 있다.

chapter 2

아이비리그가
원하는
인재

1_ 아이비리그가
원하는 인재의 조건

미국뿐 아니라 세계 각국에서 몰려드는 내로라할 인재들인데도, 아이비리그의 문 앞에서 어떤 사람은 합격의 영광을, 어떤 사람은 불합격의 쓴잔을 맛본다. 아이비리그 대학에서는 어떤 근거를 가지고, 뛰어난 인재들을 합격과 불합격의 갈림길에서 갈라서게 만드는 것일까? 수많은 우수한 학생들의 우열을 가려내는 기준은 무엇일까? 지피지기면 백전백승! 아이비리그에 입성하려면 그곳에서 원하는 인재가 어떤 학생인지, 어떤 조건과 실력을 갖추어야 하는지부터 정확히 알고 꼼꼼히 준비해야 한다.

이 장에서는 아이비리그 대학과 미국의 다른 명문 대학에서 지원자를 심사할 때 어떤 것들을 평가하는지 알아보려고 한다. 아이비리그 대학에서는 어떤 학생을 원하는지, 원하는 학생을 뽑기 위해 어떤 요소를 고려하는지 살펴보고, 아이비리그 입학 전형 때 제출해야 하는 고교 성적, 표준시험 점수, 과외 활동 및 수상 경력, 에세이, 추천서, 인터뷰에 대해 더 자세히 설명해 놓았다.

아이비리그는 이런 학생을 원한다

대학마다 조금씩 차이가 있긴 하지만 아이비리그에서는 대체로 다음의 조건을 두루 갖춘 학생을 원한다.

1 지적 잠재능력이 탁월하면서 학업 성취도가 높은 학생 : 고교 성적, SAT I, SAT II, AP, IB 등의 표준 시험 점수와 교사 추천서를 통해 평가한다.

2 특출한 재능이 있거나 특정 분야에 높은 관심과 열정을 지닌 학생 : 수상 경력, 업적, 작품, 연구 실적, 과외 활동, 추천서를 통해 평가한다.

3 사회, 더 나아가 세계의 리더가 될 소양을 갖춘 학생 : 에세이, 과외 활동, 인터뷰를 통해 평가한다.

4 원만한 성격과 사회성, 박애정신을 지닌 학생 : 에세이, 과외 활동, 봉사 활동, 추천서, 인터뷰를 통해 평가한다.

네 가지 조건 중에서 합격을 위해 반드시 갖추어야 할 필수조건은 1이다. 1의 조건을 갖춘 학생이 2와 3, 또는 2와 4, 또는 3과 4의 조건도 갖추었다면 합격할 확률이 무척 높다. 1과 2, 또는 1과 3의 조건만 갖춘 학생은 앞의 지원자보다는 합격 확률이 조금 떨어진다. 그리고 1과 4의 조건만 갖춘 학생이라면 합격할 확률은 더 낮다. 중요한 사실은 1을 충족시키지 못하면 아무리 2 3 4의 조건을 충족시켜도 합격하기 힘들다는 점이다.

모든 조건을 만족시켜라

아이비리그 대학의 입학 사정관은 지원자들의 우열을 가리기 위해 객관적 자료를 토대로 다음의 여섯 가지 요소에 초점을 맞추어 심사한다. 지원자의 고교 성적, 표준 시험 점수, 과외 활동 및 수상 경력, 에세이, 추천서, 인터뷰 결과를 총체적으로 평가하는 것이다.

사람들은 위의 여섯 가지 요소 중에서 무엇이 입학 심사에서 가장 중요하게 작용하는지 묻곤 한다. 하지만 입학 사정관들은 입학 심사를 야구 경기의 베이스에 비유하면서 어느 요소가 다른 요소보다 더 중요하다고 말할 수 없다고 강조한다. 야구 경기에서는 주자가 1루에서 출발해 홈까지 반드시 거쳐 가야만 득점으로 연결되기 때문에 어느 베이스가 다른 베이스보다 더 중요하다고 말할 수 없다. 대입 심사에서도 여섯 가지 요소가 야구의 모든 베이스처럼 다 함께 유기적으로 고려되기 때문에 어느 요소가 더 혹은 덜 중요하다고 말할 수 없다는 뜻이다.

그런데 오랫동안 대입 컨설턴트로 일한 나의 경험에 따르면, 대학 입학 심사 과정은 4개의 베이스가 모두 중요한 야구와는 좀 다르다. 사실 미국 명문 대학 심사 과정을 면밀히 살펴보면, 학업 능력을 평가하는 1루와 2루의 비중이 과외 활동이나 인성을 평가하는 3루나 홈보다 훨씬 더 크다는 것을 알 수 있다. 다시 말해 일정한 수준의 학업 성취 없이는 3루나 홈으로 진출할 기회는 원천적으로 봉쇄되며, 설사 진루했다 해도 득점(합격)으로 연결되기 힘들다.

학생의 학업 성취도에 따라 매겨지는 학업 등급은 합격이나 불합격 판정에 큰 영향을 미친다. 학업 등급이 최상위급에 속하는 학생이 합격할 확률이나, 최하위급 학생이 불합격할 확률은 매우 높다. 그러나 50~60%나 되는 많은 지원자들이 학업 성취도에서 중간 등급을 받는다. 이들의 성적이나 점수는 서로 엇비슷해서 학업 등급만으로는 우열을 가리기가 어렵다. 이런 경우 입학 사정관은 학업 이외의 부분을 살펴보고 지원자에 대한 전체적인 인상을 확보해서 최종 판정을 내린다. 이때 지원자의 과외 활동이나 수상 경력, 사회성이나 인간성에 주목하는 것이다.

학업에서 최우수 등급을 받은 학생이라도 나머지 요소가 일정 수준에 도달해야 합격할 수 있다. 수많은 수석 졸업자와 SAT 만점자가 불합격하는 사례가 생기는 것도 그 때문이다.

요컨대 아이비리그 대학에 합격하려면 어느 한 면의 재능만으로는 부족하다. 위의 여섯 가지 심사 요소 전반에서 두각을 나타내야 한다. 공부만 잘해서도 힘들고, 반대로 공부는 제쳐놓고 운동이나 음악 실력만 뛰어나서도 힘들다. 물론 대학에서 운동선수로 뛸 학생은 예외이긴 하다.

2005년에 버클리 대학의 리처드 블랙 입학처 부총장이 학부모와 학생을 대상으로 강연을 한 적이 있다. 강연에서 그는 버클리 대학에 합격한 학생과 불합격한 학생의 프로필을 소개했는데, 그 내용을 요약하면 다음과 같다.

A군은 고교 3년(9~11학년)간의 GPA가 4.33이고, SAT I 점수는 1430점(1600점 만점)을 냈으며, 11학년까지 8개의 AP 과목을 수강했다. 과외 활동으로는 10년 동안 꾸준히 피아노를 배웠고, 다양한 장소에서 수많은 공연

을 했으며, 학교 밴드부에서는 드러머로도 활동 중이었다. 무엇보다도 전 밴드부원을 격려해 기금 모금 행사를 벌이는 리더십을 보였는데, 그러한 사항을 에세이에 감동적으로 잘 묘사한 점이 돋보였다. 또 해양학이라는 분야에 관심을 갖고 관련 연구기관을 주기적으로 방문해서 연구에 참여한 적극성과 학문에 대한 열정도 보여주었다. A군은 어떤 면으로든 사정관을 만족시킬 만했기에 버클리에서는 A군을 합격시켰다고 했다.

B군은 아버지가 의사이고 어머니는 전업주부이며 대표적인 부촌에 거주하여 소위 엘리트 과정을 두루 밟은 학생임을 알 수 있었다. 그는 11학년까지 8개의 AP 과목을 수강했는데, 그의 GPA는 가산점을 주었을 때 3.91(가산점을 주지 않으면 3.51)로 그다지 높지 않았다. 그 이유는 몇 개 과목에서 B를 받았고 한 과목에서는 C를 받은 적도 있기 때문이다. SAT I 점수는 비교적 높은 편인 1510점이었지만 학교에서의 석차는 중간을 약간 상회하는 정도였다. B군의 GPA가 그다지 탁월하지 않아서 SAT II 점수에 주목했는데, 역사에서 640점, 생물에서 670점밖에 내지 못했다. 어려서부터 피아노, 플루트, 첼로 등 다양한 악기를 배웠고 학교 오케스트라에도 소속돼 있었지만 자신이나 남에게 도움이 되는 활동을 한 흔적이 없었다. 무엇보다도 그의 에세이는 지루하기 짝이 없었다. 버클리에서는 B군을 불합격시켰다고 했다. 이때 블랙 부총장은 B군이 차라리 에세이에서 성적이 좋지 않은 이유나 왜 그렇게 여러 가지 악기를 배웠는지에 대해 썼더라면 더 좋았을 것이라는 말을 덧붙였다.

대입 심사는 일정한 높이를 뛰어넘으면 되는 높이뛰기와는 다르다. 입학 사정관들은 대입 심사 과정이 마치 움직이는 과녁을 맞히는 것과 같다고 말한다. 비록 심사하는 요소가 대학마다 같다고는 해도 대학에 따라 더욱 중점을 두는 요소가 다르고, 적용 기준도 매년 변하기 때문이다. 바로 이런 점 때문에 작년에는 합격한 학생이 올해에는 떨어질 수 있고, 한 대학에는 합격했지만 비슷한 수준의 다른 대학에는 불합격할 수 있으며, 고등학교 수석 졸업생은 떨어졌는데 같은 학교를 10등으로 졸업한 학생은 합격할 수도 있다.

아이비리그 입성의 여섯 관문

아이비리그의 좁은 문을 통과하여 높디높은 아이비리그 성채에 합격이라는 영광의 깃발을 꽂기 위해서는 여섯 개의 힘겨운 관문을 거쳐야 한다. 여섯 관문을 뚫고 나갈 수 있는 저력은 단기간에 쉽게 얻어질 수 있는 것이 아니기에, 아이비리그 입성은 가히 철옹성을 관통하는 일에 비유할 수 있을 것이다.

아이비리그 대입 전형에서 사정관이 평가하는 여섯 가지 심사 요소, 즉 고교 성적, 표준 시험 점수, 과외 활동 및 수상 경력, 에세이, 추천서, 인터뷰에 대해 하나하나 구체적으로 알아보자.

1. 고교 성적

고교 성적은 지원자의 학업 능력을 평가하는 매우 중요한 요소다. 대학에서는 지원자의 고교 성적을 평가할 때 GPA, 전교 석차, 수강한 고급 과목의 수, AP 시험 점수, 고교의 배경과 수준까지도 다 함께 고려한다. 학업 성취도를 평가하는 구체적인 방법은 뒤에서 자세히 다룰 예정이다.

GPA

입학 전형 서류에는 중3(9학년)부터 고2(11학년) 말까지의 내신성적 (GPA : Grade Point Average, 평점)을 기록하지만, 대부분의 대학은 고1(10학년)과 고2(11학년) 때의 내신성적(평점)에 훨씬 많은 비중을 두고 심사한다. 그러므로 중3(9학년) 때의 내신성적이 만족스럽지 못하다고 해서 아이비리그 진학을 지레 포기할 필요는 없다.

대입 지원 시기는 고3, 2학기 중인 10~12월로, 2학기 때의 성적이 아직 나오지 않았을 때다. 따라서 중3부터 고3, 1학기까지의 성적만 지원 대학에 보내고 나중에 2학기 성적이 나오면 그것도 보내되, 반드시 해당 고교의 직인 또는 소인이 찍히거나 seal이 붙은 공인 성적표를 보내야 한다. 미국에서는 12학년 가을 학기 중에 대입 지원서를 제출하기 때문에 12학년 때의 성적이 대입 심사에 포함되지 않는다. 그러나 12학년 1학기가 끝나면 대학에 성적표를 제출하도록 요구하고 있으며, 2학기가 끝났을 때에도 성적표를 제출해야 한다. 따라서 고교를 졸업할 때까지 공부를 게을리 해서는 안 된다. 아이비리그 대학 합격자의 평균 평점은 가산치를 부여하지 않았을 때 3.8~4.0(4.0만점) 정도다.

입학 심사에서는 중3 때의 성적보다는 고1(10학년)과 고2(11학년) 때의 성적이 특히 중요하다. 비공식적인 얘기이긴 하지만 입학 사정관들에 따르면, 중3 때의 성적은 5% 정도만 반영하고, 고1 성적 30%, 고2 성적 40%, 고3 한 학기 성적 25%를 반영한다고 한다. 다시 말해 학년이 올라가면서 성적이 어떤 양상으로 변화했는지가 중요하다고 말할 수 있다. 학년이 바뀌면서 좋은 성적을 그대로 유지했는지, 아니면 점점 상승했는지, 오히려 내려갔는지가 변수가 된다. 사정관은 성적을 검토할 때 특정 과목이나 학년에서 받은 낮은 점수가 전체 내신에 영향을 미쳤는지도 살피고, 그 이유가 무엇인지도 면밀히 고려한다. 그러므로 한두 과목에서 낮은 성적을 받았다면 에세이나 추천서를 통해 그 이유를 설명하는 것이 좋다.

우리나라 대부분의 고등학교에서는 학생의 성적을 GPA로 산출하지 않고, 1~100점 척도의 평균 점수나 등급으로 표기한다. 이 경우 대학에서는 다양한 척도로 표기된 고교 성적을 CRS(Converted Rank Score)라는 표준 점수로 환산하여 심사한다.

전교 석차

입학 사정관은 지원자의 GPA뿐만 아니라 전교 석차에도 주목한다. GPA가 3.9인데도 전교 50등인 지원자가 있는가 하면, GPA가 3.4인데도 전교 1등인 지원자가 있을 수 있다. 학점은 낮지만 최상위 그룹에 드는 학생과 학점은 높지만 중상위 그룹에 드는 학생이 있기 때문에, 미국뿐 아니라 세계 각지의 수많은 고교에서 지원하는 학생들을 GPA만으로 우열을 가리기란 힘들다. 지원자의 전교 석차를 고려하는 것은, 평가 기준이 높아

한국과 미국의 학년 구분

한국과 미국은 학년을 구분하는 기간이 다르다. 한마디로 한국의 학년이 미국의 학년보다 한 학기 앞선다고 보면 된다. 예를 들어 고2, 1학기 중에 있는 한국 학생이 미국에 가면 고1(10학년) 2학기로 편입하게 된다. 우리나라와 미국의 학년 학기 기준을 다음의 표로 정리했다.

한국	중1		중2		중3		고1		고2		고3		대학1	
	1학기	2학기	1학기	2학기	1학기	2학기	1학기	2학기	1학기	2학기	1학기	2학기	1학기	2학기
미국	6학년	7학년	7학년	8학년	8학년	9학년	9학년	10학년	10학년	11학년	11학년	12학년	12학년	
	2학기	1학기	2학기	1학기	2학기	1학기	2학기	1학기	2학기	1학기	2학기	1학기	2학기	1학기

성적 표기와 계산 방법

한국에서는 각 과목의 성적을 '1~100점', 'ABCDF', '수우미양가' 등으로 표기하고, 한 학기 및 한 학년의 내신성적을 산출한다. 외고, 민사고, 과학고와 같이 외국 대학 진학생이 많은 고교에서는 미국의 대학에 지원하는 데 필요한 성적표라고 말하면 미국식 성적표로 바꾸어 떼어주기도 한다.

미국에서는 거의 모든 고교에서 각 과목 성적을 'ABCDF'로 표기하고, 이를 GPA라는 평점으로 나타낸다. 물론 1~100점이나 퍼센타일 등을 쓰는 학교도 간혹 있다. 미국 학교의 내신성적을 이해하려면 Credit(학점), GPA(평점)와 Cumulative GPA(총평점)가 무엇인지, 또 각각의 점수를 어떻게 산출하는지 알아야 한다.

학점(Credit)

미국 고등학생의 시간표를 보면 매일 6~7교시까지 수업이 있는데, 우리나라와 다른 점은 1교시 과목은 한 학기 내내 매일 1교시에, 2교시 과목은 2교시에 수업을 한다는 것이다. 연중 180일 수업 일수를 지키는 미국은 한 학기에 90일 수업이 있고, 따라서 한 개 과목을 90일간 매일 수업한다(우리나라에서는 월요일 1교시에 수업하는 과목과 화요일 1교시에 수업하는 과목이 다를 때가 많다). 이렇게 수업할 때 한 과목당 0.5 Credit(학점)을 이수하게 된다. 그러므로 한 학기에 6교시 수업을 하면 3학점을, 7교시 수업을 하면 3.5학점을 이수하게 되는 것이다. 미국 시애틀의 명문 학교인 뉴포트 고교나 벨뷰 고교에서 고교 졸업장을 받으려면 9학년부터 12학년까지 4년간 총 23.5학점을 이수해야 한다. 참고로 졸업 이수 학점은 고교마다 조금씩 다르다.

GPA 산출 방법

GPA(Grade Point Average)는 한 학기 동안 수강한 전 과목 성적의 평균점수를 말한다. 우리나라에서 해당 학기에 수업한 모든 과목의 점수를 더한 총점을 과목 수로 나누어 산출한 평균점수와 같다. 미국에서 말하는 GPA란 해당 학기의 내신성적을 가리킨다. GPA를 산출하는 방법을 두 학생의 예를 들어 알아보자.

철수의 고1, 2학기 성적

	이수 과목	Credit 학점	Grade 성적	Point 점	Grade Point
1교시	영어	0.5	A	4.0	2.0
2교시	역사	0.5	A	4.0	2.0
3교시	수학	0.5	A	4.0	2.0
4교시	체육	0.5	B	3.0	1.5
5교시	생물	0.5	A	4.0	2.0
6교시	통계	0.5	A	4.0	2.0
7교시	물리	0.5	B	3.0	1.5
합계		3.5학점			13

이번 학기 GPA
= 이번 학기의 총 Grade Point(13) ÷ 총 학점 수(3.5)
= 3.714

영규의 고1, 2학기 성적

	이수 과목	Credit 학점	Grade 성적	Point 점	Grade Point
1교시	영어	0.5	A	4.0	2.0
2교시	AP 역사	0.5	A	5.0	2.5
3교시	AP 수학	0.5	A	5.0	2.5
4교시	체육	0.5	B	3.0	1.5
5교시	AP 생물	0.5	A	5.0	2.5
6교시	통계	0.5	A	4.0	2.0
7교시	AP 물리	0.5	B	4.0	2.0
합계		3.5학점			15

이번 학기 GPA
= 이번 학기의 총 Grade Point(15) ÷ 총 학점 수(3.5)
= 4.285

- 과목별로 받은 성적에 해당하는 point는 대개 A(4.0), B(3.0), C(2.0), D(1.0), F(0)으로 계산한다.
- 동일한 성적을 받았어도 AP 과목과 보통 과목의 point를 달리 준다. 영규의 성적을 계산할 때 AP 과목은 A(5.0), B(4.0), C(3.0), D(2.0), F(0)로 point를 매긴다.
- Grade point는 각 과목의 학점(credit)에 성적(point)을 곱해서 산출한다.

Culumative GPA 산출 방법

Cumulative GPA(총평점)는 학교 재학 중에 받은 매학기 성적(GPA)을 평균 낸 GPA를 의미한다. 우리의 '평균'과 같은 개념이다. 철수나 영규의 한 학기 GPA가 앞의 예와 같고 매학기 성적이 다음과 같다고 할 때 총평점을 계산하는 방법을 알아보자.

	철수의 학기별 GPA	영규의 학기별 GPA
중3 1학기 GPA	3.43	4.84
중3 2학기 GPA	3.72	4.78
고1 1학기 GPA	4.00	4.92
고1 2학기 GPA	3.71	4.28
고2 1학기 GPA	4.00	4.94
고2 2학기 GPA	3.99	4.86
총평점(Cumulative GPA)	6학기 GPA의 합 ÷ 학기 수 = 22.85 ÷ 6 = 3.81	6학기 GPA의 합 ÷ 학기 수 = 28.62 ÷ 6 = 4.77

• Cumulative GPA를 계산하는 다른 방법은 모든 학기의 Grade Point를 합해서 6학기 동안의 총 학점 수로 나누면 된다. 철수의 경우, 학기별 Grade Point는 (12+13+14+13+14+14=) 80 이고, 6학기 동안의 총 학점 수는 (3.5+3.5+3.5+3.5+3.5+3.5=) 21이다. 따라서 Cumulative GPA는 80 ÷ 21을 하면 3.81이 나온다.

서 좋은 점수를 받기 힘든 고교와 평가 기준이 높지 않아 좋은 점수를 쉽게 받을 수 있는 고교 간에 균형을 잡기 위함이다.

사정관은 지원자의 전교 석차를 보는 동시에 그 고교에서 지원자와 석차가 동일한 학생이 몇 명인지도 살핀다. 예를 들어 지원자가 수석 졸업자인데 해당 지원자 말고도 수석 졸업자가 19명이나 더 있다면 이 지원자의 실제 석차는 1등에서 20등 사이인 셈이다. 이렇게 초기 심사에서 지원자에게 1등에 해당하는 높은 CRS 점수를 주어 지원자의 실제 가치보다 더 높은 CRS가 산출된 경우, 담당 사정관은 CRS 점수를 하향 조정한다(CRS 점수에 대한 설명은 Chapter 5의 1을 참조할 것).

또한 지원자가 다니는 고교의 전체 동급생 수도 고려의 대상이 된다. 수석 졸업자의 경우, 500명 중에서 1등인 학생이 80명 중에서 1등인 학생보다 더 우수할 수 있다. 그런데 초기 심사에서는 두 지원자의 전교 석차가 같기 때문에 동일한 CRS 점수가 산출된다. 이럴 땐 500명 중에서 1등인 학생의 CRS 점수를 상향 조정해 준다(〈부록 1〉에 실린 CRS 변환표로 계산해 보면 알 수 있듯이 동일 학년의 전교 학생 수가 적을수록 낮은 CRS 점수를 받게 된다. 250명 중에서 1등인 학생이 CRS 79점을 받을 때, 80명 중의 1등은 75점, 50명 중의 1등은 73점만 받게 된다). 그래서 나는 진학 상담 때 어떤 고교에 진학하는 것이 좋을지 묻는 학생이나 부모에게 동일 학년의 전교 학생 수가 적어도 250명 이상인 고교에 재학할 것을 권한다. 물론 학생 수가 많은 학교에서든 적은 학교에서든 두각을 나타내야 한다는 전제가 따르기는 하지만 말이다.

수강한 고급 과목의 수

입학 사정관은 지원자가 쉬운 과목을 선택해 좋은 성적을 받았는지, 아니면 도전적이고 어려운 과목인 Honor, AP, IB 과목을 선택해 좋은 성적을 받았는지 눈여겨본다. 아이비리그 대학에서는 수준 높은 강좌를 많이 수강한 학생을 선호한다. 어려운 과목에 도전했다는 것은 학문에 대한 지적 호기심과 탐구심, 열정과 집념이 있다는 뜻으로 해석되기 때문이다. 따라서 GPA뿐만 아니라 지원자가 수강한 과목의 수준에도 주의를 기울인다.

미국의 명문 대학에서는 고급 강좌를 택한 지원자의 성적을 대학에서 정한 규정에 따라 가산치를 부여해 새로운 GPA를 산출한다. 입학 사정관은 같은 A학점이라도 보통 과목에서 받은 A는 4.0으로 계산하고, AP에서 받은 A학점은 4.5(어떤 대학은 5.0)로 계산한다. 예를 들어 AP 과목에서 A학점을 받은 철수는 4.0으로 계산하는 고교 출신이고, 영희는 5.0으로 계산하는 고교 출신이라고 하자. 이때 사정관은 철수의 평점에는 0.5를 더해서 4.5로 바꾸고, 영희의 평점에서는 0.5를 빼서 4.5로 바꾼다. 이러한 방법으로 모든 고급 강좌의 평점을 대학의 규정대로 바꾸어 지원자의 GPA를 다시 산출한다.

대학에서는 모든 지원자의 고교 성적을 이와 같이 환산한다. 따라서 고급 강좌를 많이 택할수록 높은 GPA를 받게 된다. 이러한 이유로 나는 고급 강좌를 많이 개설하는 고교에 재학할 것을 권하며, 또 가능한 한 고급 강좌를 많이 수강하라고 권한다. 물론 여기에서도 좋은 학점을 받아야겠지만 말이다. 요즘은 AP나 IB 과목을 3~4개 수강해서는 아이비리그 대학에 합격하기 힘들다. 재학 중인 고교에서 개설하는 AP 과목은 되도록 많이 듣는 것이 좋다. 만일 15개의 AP 과목을 제공하는 학교에 재학하면서 5개 이내의 과목만 수강했다면 도전정신이 부족한 것으로 판단되어 좋은 평가를 받지 못한다.

AP 과목을 조금밖에 개설하지 않는 고교에 재학하는 학생이라면, 입학 심사 때 그러한 상황을 어느 정도 고려해 주긴 한다. 이 경우 사정관들은 가까운 CC(Community College : 우리나라 2년제 전문대학에 해당)에서 수강할 것을 적극 권한다. 그런데 내가 수년간 진학 상담을 하면서 느낀 점은 그렇게 하기가 쉽지 않다는 사실이다. 고교에서 수업을 들으면서 매주 며칠씩 CC로 가기란 쉬운 일이 아니다. 미국에서는 아무리 가까운 거리라도 차로 이동해야 하는데, 고교에서 CC로 가는 대중교통 수단이 부족해 수업을 들으러 가는 것이 그리 용이하지 않다. 또 대학생들과 함께 수업을 들으면서 위축될 수도 있고, 대학생 생활에 동화되어 자기가 대학생인 줄로 착각하고 정작 고교 학업은 소홀히 하는 학생을 더러 보기도 했다.

미국에 있는 고교라도 AP나 IB 과목을 개설하지 않아 수강할 기회가 전혀 없는 학교도 꽤 있다. 다행히 우리나라의 경우 대원외고와 민족사관고에서 정규 수업 시간과 그 이외의 시간에 다양한 AP 강좌를 개설하고 있으며, 매년 5월에 미국과 동일한 날짜에 학교에서 AP 시험도 시행하고 있다. 그 외에 한영외고, 외대부속외고, 해운대고, 한국과학영재학교에서도 AP 강좌가 열리고 시험도 시행 중이다. 대개의 학교에서 타교 학생에게는 수강 기회를 주지 않지만 시험은 칠 수 있게 하므로 독학으로 공부해서 AP 시험을 치려는 학생은 2월까지 해당 고교에 문의하고 등록하면 된다.

내가 미국에서 진학 컨설턴트로 일할 때 만난 J양은 사립고교에 다녔는데, J양의 고교에서는 AP나 IB 강좌가 전혀 개설되지 않았다. 그래서 나는 J양에게 독학을 권유했다. J양은 학교 공부 이외에 AP 세계사, AP 생물, AP 미적분학을 1년간 열심히 공부해서 4점과 5점씩 받았다. 학습 내용이 잘 이해되지 않을 때는 학교 교사나 공부를 잘하는 선배에게 물어가면서 시험에 대비했다. J양처럼 AP 과목을 수강할 만한 여건에 있지 못한 학생이 AP 시험에 응시했다는 것 자체가 도전정신을 지닌 학생임을 보여주는 증거가 된다. 여기에다 만점인 5점까지 획득한다면 훨씬 좋은 평가를 받게 되는 것은 물론이다.

AP(IB) 시험 점수

입학 사정관은 지원자가 몇 개의 AP 과목을 수강했는지, 해당 과목의 학점은 얼마인지, AP 시험에서는 몇 점을 받았는지 확인하면서, 아울러 AP 시험 점수와 고교 AP 과목 학점의 상관관계도 살펴본다.

AP 시험 점수와 AP 과목의 학점을 비교해 보면 지원자가 전체 지원자 중에서 어느 정도의 수준인지를 파악할 수 있을뿐더러 지원자의 고교 수준도 가늠할 수 있다. 만약 AP 생물에서 A학점을 받은 학생이 AP 시험에서는 1~2점을 받았다면(AP는 5점이 만점), 사정관은 지원자가 성적을 후하게 주는 고교 출신이라고 여겨서, 고교 성적으로 산출된 CRS 점수에서 몇 점을 감점해 버린다. 반대로 AP 생물 과목에서 B를 받은 학생이 AP 시험에서는 5점을 받았다면 수준이 높고 점수를 짜게 주는 고교 출신이라고 판단해 CRS 점수에 가산점을 준다. 많은 대학에서는 입학 사정관들의 참고 자료로, 여러 고교에서 성적을 매기는 사례를 수년간 집계해 각 고교의 수준과 평판을 기록해 둔다고 한다.

출신 고교의 배경과 수준

대학의 입학 사정관들은 우수한 학생을 유치하기 위해 담당 지역의 고등학교를 방문한다. 그리고 각 고교의 진학 현황, 학생 수, 학생 수준, 교육 과정 등 입학 심사에 유용한 정보를 수집하고 기록한다. 예를 들어 지난 3~5년간 졸업생의 몇 퍼센트가 4년제 대학에 진학했는지, 몇 명이 명문 대학에 지원해 합격했는지, AP 강좌를 수강한 학생은 몇 명인지, AP 시험 점수 분포는 어떠한지를 상세히 기록한다. 심지어 점수가 너무 후하거나 인색한 교사의 이름까지도 기록해 놓는다고 한다.

입학 경쟁이 심한 아이비리그나 다른 명문 사립대학들은 대체로 한 고등학교에서 한두 명 정도의 학생만 합격시킨다. 그러나 이름 높은 명문 사립고의 학생들에게는 상당수의 합격 통지를 보낸다. 명문 사립고에는 전국의 우수한 학생들이 포진해 있다고 보기 때문이다. 대학 입시를 치르기 몇 년 전에 이미 치열한 경쟁을 뚫은 발군의 학생들이 모인 곳이라고 판단하는 것이다. 따라서 이름이 알려지지 않은 고교의 1등보다 영재와 수재들이 모인 명문 사립고에서 10등을 한 학생에게 더 높은 CRS 점수를 주기도 한다.

그러나 명문 사립고에 재학한다고 해서 명문대 합격이 보장되는 것은 아니다. 만약 명문고에서 그다지 우수한 성적을 거두지 못했거나 일정한 석차에 들지 못했다면 입학 사정에서 오히려 불리하다. 평판 좋은 고교에 재학하더라도 자기 학업 능력에 부치는 수업을 받으면 좋은 성적을 얻기 힘들고 좋은 석차도 기대하기 어렵기 때문이다. 반대로 자기 능력보다 수준이 낮은 고교에 재학하면서 좋은 성적을 받는 것도 명문대 입학에 유리할 것이 없다.

그러므로 명문대 진학을 목표로 한다면, 중학교 때 어느 고등학교로 진학할지를 심사숙고해야 한다. 자신의 능력과 상황을 고려하면서 고교의 평판, 지난 몇 년간의 대학 진학 기록, 개설된 AP 과목 수와 점수 분포, 특별 활동의 종류와 수 등을 꼼꼼히 따져본 뒤에 진학할 고교를 정해야 한다. 나를 비롯한 대다수 입시 전문가들이 명문대 진학 준비는 실질적으로 중학교 때부터 시작되어야 한다고 말하는 것은 바로 이 때문이다.

또한 미국 명문대 진학을 희망하는 중3(8학년) 학생들은 명문대 합격생을 많이 배출한 고교로 진학하는 것이 매우 중요하다. 선배들의 합격률과 진학률이 고교의 평판을 결정짓고, 그 평판이 자신이 대학에 지원할 때 영향을 미치기 때문이다. 현재 미국의 명문대에서 우리나라의 고교들을 어떻게 평가하는지 정확히 파악하긴 어렵지만, 유학생을 보내던 초창기에 비해 좋게 평가하고 있다는 사실을 근래의 합격자 수를 통해 알 수 있다.

나는 한국교육개발원에서 근무하던 1996년에 민족사관고 신입생 선발 체제를 연구 개발하고 실행하는 프로젝트에 참여했다. 당시 민사고의 창립자인 최명재 회장은 몇 명의 교사와 함께 아이비리그 대학을 비롯한 미국의 명문대들을 돌면서 민사고를 알리는 데 힘썼다. 또 1999년에 대원외고에 재학 중인 자녀를 둔 학부모로서 유학을 준비하던 SAP반(2004년부터 Global Leadership Program : GLP로 바뀌었다)의 2기생 학부모 회장이었던 나는 당시 대원외고 남봉철 교장선생님과 SAP반을 지도하던 스티븐 허 교사가 1998년부터 미국 명문대를 돌면서 대원외고를 알리기 위해 다각도로 애썼던 상황을 생생히 기억하고 있다. 이러한 노력의 결실로 민사고의 경우 1999년에 2명의 첫 유학생을 배출한 것을 시작으로 2007년의 유학생 32명을 포함해 현재까지 모두 170여 명의 합격자를 냈다. 대원외고의 경우 2000년에 9명의 첫 유학생을 배출한 이래 2006년까지 270여 명의 합격자를 냈다. 현재는 이들 고교 외에 다른 외고와 과학고 등에서도 미국 명문대에 합격하는 학생 수가 점차 늘어나는 추세다. 각 고교의 웹사이트에 들어가면 미국 명문대에 합격한 학생 수를 확인할 수 있다.

명문대 유학생이 늘고 있는 이러한 분위기에서 중요한 점은, 그들이 어려운 관문을 뚫고 들어간 만큼 대학에서의 학업 또한 성실히 수행해 주어야 한다는 사실이다. 대학에서는 합격생에 대한 정보를 국가별, 고교별로 분석하고, 각각의 학생이 진학 후에 학업을 어떻게 수행했는지를 평가하여 고교별 평판을 내리기 때문이다. 그러므로 명문 대학에 진학한 학생들이 대학에서 학업이나 기타 활동 측면에서 두각을 나타내고, 어떤 문제를 일으키지 않는 것이 그들 뒤를 이을 후배들의 길을 가로막지 않는 일임을 명심해야 한다.

2. 대입 표준 시험 점수

대입 전형에 활용되는 대표적인 표준 시험으로는 SAT I, SAT II, ACT, AP, IB, TOEFL 등이 있다. 표준 시험은 모든 응시자에게 동일한 시험 문제를 주고 이를 상대평가하여, 개별 응시자의 성적이 몇 점이고 몇 등인지를

'퍼센타일(Percentile)'이라는 수치로 보여준다. 우수한 학생을 선발하려는 대학 측에서는 각 지원자의 전체 석차를 한눈에 파악할 수 있는 표준 시험의 점수와 퍼센타일에 주목할 수밖에 없다.

그런데 입학 사정관이 표준 시험 점수에서 확인하는 것은 지원자의 점수와 석차만이 아니다. 그렇다면 표준 시험 점수를 통해 구체적으로 무엇을 평가하는 것일까? 바로 지원자의 지적 잠재력 또는 수학(修學) 능력을 평가하고, 학업 성취도, 고교의 교육 및 평가 수준까지도 아울러 평가한다. 사정관이 표준 시험 점수를 적극 활용하는 이유를 좀더 자세히 살펴보자.

우선 표준 시험은 전체 응시자를 동일한 시험 내용과 기준으로 평가하는 것이므로, 가산점을 계산할 필요 없이 전형 자료로서 그대로 이용할 수 있다. 사실 고교 성적으로 학생의 성취도를 평가하려면 출신 고교에 따라 해석을 달리해야 한다. 내신성적과 석차가 같은 지원자들이라 하더라도 고교의 수준, 교사나 교장의 정책, 동급생의 수준과 수에 따라 학생의 실제 성취도가 현저히 다를 수 있기 때문이다.

둘째, 지원자의 SAT II 점수나 AP 점수를 고교 성적과 연관지어 보면 지원자의 고교 수준이나 교사의 평가 기준을 알 수 있다. 예를 들어 SAT II 생물 점수가 800점 만점인 영희가 AP 생물 고교 점수는 2.8밖에 되지 않는다면 평가 기준이 매우 높은 고교(또는 교사)의 학생이라고 추정할 수 있다. 반대로 SAT II 생물 점수가 620점인 상호가 AP 생물 고교 점수는 4.0이나 된다면 평가 기준이 매우 낮은 고교의 학생이라고 해석할 수 있다.

셋째, 지원자의 SAT 점수를 고교 성적과 연관지어 보면 지원자의 지적 능력이나 학습 태도를 파악할 수 있다. SAT I 점수가 2350점(2400점 만점)

인 영희의 고교 GPA가 3.4밖에 되지 않는다면 타고난 머리는 탁월한데 어떤 이유에서건 성실히 공부하지 않았다고 추정하게 된다. 반대로 SAT I 점수가 1900점인 상호의 고교 GPA가 4.0이나 된다면 타고난 지적 잠재력은 그다지 뛰어나지 않아도 최선을 다해 열심히 공부하는 학생이라고 판단하게 된다(SAT I 시험은 타고난 논리적 사고력을 측정하는 일종의 지능검사이기 때문에 이러한 해석이 가능하다).

그렇다면 입시 사정관들은 명석한 영희와 노력파인 상호 중에서 어느 학생을 더 선호할까? 답은 바로 머리 좋은 영희의 손을 들어준다는 것이다. 아이비리그에서는 상호가 아무리 성실한 노력파라 하더라도 탁월한 머리가 없다면 명문 대학의 수준 높은 학업을 잘해내기 힘들 뿐 아니라 대학 발전에도 크게 기여하지 못할 거라고 판단한다.

미국 시민권자나 영주권자가 아닌 외국인 지원자의 경우, 입시 사정관은 TOEFL 점수도 눈여겨본다. 공부를 아무리 잘해도 영어가 일정 수준에 도달하지 못하면 영어로 진행되는 수업을 받는 데 어려움이 있을 것으로 판단하기 때문이다. 토플은 영어 실력을 측정하는 시험이므로 일정 점수 이상을 획득하면 더 높은 점수를 내기 위해 재시험을 칠 필요가 없다. 대학마다 평가 기준이 다르긴 하지만, 300점 만점인 CBT(Computer Based Test)에서는 270점 이상을, iBT(internet Based Test)로 바뀐 시험에서는 120점 만점에 105점 이상을 내도록 요구하고 있다.

3. 과외 활동과 수상 경력

학교 정규 수업 외에 학생 개인의 관심과 재능에 따라 참가하는 모든 활동을 '교내외 활동' 또는 '과외 활동'이라고 한다. 과외 활동은 단체에 소속되어 할 수도 있고 개별적으로 할 수도 있다. 활동 장소는 학교 안이건 밖이건 상관없다.

　고등학생이 참여하는 과외 활동의 종류나 단체는 무궁무진하다. 학교 행정을 담당하는 학생회 활동이 있고, 오케스트라 · 밴드 · 합창단과 같은 음악 활동, 육상 · 축구 · 테니스 · 수영과 같은 체육 활동, 방송 · 드라마 · 오페라와 같은 종합예술 활동이 있다. 그 이외에도 학교 연감과 학교 신문을 제작하는 출판 활동, 수학반 · 토론반 · 과학반 · 발명반과 같은 학업 증진 활동, 학교 행사와 장식을 담당하는 미화 활동, 지역사회나 소외된 사람들을 위해 일하는 봉사 활동이 있다(과외 활동의 종류와 관련 단체에 관해서는 Chapter 5의 2를 참조할 것).

　입학 사정관은 왜 지원자의 과외 활동 경력에 주의를 기울이는 것일까? 그것은 지원자의 관심, 재능, 열정, 끈기, 집념, 지도력, 이타심 등을 파악할 수 있는 근거가 되기 때문이다. 과외 활동 경력을 평가할 때 어떤 분야에서 활동했는지보다 그 활동을 얼마나 오랫동안 지속적으로 했는지에 더 관심을 두는 것도 그 때문이다.

　사정관이 학생들의 과외 활동을 평가할 때 구체적으로 어떤 면들에 주목하는지 알아보자.

　첫째는 얼마나 지속적으로 활동했고, 그 활동을 위해 매주 몇 시간을 할애했는지를 살핀다. 활동의 지속성은 지원자가 그 활동에 정말로 관심이 있는지 없는지를 말해 준다. 남들이 하니까 따라서 하는 활동은 1년을 넘기기 힘들다. 물론 주당 참여 횟수도, 할애 시간도 적을 것이다. 그러므로 무슨 활동을 할 것인지 결정할 때는 정말 관심 있는 분야, 자신에게 특별한 의미가 있고 타고난 재능을 발휘할 수 있는 활동을 선택하는 것이 매우 중요하다.

둘째, 단체의 리더로서 활약했는지, 어떤 특별한 공헌을 했는지의 여부에 주목한다. 지원자가 학생회나 각종 단체의 임원으로 활동했는지, 자기가 속한 단체나 학교, 더 나아가 지역사회와 국가의 발전을 위해 어떤 기여를 했는지 등에 초점을 맞춘다. 한 단체의 리더가 되려면 어떤 활동이든 열성껏 꾸준히 참여해야 한다. 지속적으로 참여하면 자연히 팀의 활동에 깊숙이 능동적으로 개입하게 되고 기여도도 높아진다. 하지만 몇 년간 지속적으로 참여하되 리더가 아닌 평회원으로 활동했다면, 과외 활동을 전혀 하지 않은 학생보다는 좋은 평가를 받겠지만 명문대 합격의 카드로서는 부족하다.

셋째, 과외 활동을 통해 국내외 대회에서 수상한 경력이 있는지를 살핀다. 또한 대회의 규모에도 주목한다. 국제적 혹은 전국적 명성이 있는 대회에 참가해 입상하면 매우 좋은 평가를 받을 수 있다. 예를 들어 국제 올림피아드 수상자이거나, 웨스팅하우스 과학경시대회 우승자이거나, 내셔널 메릿 장학금 수혜자가 되었다면, 입학 심사에서 최우수 등급을 받게 된다. 개인상을 수상하는 것이 가장 좋지만 단체상도 무난하다. 성격이 내성적이고 활동적이지 못한 학생이라면 교내 동아리 중에서 한두 가지를 골라 활동하는 것도 좋다. 동아리 지도 교사가 시나 전국 단위의 경시대회에다 함께 출전할 기회를 마련해 주어 단체상이나 개인상을 수상할 기회를 얻을 수 있기 때문이다. 만약 동아리가 단체상을 받았다면 동아리 회장직에 있지 않았더라도 팀원으로서 기여한 바를 인정받을 수 있다.

넷째, 지원자가 어떤 업적을 이루었는지, 어떤 작품을 만들어냈는지에 주목한다. 아이비리그 대학에서는 재학 중에 대학에 기여할 학생과 졸업 후에 모교의 이름과 명예를 빛낼 학생을 선호한다. 그런 취지에서 학업 성취도가 높은 학생뿐만 아니라 특출하거나 천재적인 재능을 지닌 학생에게도 관심을 기울인다. 따라서 미술, 음악, 연주와 같은 예술 분야, 컴퓨터, 사업체 운영, 책 집필, 디자인, 과학, 사회 분야 등에 뛰어난 소질이 있는 학생이라면 명문 대학에 들어가기가 쉽다. 자신이 쓴 글이 책으로 출판되어 판매중이거나 영화로 제작되어 흥행하거나, 유명 연예인이나 아나운서로 활동하고 있거나, 인터넷 웹 디자인 대회에서 수상하거나, 유수의 학술지에 논문이 실리는 것 등이 좋은 예다.

아들이 재학 중이던 존스홉킨스 대학에서 중국인인 L군을 만난 적이 있다. L군은 자신의 고교 성적은 좋지만 SAT I 점수는 그리 높지 않다면서 자신의 점수를 밝히기를 부끄러워했다. 그런데도 합격한 이유를 아는지 물었더니 활발한 과외 활동에서 후한 점수를 받았을 거라고 했다(L군은 자신의 어떤 점 때문에 합격했는지 재학 중에 대학에 물어보았다고 했다). L군이 전공하는 국제관계학과 고등학생 때 참여한 부시 대통령 선거 진영에서의 활발한 선거 활동과 정치에 대한 열정이 딱 맞아떨어졌다고 했다. L군은 물론 그때의 경험을 에세이에 썼다. 나는 그때 L군의 에세이를 훌륭한 수험 자료로 얻어놓지 못한 것을 후회한다.

어떤 과외 활동이든 자기가 관심 있고 재능을 십분 발휘할 수 있는 활동을 몇 년간 꾸준히 한다면 대입 심사에서 좋은 평가를 받게 된다. 어떤 분야에서든 열의를 가지고 지속적으로 참여하다 보면 자연히 리더십을 발휘하게 되고, 자신이 속한 단체에 기여할 수도 있게 되는 것이다.

4. 에세이

입학 사정관은 성적이나 점수로는 알 수 없는 지원자의 인간적인 면모를 에세이에서 파악하려고 한다. 에세이는 지원자의 생각과 마음이 자유롭게 표현된 글이기 때문에 지원자를 총체적으로 파악하는 데 매우 유용한 자료다.

그렇다면 사정관은 지원자의 에세이를 읽으면서 구체적으로 어떤 점을 평가하는 것일까? 에세이 평가 때 주안점을 두는 요소는 다음과 같다.

- 어느 분야에 얼마만큼의 재능과 관심이 있는가?
- 어느 정도의 열정과 집념을 가지고 관심 분야를 개발했는가?
- 목표와 꿈은 무엇이며, 꿈을 이루어낼 끈기와 집념이 있는가?
- 긍정적인 사고와 성품을 지녔는가?
- 개인적인 역경이나 고난이 있었는가, 있었다면 어떻게 극복했는가?

사정관에게 좋은 평가를 받는 에세이를 쓰려면, 위의 요소를 염두에 두고 자신의 능력, 재능, 열정이 돋보일 수 있고, 긍정적인 측면의 인품이나 성격을 보여줄 수 있는 주제를 정해야 한다. 성적이 떨어진 때가 있었다면 합당한 사유를 에세이에서 언급하는 것도 사정관이 지원자를 이해하는 데 많은 도움을 준다.

사정관들 말에 따르면, 에세이가 심사에서 차지하는 비중은 고정적이지 않다고 한다. 학업에서 최상위 등급을 받는 지원자가 에세이 때문에 불합격하는 경우는 거의 드물다. 그러나 중간 수준의 학업 등급을 받은 학생이라면 에세이의 비중이 매우 커진다. 명문대 입시 경쟁을 치르는 지원자들 대부분 조건들이 엇비슷하다. 그만그만한 고교 성적과 시험 점수로 중간 등급을 받는 데다, 한두 개 단체나 그룹에서 임원으로 활동한 경력도 지원자 대부분이 갖고 있고, 교사에게 긍정적인 추천서를 받는 것도 흔한 일이다. 따라서 이런 자료만으로는 지원자들의 우열을 가려내기가 거의 불가능하다.

탁월한 업적이나 국제적, 전국적 수준의 수상 경력이 없는 중간 학업 등급의 지원자들 중에서 합격자를 선별해야 할 때, 사정관은 남다른 긍정적 측면이 부각되는 학생을 선발하려 한다. 이러한 사정관에게 점수나 성적이 말해 주지 않는 지원자 자신의 모습, 추천서를 써주는 교사도 모르는 자신의 장점을 보여주기에 가장 적합한 것이 바로 에세이다.

5. 추천서

입학 사정관이 추천서에서 파악하려는 것은 지원자에 대한 전체적인 인상이다. 물론 이것은 지원자의 에세이에서도 파악할 수 있지만, 에세이는 지원자 자신의 관점에서 쓴 매우 주관적인 글이다. 따라서 사정관에게는 제삼자가 작성한 객관적인 자료가 필요하다. 교사 추천서는 지원자와 같은 또래의 학생들을 오랫동안 가르친 경험이 있고, 또 지원자를 적어도 1년(미국에서는 한 학기) 이상 매일같이 지켜보았던 교사가 작성한 것이기 때문에, 지원자를 이해하고 다른 지원자와 비교 평가하는 데 훌륭한 자료로 쓰인다.

사정관은 교사 추천서를 읽으면서 구체적으로 다음과 같은 점에 주의를 기울인다.

- 동급생과 비교했을 때 어느 정도의 지적 잠재력을 지녔는가?
- 얼마만큼의 학업 성과를 얻어냈는가?
- 해당 교과목에 재능과 적성이 있는가?
- 수업 태도나 학습 습관은 어떠한가?
- 그 과목에 얼마나 열정과 관심을 보였는가?
- 수업에 어떤 기여를 얼마나 했는가? (예를 들어, 연구 조사한 내용을 급우들과 공유하거나, 좋은 아이디어를 제시하거나, 적극적으로 의견을 내거나, 학급·학교·사회·국가 발전을 위해 주요한 아이디어나 방법을 제시하고 실행했는가 등)

이러한 점들이 지원자를 평가하는 요소이므로, 교사 추천서는 학생을 가까이서 오랫동안 지켜본 교사가 쓰는 것이 좋다. 사실 우리나라 학생이나 학부모의 경우, 고위 공직자나 명망 있는 인사에게 추천받는 것이 유리할 거라고 생각해 국회의원이나 교육감, 학교장에게 추천서를 받으려고하는데, 이는 대입 심사에 전혀 도움이 되지 않는다. 대학에서는 학생에대해 잘 알지 못하는 그들의 평가를 전적으로 신뢰할 수 없다고 여기기 때문이다. 그러므로 추천서는 담임이나 과목 교사와 같이 지원자를 잘 아는 사람에게 부탁하는 것이 바람직하다. 만약 대학이나 연구기관에 가서 특정 교수와 몇 년간 프로젝트를 수행해 유수의 회지에 논문이 게재되었다면, 그 교수나 해당 연구기관의 추천서를 추가로 제출하는 것도 입시에서 유리한 고지를 점할 수 있는 좋은 방법이다.

지원서 마감일이 임박했는데도 누구에게 추천서를 부탁해야 할지 결정하지 못해 우왕좌왕하는 학생들을 종종 보았다. 아이비리그 진학에 뜻을 둔 학생이라면 고교 재학 중에 추천서를 부탁할 교사를 마음속으로 정해서 평소에 친분을 쌓아둘 것을 권한다. 이런 이유에서 고등학교 재학 중에 전학을 하는 것은 매우 불리하다.

추천서 양식을 교사에게 전할 때는 세 가지 사항을 염두에 두어야 한다. 지원서 마감 날짜보다 훨씬 앞서 시간적인 여유를 두고, 자신에 대해 상세히 기록한 이력서를 함께 주고, 자신의 목표와 대학 진학에 대해 미리 충분히 대화의 시간을 가지라는 것이다.

6. 인터뷰

대학에서 인터뷰를 장려하는 이유는 학생들이 제출한 지원서의 내용이 사실에 어느 정도 부합하는지 파악할 수 있기 때문이다. 대학에서는 인터뷰를 통해 지원자가 뚜렷한 목표나 의지가 있는지, 긍정적인 사고를 가지고 말하고 행동하는지, 상식적인 예의가 있는지, 가정적으로나 개인적으로 어려움이나 역경이 있는지 등을 파악하려고 한다.

입학 사정관은 인터뷰를 너무 어렵게 받아들이지 말라고, 인터뷰를 못해서 불합격하거나 잘해서 합격하는 사례는 거의 없다고 말한다. 그러나 학업과 과외 활동에서 중간 등급을 받게 될 학생의 경우, 인터뷰에서 합격과 불합격이 갈리는 일도 있다.

미국 뉴포트 고교의 진학 카운슬러였던 스튜어트 박사에게 들은 K양의 이야기를 소개하면, K양은 학교 성적이나 각종 대입 표준 시험에서 어떤 명문대에도 합격할 만큼 매우 우수한 학생이었다고 한다. 자신감이 가득했던 K양은 인터뷰에서 자신의 도벽 경험을 농담처럼 가볍게 이야기했다고 한다. 물론 K양은 그 대학에 합격하지 못했다. 솔직한 것이 아니냐고 반문할지도 모르지만, 도벽을 재미있는 장난처럼 여기는 부도덕함, 진지하지 못하고 가벼운 성격 등 지원서에서는 나타나지 않았던 그녀의 부정적인 측면이 드러났기 때문이다.

인터뷰에서 결정적인 실수를 해서 떨어진 학생이 있듯이, 반대로 내면의 풍부함과 생각의 깊이가 돋보여 합격한 사례도 있다. 내가 미국에서 진학 가이드를 해주었던 C군은 200여 명이 재학하는 우수 고교에서 전교 5등 안에 드는 학생이었다. C군은 각종 대입 표준 시험에서 720~780점대의 성적을 냈지만, 사정관이 보기에는 예일대에 지원하는 다른 지원자들과 별반 다르지 않았다. 약간 내성적인 C군은 인터뷰 때에도 조용히 물음에 대답할 뿐이었다. 독서를 좋아한다고 쓴 C군의 지원서를 본 인터뷰어가 어떤 책을 읽었는지 물어보았다. C군은 현대나 고전 문학을 두루 읽는데 그중에서도 셰익스피어의 희극과 비극을 몇 번이고 읽었다고 말했다. 물론 그 책을 왜 여러 번 읽었는지, 비극과 희극이 어떻게 자신에게 동일한 여운을 주는지, 고전이지만 현대 인간들의 심리에 어떻게 적용되는지 등을 연극반 활동과 연관지어 느낀 점에 대해 구체적으로 얘기했다고 한다. 인터뷰어는 C군의 이러한 내면적 풍부함과 통찰력이 지원서에는 드러나지 않은 면이었기에, 거의 두 시간가량 C군과 대화를 나누었다고 했다. 인터뷰가 끝난 후 C군은 인터뷰어에게 좋은 시간을 내주어 고마웠다는 이메일을 보냈고, C군은 2004년에 예일대에 합격했다.

나는 인터뷰가 필수가 아닌 선택 사항이라 해도 대학에서 인터뷰 요청이 들어오면 꼭 응하라고 권하고 싶다. 경제적, 시간적인 이유로 지원 대학까지 가기 힘든 학생은 자기가 사는 국가나 지역의 동문 선배와 인터뷰할 수 있는 방법도 있다.

그렇다면 인터뷰에서 좋은 점수를 받으려면 어떻게 해야 할까? 가장 중요한 것은 인터뷰어의 눈을 마주 보면서 질문에 진지하고 솔직하게 대답하는 것이다. 인터뷰에서는 첫인상이 매우 중요하다. 첫인상에 따라서 인터뷰 전체가 순조롭게 진행될 수도 있고 매끄럽지 않을 수도 있다. 첫인상이 좋으려면 무엇보다 단정한 외모와 예의 바른 말씨와 행동을 보여야 한다. 대개 인터뷰는 커피숍이나 식당에서 진행되는데, 때로는 인터뷰어의 집에서 이루어지기도 한다. 인터뷰어는 그때그때 주어진 상황에서 지원 학생의 평소 행동과 태도, 말씨까지도 면밀히 관찰한다. 2006년에 하버드 대학에 합격한 L양은 인터뷰 전날 약속 장소에 미리 가서 어떤 자리에 어떻게 앉아야 조용히 인터뷰를 잘할 수 있을지 정해놓고, 인터뷰 당일에는 20분 전쯤 도착해 그 자리에 앉아 있었다. 인터뷰는 물론 대성공이었다.

인터뷰 중 너무 긴장해서 떠는 모습을 보이는 것은 좋지 않다. 다른 학생들도 나와 마찬가지일 거라는 생각을 하면 좀더 편안한 마음으로 인터뷰에 응할 수 있을 것이다. 인터뷰어가 좋은 점수를 주는 학생은 언변이 뛰어난 학생이 아니라 솔직하고 진솔한 모습의 학생이다.

인터뷰어에게 좋은 인상을 남기는 한 가지 방법은 인터뷰를 마치고 돌아온 뒤에 감사 카드를 보내는 것이다. 귀중한 시간을 내어 만나준 것에 감사하고, 또 좋은 경험이었다고 짤막하게 쓰면 된다.

인터뷰에서는 가족, 학업, 관심사, 목표와 관련된 질문을 받게 된다. 각 질문에 어떻게 대답할지 미리 준비해서 거울 앞이나 친구 또는 부모님 앞에서 연습해 보는 것이 좋다. 무엇보다 중요한 것은 진실한 모습을 보여야 한다는 것이다. 답변할 내용을 너무 많이 연습해서 암기한 듯한 인상을 주는 것은 피해야 한다. 사전에 지원 대학에 대해 조사해서 그 대학에 지망하는 이유와 목표를 구체적으로 말하거나, 지망하는 대학이 자신의 꿈과 희망을 이루기에 적합하다는 것을 설명할 수 있다면 좋은 평가를 받을 수 있다.

지원자가 어떤 이슈나 주제에 관심이 있다고 지원서에 썼을 경우, 어떤 인터뷰어는 그것에 대해 긴 시간 자세히 답하도록 유도하기도 한다. 거짓으로 지원서를 쓴 학생이나 표면적이고 가벼운 지식과 관심만 지닌 학생이라면 이런 인터뷰가 버거울 수밖에 없다. 평소에 어떤 사안에 대해 관심을 갖고 깊이 있게 생각하는 습관을 가진 사람과 그렇지 않은 사람의 차이가 이때 드러나게 된다. 교과 과정과 시간표 구성이 미국과 많이 다르고 문화적 배경이 다른 우리나라 학생들은 영어라는 장벽 말고도 이런 깊이 있는 대화를 오랫동안 지속해야 하는 상황에 익숙하지 않아 인터뷰가 매우 힘들 수 있다.

인터뷰 때의 질문을 주제별로 나누면 다음과 같이 정리해볼 수 있다.

대개의 인터뷰어는 온갖 주제의 질문을 던지는데, 각 주제별로 적어도 한 가지 이상의 질문을 던진다고 보면 된다. 그러므로 다음 질문들에 대해 미리 답을 생각해 보고 써볼 것을 권한다.

1 가족에 대한 질문

- 가족에 관해 이야기해 보라.

2 고교 생활에 대한 질문

- 재학 중인 고교의 좋은 점과 나쁜 점을 말해 보라.
- 너의 고교를 변화시켜야 한다고 생각한다면, 무엇을 바꾸고 싶은가?
- 졸업반 학생 수는 몇 명인가?
- 좋아하는 과목을 순서대로 말해 보라.
- 고2(11학년) 때 생활을 이야기해 보라.
- 지금 재학 중인 고교 아닌 다른 곳에서 공부한 적이 있는가? 어떤 것을 공부했는가?
- 어떤 과외 활동에 비중 있게 임했는가? 왜 그런가?
- 고교 시절에 크게 실망했거나 실패한 경험이 있는가? 있다면 어떻게 극복했는가?
- 이번 여름방학(고3 여름방학, 미국에서는 11학년이 끝난 여름방학)에 무엇을 했는가?
- 너에게 가장 많은 영향을 준 선생님(사람)은 누구인가? 어떤 영향을 받았는가?

3 관심사, 인성, 성격에 대한 질문

- 고교 졸업 후 대학에 가기 전 1년을 쉴 수 있다면 무엇을 하고 싶은가?

- 하루 동안의 자유가 주어진다면 뭘 하면서 시간을 보내겠는가?

- 친구들은 너에 대해 어떻게 말하는가? 너의 장점과 단점을 말해 보라.

- 지금까지 한 일 중에서 특별히 자랑스러운 것이 있는가? 왜 그런가?

- 취미나 관심사는 무엇인가?

- 최근에 읽은 책 중에서 관심이 가는 책이 있는가? 어떤 점 때문인가?

- 최근에 일어난 사건 중에서 특히 관심이 가는 것은 무엇인가?

- 존경하는 사람은 누구인가? 왜 존경하는가?

4 대학에 지원한 사유

- 우리 대학에 지원한 이유는 무엇인가?

- 장래에 무엇이 되고 싶은가? 이유는 무엇인가?

2_ 아이비리그 입학을 위한
학년별 준비 전략

아이비리그 대학에 진학하기 위한 경쟁이 나날이 치열해지고 있다. 미국 명문대 입시를 계획하는 학생들은 최우수 지원자 그룹에 들기 위해 준비를 서두를 필요가 있다.

이 장에서는 아이비리그 대학에 진학하려면 중학교와 고등학교 과정을 어떻게 보내야 하는지 중점적으로 알아보자. 몇 학년 때 무엇을 준비하고 실행해야 하는지, 과외 활동과 봉사 활동은 언제부터 어떻게 해야 하는지를 소개하려 한다. 각 내용에 대해 더 구체적으로 알고 싶다면 해당 내용을 다룬 챕터를 참조하면 된다.

무엇을 어떻게 준비할까

아이비리그 진학에 뜻을 둔 학생이라면 일찍부터 준비해야 할 것들이 많다. 학업에서 우수한 실력을 쌓아야 하는 것은 물론이고, 과외 활동과 봉사 활동도 일관성 있게 꾸준히 해야 한다. 아이비리그 입시에 필요한 사항을 학업, 시험, 활동의 측면에서 간단히 살펴보자.

학업

대입 전형 때에는 중3(9학년)부터 고3, 1학기까지의 성적만 제출하지만, 중학교 성적은 5~10% 정도만 반영되므로 보다 중요한 것은 고등학교 때의 성적이다. 그렇다고 해도 중학생 때 공부를 철저히 해두지 않으면 고등학생 때 좋은 성적을 내기 힘들다. 요즘 우리나라의 많은 특목고 학생들은 학교에서 AP 과목을 수강하고 AP 시험도 치는데 중학생 때 공부를 확실히 해두지 않으면 고교에 진학해서 AP를 택할 수 없게 된다. 앞에서도 설명했지만 요즘은 미국 명문대 입시 전형에서 경쟁력을 가지려면 지원서를 낼 때까지 6~8개의 AP 과목을 수강해야 한다.

대입 표준 시험

SAT I 시험에 출제되는 문제의 내용과 수준은 미국의 경우 고등학교 10학년과 11학년 때 배운 내용이다. 그런데 고교 교육 과정을 그대로 따르면서 교과를 수강하게 되면(미국의 경우) SAT I에 출제되는 내용을 11학년 말이나 12학년이 되어야 마스터하게 된다. 다시 말해, 정규 교육 과정을 따르다 보면 시험에 출제되는 내용을 배우는 시기가 늦어져 11학년 6월까지 만족할 만한 SAT 점수를 내기 힘들다는 뜻이다. 그러므로 또래 친구들보다 1~2년 정도의 선행 학습을 해야 SAT I에서 높은 점수를 받을 수 있다.

10학년 말이나 11학년 말까지는 3개 과목 이상의 SAT II에도 응시해야 한다. 그런데 SAT II의 수준이나 내용 역시 11~12학년에서 다루는 것들이어서, 학교 정규 과정을 따르다 보면 SAT II를 치를 때까지 학교에서 배우지 못한 내용도 꽤 있게 된다. 그러므로 SAT II에서 좋은 점수를 내려면 동급생들보다 1~2년 정도의 선행 학습은 필수다.

우리나라 학생의 경우, SAT 수학 시험의 내용이나 수준은 공통수학과 수학 I의 일부만 출제되므로 고1 때까지의 수학을 충분히 이해한 학생이라면 만점이나 만점에 가까운 점수를 얻을 수 있다. 그런데 문제는 영어다. 독해나 작문은 미국 학생들도 1~2년 학습으로는 좋은 점수를 내지 못한다. 그러므로 영어권이 아닌 우리나라 학생들은 그들보다 훨씬 많은 시간과 나날을 영어와 씨름해야만 만족스러운 점수를 얻을 수 있다.

과외 활동

대입 심사에서는 중3(9학년) 이후에 참가한 과외 활동과 봉사 활동 경력만 포함되지만 중3 이후에 두드러진 활동을 하고 주요 직책을 맡아서 리더십을 보이려면 중1이나 중2 때부터 자신이 좋아하는 활동을 2~3개 정도 찾아내야 한다. 그래야 중3에 올라갔을 때 우왕좌왕하지 않게 되고, 고등학교에 가서도 꾸준히 해나갈 활동을 바로 시작할 수 있다.

미국의 교육 제도와 시스템

● 학교급 구분

미국에서 학교급을 나누는 방식은 우리나라와 같다. 초등학교 6년, 중학교 3년, 고등학교 3년, 대학교 4년으로 총 교육 기간이 16년이다. 다른 점은 미국의 초등학교에는 유치원 과정이 포함되어 있어서 대학 교육을 제외한 교육 기간이 엄밀히 말해 12년이 아니라 13년이라는 점이다.

총 의무교육 기간인 13년을 다시 학교급으로 세분화하면, 유치원~초6은 초등학교(Elementary School), 7~9학년은 중학교(Jr. High School 또는 Middle School), 10~12학년은 고등학교(High School 또는 Sr. High School)로 구분한다. 지역에 따라 학교급을 나누는 기준을 달리할 때도 있다. 예를 들어 초등학교를 유치원~5학년, 중학교를 6~8학년, 고등학교를 9~12학년으로 구분하는 교육구도 많다. 학년을 어떻게 나누든 간에 대입 전형 서류로 제출해야 하는 내신성적은 9학년부터 11학년까지의 성적이다.

● 학기 구분

미국의 학교는 1년을 두 학기로 나누는 학기제(Semester system)와 네 학기로 나누는 쿼터제(Quarter system)가 있는데, 거의 대부분의 초중등학교가 학기 제도를 운영한다. 학기제는 매년 8월 말이나 9월 초에 새 학기가 시작되므로, 가을 학기가 1학기가 되고 봄 학기가 2학기가 된다. 이러한 이유로 동일한 연령의 우리나라 학생이 미국에 갔을 때는 한 학기 늦은 학년에 배정된다. 예를 들어 우리나라에서 6학년 1학기 중에 미국에 가면 5학년 2학기에 들어가게 되고, 6학년 2학기에 재학 중이던 학생은 미국에서 6학년 1학기로 편입된다.

● 교육과정과 수업 시간표 구성

우리나라의 연간 법정 수업 일수는 220일인데, 그중 준수해야 할 교육 과정 배당 기준 일수는 204일이다. 그 이외의 날은 학교 재량에 맡기고 있다. 미국 학교의 연간 법정 수업 일수는 180일로, 한 학기 수업 일수는 90일이다. 우리나라와 미국이 연간 수업 일수에서는 큰 차이가 없지만 일주일간 시간표를 구성하는 방법은 많이 다르다. 우리나라는 월요일 1교시가 수학 시간일 경우 화요일부터 금요일까지 매일 1교시를 수학 시간으로 구성하지는 않는다. 그러나 미국은 월요일부터 금요일까지 1교시가 항상 수학 시간이 되고, 그렇게 한 학기 90일간 수학 수업을 했을 때 수학을 0.5학점 이수하게 된다(미국 대학교의 학점 이수는 중고등학교와 달리 주당 3시간씩 한 학기 동안 수강했을 때 3학점을 이수한 것으로 본다).

　미국 시애틀에 있는 명문 교육구인 벨뷰 교육구에서 고교 졸업장을 받으려면 9학년부터 12학년까지 4년간 총 23.5학점을 이수해야 한다. 고교 4년간(8학기 동안 연속적으로 수업을 택해야 한다는 의미) 꼭 이수해야 하는 과목으로는 영어(4학점), 수학(3학점), 사회(3.5학점), 실험과학(2학점), 컴퓨터 등의 공학기술(1학점), 체육(2학점), 예술(음악이나 미술 1학점), 보건 및 건강(0.5학점), 말하기(0.5학점), 선택 과목(6학점)으로 명시되어 있다. 중학생 이상의 모든 학생들은 당해 학기가 끝나기 전에 다음 학기에 어떤 과목을 택할지, 어떤 수준으로 택할지(대수 I, 대수 II, AP 미적분학 등)를 정해서 학교에 제출해야 한다. 참고로 고교 졸업 이수 학점은 교육구마다 약간씩 다르다.

● 과목 선택과 졸업 이수 학점

한 학기 동안 수업할 과목을 학교에서 정한 대로 따르는 우리나라와 달리, 미국에서는 자신의 능력과 실력에 따라 수강 과목과 과목의 수준을 정할 수 있다. 예를 들어 상위 20% 이내의 학생이 AP Calculus(미적분학)를 택할 때, 중간 수준의 동급생은 두 단계 아래인 Algebra-II(대수2)를, 하위 수준의 동급생은 Algebra-I(대수1)을 택하기도 한다. 과목마다 쉬운 수준에서 어려운 수준으로 이어지므로, 학기가 지나고 학년이 올라가면서 한 단계씩 상급 수준을 택하게 되는 것이다.

　우리나라에서 공부를 잘하던 학생이 미국에 가면 처음에는 언어의 장벽 때문에 너무 낮은 수준의 과목을 택하는데, 그 경우 졸업 때까지 상급 수준의 과목을 택할 기회를 영영 놓쳐버릴 수도 있다. 과목을 선택하는 데 익숙지 않은 유학생이나 갓 이민 온 학생들은 학교의 카운슬러가 정해주는 과목을 그대로 택하기도 한다. 하지만 그랬다가 명문대 진학을 포기하는 학생을 여럿 보았다. 미국 학생들은 한 학기 동안 수강할 과목을 정할 때 앞으로 지망할 대학의 요구 조건에 맞추려고 주의를 기울인다.

보통 수준의 주립대학을 목표로 한다면, 영어 4학점(4년간 수업을 의미함), 수학 3~4학점, 사회 3학점, 과학 2~3학점을 이수하고 GPA 3.0 이상이면 입학이 가능하다. 그러나 명문 대학에 진학하려면 AP 과목을 포함해 영어 4학점, 수학 4학점, 사회 4학점, 실험과학 3~4학점, 외국어 2~3학점을 받는 것은 필수이며, 4.0에 가까운 GPA를 받아야 한다. 그러므로 필수와 선택 과목의 결정은 희망하는 대학의 기준에 맞춰 나가야 한다.

● 점수 표기와 계산

우리나라는 해당 학기 개별 과목의 성적을 '수우미양가' 또는 '0~100점'으로 환산한 후 그 학기 전체 성적의 평균을 내어 내신 등급을 산출한다. 미국은 해당 학기 개별 과목의 성적을 'ABCDF'나 '0~100점'으로 매기고, 이를 4.0점, 4.5점, 또는 5점과 같은 평점으로 바꾼 뒤에 평균 평점(GPA)을 낸다. 이 GPA로 전교 석차를 산출하는 고교도 많다(GPA 계산 방법은 66쪽을 참조할 것).

언제부터 준비할까

아이비리그 대학 진학을 위한 준비는 일찍 서두를수록 좋다. 사실 고1이 되어서야 시작하는 것은 너무 늦고, 중학교 때부터 차근히 준비해야 실력을 키울 수 있다. 어떤 입시 전문가들은 중학교 때부터 준비하는 것도 너무 늦다고 말한다. 미국 맨해튼에 거주하는 정·재계 인사들은 자녀를 명문 유치원에 입학시키지 못하면 미래의 아이비리그 진출은 물 건너간 것으로 인식한다는 『타임』지 기사를 읽은 적이 있다. 좋은 유치원에 들어가야 좋은 초등학교에 진학할 수 있는 교육을 받게 되고, 그래야 명문 초등학교, 중학교, 고등학교로 이어지는 계보에 들 수 있으며, 종국에는 명문 대학으로 발을 디딜 수 있다는 논리다.

하지만 유치원이나 초등학교에 갓 입학한 자녀의 대학 입시를 고민하는 부모가 과연 몇이나 될까? 대학 진학을 고민하기에 적합한 시기는 초등학교 5~6학년 때라고 말할 수 있다. 그 무렵에 아이가 보여주는 잠재력을 보고 그때부터 대입을 생각해도 늦지 않는다. 그러므로 중학생 때부터 아이비리그 입시를 준비하기 시작했다고 해서 걱정할 필요는 없다. 하지만 고등학생이 되어서야 준비를 시작했다면 남보다 몇 배의 시간과 노력을 쏟아 부어야 할 것이다.

원하는 대학에 진학하려면 적어도 중학교 2~3학년(7~8학년) 때부터 정보를 수집해 효과적인 진학 계획을 짜고, 계획을 실행에 옮길 수 있는 구체적인 전략을 세워야 한다. 그런데 중학생 때는 자녀 혼자서 대입 전략을 세우기에는 아직 어린 나이이므로 부모가, 또는 부모와 자녀가 함께 상의 해서 계획을 세워야 한다. 단, 이때 부모는 자녀를 부모 뜻대로 무작정 끌고 가지 말고, 자녀 스스로 좋은 대학에 가고 싶은 마음이 생기도록 다양한 방향으로 동기를 부여해 주어야 한다. 그것이 바로 부모의 참역할이다.

강좌 선택과 수강 전략

미국의 중고등학교에서는 학생 스스로 어떤 수준의 과목을 수강할지를 결정한다. 과목 선택의 폭이 넓기 때문에, 사전 등록 기간이 되면 자녀와 부모가 머리를 맞대고 어떤 과목을 수강할지 논의하느라 여념이 없다. 그래서 과목 선택의 경험이 없는 우리나라 학생들이 미국에 유학(또는 이민)을 가면 학교에서 나눠준 수강 안내 책자를 들고 어쩔 줄 몰라 하며 머리에 쥐가 나도록 고민하기 일쑤다.

수강 과목은 대개 부모와 자녀가 함께 결정하는데, 학교 상담교사에게 도움을 청할 수도 있다. 그러나 현실적으로 학교 상담 교사는 학교일로 바쁘고 학생 개개인을 정확히 파악하고 있지 못해서 학점을 무난히 받을 수 있는 평이한 과목을 추천하는 경향이 있다. 그래서 아이비리그 대학 진학을 목표로 하는 학생들은 일찍부터 입시 전문가들에게 컨설팅을 받곤 한다. 미국 시애틀에 거주하는 동안 유학생이나 이민자, 교포 2세 학생들의 고등학교 수강 선택 컨설팅을 해준 경험이 많은 나로서는 그들이 얼마나 혼란스러워하고 힘들어하는지 잘 알고 있다.

아이비리그 합격을 위해서는 재학하는 학교에서 개설되는 최고 수준의 강좌를 수강할 필요가 있다. 중학교에서 제공되는 최고 수준 강좌의 과목명에는 대개 아너(honor)가 덧붙고, 고등학교에서는 AP나 IB 강좌로 개설된다. 고급 강좌는 학습 수준이 높고 다양한 주제와 이슈를 동시에 다루므로, 평범한 강좌보다 수업을 위해 읽어야 할 자료도, 과제의 양도 훨씬 방대하고, 시험 문제도 매우 어렵다. 물론 A 학점을 받기도 보통 강좌보다 훨씬 어렵다. 미국의 고등학생이 숙제가 많고 바쁘다면 대개 고급 강좌를 많이 택한 학생이고, 그렇지 않다면 보통 수준의 강좌를 주로 택한 학생들이다.

미국 명문 대학의 입학 사정에 대해 잘 모르는 부모나 학생 들은 GPA가 낮아지는 것을 염려해 고급 강좌를 피하고 보통 강좌를 수강하려는 경향이 있다. 그러나 아이비리그 입학을 염두에 두었다면 반드시 고급 강좌를 택해야 한다. 왜냐하면 아이비리그를 비롯한 미국의 명문 사립대학에서는 입학 전형 서류를 심사할 때 학생들이 수강한 고급 강좌의 성적을 '비중 점수 계산법'에 따라 재산출하기 때문이다. 고급 강좌의 성적은 A를 5.0으로 환산하고 B를 4.0으로 환산한다. 고급 강좌에서 B를 받아도 보통 강좌에서 A를 받은 것과 같다고 보는 셈이다. 우리나라에서 AP 과목을 이수했어도 대학에서의 환산 방법은 동일하다.

대입 사정에서 중요한 것은 눈으로 확인할 수 있는 GPA만이 아니다. 입학 사정관들은 학생들이 얼마나 강한 도전정신을 가지고 어려운 과목에 도전하는지, 학업에 최선을 다하고자 하는 의지가 있는지, 지적 욕구가 있는지 등을 강좌 선택 상황을 보면서 파악한다. 그러므로 명문대로 진학하길 희망한다면 되도록 고급 강좌를 많이 수강할 것을 권한다.

중학교 때의 입시 전략

우리나라 학생의 경우, 중학교 3년의 과정 중에서 중3 성적만 대입 전형 자료로 보내면 된다. 중3 성적은 전체 학교 성적 평가에서 5% 범위 내에서 대입 심사에 반영되므로 그 비중이 고등학교 때보다 상대적으로 굉장히 적은 편이다. 그렇다고 해도 중학교 시절을 알차게 보내야 하는 이유는 많다. 중학교 때 효과적인 학습 요령과 습관을 터득하고 기초 지식과 실력을 탄탄히 쌓아야 고등학교에 진학했을 때 좋은 성적을 낼 수 있고, 과외 활동(특별 활동)에 활발히 참여해야 고등학생이 된 뒤에도 동아리나 클럽을 적극적으로 이끌어나가며 보람찬 활동을 할 수 있기 때문이다. 지금부터는 아이비리그 입학을 위해 초등 고학년부터 무엇을 준비해야 하는지 학년별로 살펴보자.

초등학교 5~6학년

5~6학년 때에는 모든 학습의 기초가 되는 영어와 수학 실력을 단단히 다져두는 것이 매우 중요하다. 미국 대학에 진학하려는 입시생들은 독해, 작문, 수학의 세 영역으로 구성된 SAT I 시험에 응시해야 한다. 미국에 거주하든 한국에 거주하든, 한인 학생들의 독해와 작문 실력은 미국 학생들에 비해 떨어지는 편이다. 이러한 독해나 작문 실력은 하루아침에 길러지는 것이 아니므로, 5학년 때부터는 영어 실력 향상을 위해 든든한 기초 실력을 꾸준히 쌓아야 한다. 우리나라 학생의 경우, 늦어도 초등학교 3학년 때부터는 영어 실력을 키워나가야 한다.

5~6학년 때에는 자신의 적성과 흥미가 무엇인지 찾기 위해 다양한 과외 활동에 참여해 보는 것이 좋다. 여러 활동에 참여하다 보면 생각지도 않았던 것에 의외로 흥미를 느끼거나 그 분야에 재능이 있다는 사실을 발견하기도 한다.

중학교 1학년(7학년)

중1 때까지(늦어도 중2까지)는 아이비리그로 진학할 의사가 있는지 없는지를 결정해야 한다. 그래야 준비가 순조롭다. 중학교에 올라가자마자 담임이나 학교 진학 상담 교사를 찾아가 아이비리그 대학으로 진학하고 싶다는 의사를 밝히고 그에 필요한 준비에 들어간다. 미국에 거주하는 학생들은 고급 강좌를 택할 수 있는지 아닌지를 카운슬러에게 문의하고 함께 결정하도록 한다. 이때부터 학교에서 제공하는 최고 수준의 과목을 택하기 시작해야 고교에 올라갔을 때 많은 AP 과목을 선택할 수 있다.

우리나라에서는 수학의 기초를 다지는 한편으로 영어 실력을 향상시키는 데 집중해야 한다. 이 시기에는 미국 중고생들이 읽는 추천 도서(〈부록5〉 참조)를 읽는 것이 버거울 수 있다. 그렇더라도 꾸준히 읽어나가야 한다. 불과 몇 년 뒤에는 영어가 모국어인 미국 학생들과 어깨를 겨루며 동일한 시험을 치러야 하기 때문이다. 그리고 비록 다 이해하지 못하더라도 영자 신문도 정기 구독하고, 또 자기 수준과 흥미에 맞는 영문 저널(예를 들어 『National Geographic』, 『Discovery』)을 두 가지 정도 골라 꾸준히 정독할 것을 권한다.

중1 때는 자신의 적성과 흥미가 무엇인지 정확히 파악하는 노력을 기울여야 한다. 그러려면 다양한 과외 활동에 참여해 보는 것이 좋다. 고등학교에 올라가서 이 활동 저 활동 오락가락하는 것은 관심 분야나 목표가 없어 보이고 진지해 보이지 않는다. 그러므로 늦어도 중3(8학년)까지는 자신의 관심 분야를 찾아내야 한다. 대학에서 제공하는 각종 프로그램(영재교육, 심화 교육 등)에 참여해 자신의 적성과 재능을 찾아보는 방법도 있다.

중학교 2학년(8학년)

우리나라 학생의 경우에는 중3 성적부터 대입 지원서에 들어가므로, 중학교 2학년이 끝날 때까지 앞으로 4년간, 즉 중3과 고교 3년간의 계획을 수립해야 한다. 미국에 거주하는 학생들은 8학년이 끝나기 전에 고교 4년간 어떤 수준의 과목을 몇 학년 때 수강할 것인지 총체적인 계획을 짜야 한다. 또 11월에 실시되는 PSAT 시험을 연습 삼아 칠 것을 권한다. PSAT에서는 영어, 작문, 수학, 세 과목의 점수가 따로 산출되기 때문에 자신의 실력을 어느 정도 가늠할 수 있다. 또 PSAT 시험 결과를 분석해서 SAT에서 높은 점수를 얻기 위한 구체적인 학습 계획도 세울 수 있다. 학교에서는 계속 고급 강좌를 선택하고, 가능한 모두 A(90점 이상)를 받도록 힘써야 한다.

중2 때는 자신의 관심 분야와 적성을 찾아내 고교에서 어떤 분야의 활동에 참여할지 구체적으로 정해놓아야 한다. 우수 중학생을 대상으로 하는 미국 대학 영재 교육 프로그램(예를 들어 존스홉킨스 대학의 CTY, 퍼듀 대학의 GERI, 스탠퍼드 대학의 EPGY)이나 우리나라 대학의 영재교육원 프로그램에 참여하는 것도 자신의 적성과 재능을 발견할 수 있는 좋은 방법이다.

중학교 3학년(9학년)

중3 때 성적은 대입 심사에 포함된다. 따라서 이 시기에는 무엇보다도 학업에 열중해야 한다. 그리고 아이비리그 대학으로 진학하길 원한다면 학교의 명성이 미국 대학에 잘 알려져 있는 고교로 진학하기 위해 힘써야 한다. 왜 그럴까?

그 이유는 첫째, 명문대 진학률이 높은 고등학교는 명문대 진학에 필요한 노하우를 축적하고 있고, 교과 과정이나 기타 활동을 그에 맞춰 진행하기 때문에 학생은 학교의 정책과 방법을 따라가기만 해도 명문대 준비를 훨씬 수월하게 할 수 있다.

둘째, 교내의 많은 학생들이 같은 목표로 정진하기 때문에 서로 알찬 정보를 주고받을 수 있고, 힘들고 고된 준비 과정 중에 서로를 격려하고 독려하며 함께 준비할 수 있기 때문이다.

셋째, 우리나라의 명문고에서 미국의 명문대로 진학한 학생들이 이미 많이 배출된 상황이라 대학 측에서 우리나라 명문 고교의 수준을 잘 알고 있다. 그러므로 지원자가 어느 고교에 재학 중이라는 사실은 바로 그 학생의 수준과 노력을 간접적으로 보여주는 요소가 된다. 그러므로 중학생 때 이느 고교로 진학할지 신중하게 결정하고, 이를 위해 꾸준히 노력하는 것이 중요하다.

미국에 거주하는 학생은 고교 졸업을 위해 반드시 이수해야 하는 필수 과목이 무엇인지 확인해 학점을 차근차근 따기 시작해야 한다. 고교 졸업 요건을 충족시키기 위한 필수 과목을 따지지 않고 계획 없이 과목을 선택하는 바람에 제때에 졸업하지 못하는 학생들도 더러 보았다. 예를 들어,

고교 졸업을 위한 필수 과목에 '말하기(Speech)' 강좌가 포함되어 있는 학교에 전학 온 학생이 졸업을 앞둔 마지막 학기까지 이를 수강하지 못했다면 졸업이 불가능하다. 물론 해당 고교 카운슬러가 챙겨주긴 하지만 카운슬러마다 관리해야 하는 학생 수가 워낙 많아서 그들도 놓칠 때가 있다.

학년과 학기(한국)		학년과 학기(미국)	준비 및 실행 사항
중3	1학기	8학년 2학기	영어 공부를 열심히 한다. 공통수학을 마스터한다.
	여름방학		수학 I의 내용을 마스터한다.
	2학기	9학년 1학기	좋은 유학생을 많이 배출한 고교로 진학한다.
고1	1학기	9학년 2학기	지속적으로 참여할 동아리를 찾아 활동을 시작한다.
	여름방학		영어 공부와 봉사 활동을 한다.
	2학기	10학년 1학기	연습 삼아 PSAT 시험을 친다.
고2	1학기	10학년 2학기	자신 있는 과목의 AP와 SAT II 시험을 친다.
	여름방학		TOEFL 시험을 친다.
	2학기	11학년 1학기	PSAT 시험을 친다. SAT I 또는 SAT II 시험을 친다.
고3	1학기	11학년 2학기	자신 있는 과목의 AP와 SAT II 시험을 친다. SAT I 또는 SAT II 시험을 쳐서 만족스러운 점수를 내야 한다.
	여름방학		대학에 지원서를 요청한다. 에세이를 끝낸다. 이때까지는 대입 표준 시험의 모든 응시 과목에서 만족스러운 점수가 나와 있어야 한다.
	2학기	12학년 1학기	대입 지원서를 작성하고, 교사 추천서를 의뢰한다. 마감일 이전에 대학에 지원서를 보낸다. 조기 전형 마감일(11월 1일) 조기 지원 합격자 발표(12월 중순까지) 정시 전형 마감일(12월~1월)
고교 졸업 후	1학기	12학년 2학기	정시 전형 합격자 발표(4월 중순경) 합격한 대학 중 한 곳을 정해서 진학 의사를 표명하는 최종 확약서(Acceptance of Admission)를 보낸다.

고등학교 때의 입시 전략

고등학교 때는 학교 학습뿐만 아니라 과외 활동이나 봉사 활동에 참여할 전반적인 청사진을 수립해야 한다. 그다음에는 그 계획에 맞춰 하나하나 실행해 나가고 수정해야 할 부분이 있는지 점검해서 그때그때 수정해야 한다. 그리고 각종 경시대회에 출전해 가능한 한 주요 상을 많이 타는 것도 중요하다. 고2 동안에는 각종 대입 표준 시험을 언제 칠 것인지 일정을 짜고, 그에 따른 공부 계획도 세워두어야 한다. 고3에 올라가서는 각종 표준 시험을 치면서 대입 지원서도 작성해야 한다. 또 두세 명의 교사에게 추천서를 부탁하고, 대입 표준 시험 점수가 대학에 도착하도록 요청하는 등 대입 지원 과정에 차질이 없도록 추진해야 한다. 아이비리그 진학을 위해 고등학교 때 준비해야 할 사항을 학년별로 나누어 살펴보자.

고등학교 1학년(9학년 2학기~10학년 1학기)

① 탄탄한 실력을 기르면서 좋은 내신성적을 낸다

고1부터는 스스로 예습 복습을 하면서 수업에 적극적으로 참여하여 반에서 자신의 존재를 드러내도록 힘써야 한다. 우리나라 학생들은 끝없이 공부해야 하는 영어에 집중하기 위해 고1이 끝나기 전까지는 필히 수학 1을 마스터할 것을 권한다. 그리고 학교 수업 이외에 영자 신문과 영문 저널을 꾸준히 구독하고, 영문 고전 문학도 꾸준히 읽어나가면서 모르는 단어를 그때그때 외우고, 읽은 내용도 완전히 이해하는 습관을 들이도록 한다. 특히 SAT와 토플 시험에 대비해 글쓰기 실력을 향상시키려면 소수 인원으로 구성된 리딩 클럽을 만들어 각자의 독후감으로 토론할 것을 권한다.

미국에 거주하는 학생은 능력이 허락하는 한 최고 수준의 과목을 택하고 (예를 들어 Honor 과목), AP(IB) 과목도 수강할 수 있다면 한 과목 정도 수강하는 것이 좋다. 미국에서는 9학년이나 10학년 때 AP나 IB 과목을 수강하지 못하게 하는 고등학교가 많다. 너무 어려워 수업을 포기하거나 유급생이 생기는 것을 방지하려는 의도에서다. 만약 그런 고교에 재학한다면 독학으로 매년 5월에 치러지는 AP 시험에 응시하면 된다. 물론 적어도 4점 이상 받을 수 있을 때 시험을 치는 것이 바람직하다. 가능한 한 모든 학과목에서 A(90점 이상)를 받으면서 학교에서 제공하는 각종 방과후 학습 활동(AP 강좌, 영어, 토플 등)과 기타 동아리 활동도 열심히 한다.

② 대입 표준 시험 수험 계획을 세우고 준비한다

대입 표준 시험인 SAT I이나 SAT II 수험 준비는 학교에서 도와주지 않으므로, 스스로 계획하고 공부해야 한다. 언제 어떤 시험을 칠 것인지 따져보고, 그에 따른 구체적인 공부 계획표를 짜서 그대로 실행에 옮겨야 하는 것이다. SAT I은 시험의 유형, 형식, 전략을 알면 모를 때보다 100점 정도 더 높은 점수를 받을 수 있다. 그러므로 고1, 2학기(10학년) 때 SAT I과 동일한 형식으로 구성된 PSAT 시험을 미리 쳐보는 것이 유리하다. 이 시험의 기록은 지원 대학에 보고되지 않기 때문에 연습 삼아 친다는 마음을 가져도 되며, 또 고2, 2학기(11학년) 때도 PSAT 시험을 치도록 한다.

SAT I 독해에서 높은 점수를 받으려면 책, 신문, 저널을 늘 접하는 습관을 가져야 한다. 소설, 신문, 학술 저널, 시사 잡지 등 다양한 장르와 내용의 글을 읽으면 풍부한 지식을 얻게 되고 SAT 시험을 위해서도 좋은 준비가 된다. SAT I 독해에서 800점 만점을 획득한 학생들을 보면, 어려서부터 책 읽기를 무척 좋아했고, 또 많은 종류의 책을 무수히 읽었다고 한다. 책을 좋아하는 성향은 어느 정도 타고나는 것이기는 하지만 유년기 때 부모나 유치원 교사에게 영향을 받기도 한다. 훌륭한 교사는 아이의 호기심을 자극하고, 흥미를 갖고 책을 대하게끔 이끌어준다. 그렇기 때문에 어릴 때부터 훌륭한 교사에게 좋은 교육을 받는 것이 중요하다.

SAT I에 포함되는 영어 작문을 위한 실력은 하루아침에 길러지지 않는다. 평소에 고전문학과 다양한 분야의 책을 읽고, 그 내용을 깊이 생각해 보는 습관을 기르는 것이 무엇보다 중요하다. 그리고 자기가 생각한 바를 다양한 형태의 글로 표현해 보는 훈련을 시작해야 한다. 문법이나 철자, 단어와 같은 기초 지식을 꾸준히 연마해야 하는 것은 물론이다.

우리나라의 많은 학생들이 SAT I 수학에서 만점을 받는다. 공통수학과 수학 I의 일부분만 마스터하면 만점을 받는 데 문제가 없다. 그리고 자신 있는 과목의 SAT II 시험에 대비해야 한다. 우리나라 학생들이 강세를 보이는 과목은 인문사회 계열(문학, 역사, 언어)보다는 수학, 화학, 생물, 물리와 같은 이공계열 과목이다.

③ 과외 활동과 봉사 활동을 시작하고 활동 기록을 보관한다

고1 때부터는 자신의 활동을 기록하고 정리하는 별도의 자료 모음집을 만들어두어야 한다. 자료는 폴더나 앨범, 스크랩북에 보관하고, 활동 상황은 컴퓨터 파일이나 수첩 또는 노트에 기록하는 습관을 기른다. 폴더에는 학교 성적표 사본, 각종 시험의 성적표, 상장 등을 모아둔다. 수첩이나 컴퓨터 파일에는 학교나 지역사회에서 주최한 대회에 참가한 날짜, 대회명, 수상 여부를 기록해 둔다. 또 함께 참가했던 단체나 동아리의 이름, 주요 활동 내용, 활동 기간도 기록해 둔다. 봉사 활동도 단체명, 역할, 기간을 일목요연하게 정리해 두는 것이 좋다. 이 자료들은 대학 원서를 작성할 때나 교사 추천서, 에세이를 쓸 때 매우 요긴하게 활용할 수 있다.

고1 때는 학교에 어떤 과외 활동 동아리가 있는지 알아보고 고교 재학 중에 몸담아 활동하고 싶은 것을 두세 가지 골라내야 한다. 아이비리그 대학에서는 많은 단체에서 활동한 학생보다는 한두 가지에서 깊이 있게 또 지속적으로 참여한 학생을 더 선호하기 때문이다.

고1 학생들은 자신에 대한 정체성이 아직 확립된 시기가 아니어서 친구들에게 많은 영향을 받는다. 그래서 친구들의 생각이나 행동에 동조해 이리저리 흔들리기도 한다. 좋은 그룹에 들어가서 좋은 친구를 사귀어야 하는 이유가 거기에 있다. 고1 때는 자신의 학습 습관과 태도를 점검해 어떤 나쁜 습관이 있는지 돌아보고 고치도록 노력해야 한다. 자신의 학업과 장래에 부정적인 영향을 미치는 친구가 있다면 과감하게 관계를 끊을 필요도 있다. 한번 자리잡은 나쁜 습관을 고치기란 쉽지 않지만, 목표가 뚜렷하다면 의외로 쉽게 고칠 수도 있다.

고등학교 2학년(10학년 2학기~11학년 1학기)

미국의 11학년은 대입 지원서에 담을 제반 사항을 다듬고 완성하는 중요한 시기로, 그 시기에 상응하는 우리나라의 고2, 2학기도 예외일 수 없다. 고2, 2학기부터 고3, 1학기까지는 대입에 필요한 요건을 두루 갖추어야 하는 때다. 높은 GPA를 내야 하는 것은 물론이고, SAT I과 SAT II에서, 또 AP 시험에서도 좋은 점수를 내야 한다. 동시에 과외 활동과 봉사 활동도 끝까지 열정을 가지고 왕성하게 해야 한다.

① 진학 희망 대학과 전공을 정한다

고2 때는 꼭 진학하고 싶은 1지망 대학과 그다음으로 희망하는 2지망 대학을 열 곳 정도 선별해 두어야 한다. 어느 대학에 지원서를 낼 것인지뿐만 아니라 어떤 전공을 택할 것인지도 정해서 지원 예정 대학들의 입학 요강을 파악해 둘 필요가 있다. 그래야 그 대학에서 요구하는 학점과 과목을 미리 알고 대처할 수 있으며, 필요한 대입 표준 시험 응시 계획도 세울 수 있다. 그리고 응시 계획에 따라 표준 시험들을 하나씩 치르기 시작해야 한다.

② AP(IB) 강좌를 수강하고 시험에서 최고 점수를 낸다.

지원 희망 대학에서 요구하는 과목을 수강하되 자기가 소화해낼 수 있는 고급 과목을 최대한 많이 수강한다. 미국에서는 AP나 IB, Honor 과목은 보통 11학년 때 시작하는 경우가 대부분이지만 대학 입학 경쟁이 치열해지면서 9학년 때부터 이수하는 학생이 많아졌다. 우리나라에선 재학 중인 고교마다 정해놓은 절차가 있으므로 그에 따르면 된다. 이런 까닭에 미국 명문대 진학률이 높은 고교에 진학하면 여러모로 수월하다.

학교 성적도 잘 받고 5~6월에 있는 AP 시험에도 응시해 만점인 5점씩

내도록 한다. 미국 대부분의 4년제 대학에서는 3점 이상만 되어도 그 과목을 이수한 것으로 인정해 주지만 아이비리그나 명문 사립대에서는 4점이 넘어야 인정해 준다. 만약 AP나 IB 강좌를 열지 않는 고교에 재학하거나, 고교에서 고급 과목을 수강할 자격을 주지 않거나, 시간이 없다면 독학으로 AP 시험만 쳐도 된다. 요즘은 대학에 지원할 때까지 6~8개의 AP 과목에서 4~5점씩을 받아야 명문대 전형에서 경쟁력을 확보할 수 있다.

학교 수업 시간에는 책임감 있고 성실하게 열성과 호기심을 갖고 참여하여 선생님들에게 자신의 존재를 긍정적으로 각인시키도록 노력해야 한다. 수줍은 성격이나 발표력이 부족한 학생이라도 크게 걱정할 필요는 없다. 발표를 잘하는 것도 좋겠지만 필요할 때 중요한 한마디를 정확하게 표현하는 학생도 좋은 평가를 받을 수 있다. 예를 들어, 평소 수업 때 말수가 적은 학생이 토론의 방향을 전환시키는 중요한 한마디를 했거나 기발한 발상을 해서 분위기를 환기시켰다면 교사 추천서는 긍정적인 평가로 채워질 것이다.

③ 대입 표준 시험 수험 계획을 세우고 시험을 치른다

앞에서도 언급했듯이 SAT I은 시험의 유형과 전략을 알면 100점 정도 더 높은 점수를 받을 수 있다. PSAT 시험은 형식이나 유형이 SAT I과 같으면서 문제의 난이도만 SAT I보다 조금 낮고, 지원 대학으로 점수가 보고되지 않기 때문에 연습 삼아 치기에 좋은 시험이다. 그러므로 고2, 2학기 중인 10월에 PSAT 시험을 미리 쳐보는 것이 유리하다.

SAT I을 잘 치려면 중학교 때부터 영어와 수학 공부를 확실히 해둘 필요가 있다. 무엇보다도 없는 시간이라도 틈틈이 짬을 내서 다양한 내용과 수준의 소설, 잡지, 신문, 학술지 등을 꾸준히 읽어야 한다. 글에 나오는 모르는 단어도 그때그때 익혀두어야 한다. 문장과 함께 단어를 외우면 단어만 따로 떼어 외울 때보다 훨씬 효과적으로 암기할 수 있고 단어의 정확한 뜻도 알게 된다.

고2와 고3의 5월이나 6월에는 자신 있는 과목의 SAT II 시험을 치러야 한다. 학교에서 배우는 AP 과목은 SAT II에 출제되는 내용이나 수준과 거의 같다. 따라서 고1 때에 AP 과목을 수강했다면 1학년 말인 1월에 SAT II 시험을 치르거나, 고2, 1학기인 5월 중에 SAT II 시험을 치르는 것이 좋은 전략이다. 고2 때에 배운 내용은 고2 학년말이나 고3, 5월에 시험을 치르면 된다. 미국에 있는 학생들은 AP 과목을 다 배운 5~6월에 곧바로 같은 과목의 SAT II에 응시하는 것이 가장 좋다. 800점 만점을 목표로 노력해야 겠지만 750점 이상이 되면 해당 과목에 더이상 응시하지 않아도 된다. 응시할 SAT II 과목은 고2 때 정해놓고 시중에서 구입할 수 있는 참고서로 시험의 유형과 내용을 익혀두어야 한다. 시험의 형식, 문항 수, 전략을 정확히 파악해 두면 보다 쉽게 만점을 받을 수 있기 때문이다.

④ 활동 및 수상 경력을 쌓는다

고1 때부터 해온 과외 활동과 봉사 활동을 꾸준히 하면서 활동 과정과 결과를 기록해 두는 것도 중요하다. 만약 고1 때 시작한 활동이 자신에게 잘 맞지 않는다면, 고2 초까지는 활동을 바꾸어 남은 기간 동안 관심과 열성을 갖고 지속적으로 참여해야 한다.

고2와 고3 때는 각종 대회에 적극적으로 참여하고, 가능하면 입상할 수 있도록 힘써야 한다. 시나 전국 단위의 대회에서 수상한 경력이 있으면 대입 사정에서 매우 유리하다. 혼자 힘으로는 어떤 대회가 언제 어디서 열리는지 아는 데 한계가 있으므로, 고교의 각종 동아리에 들어가는 것이 좋다. 학교 동아리를 이용하면 친구나 선배와 정보를 주고받을 기회가 많아지고 교사에게 체계적인 훈련을 받게 되어 대회에 출전했을 때 개인상이나 단체상을 수상할 확률이 높아진다.

고2 때는 담임이나 진학 상담 교사에게 희망 대학을 말하고 조언을 구하는 것이 좋다. 또 대학 탐방, 칼리지 페어, 대학 설명회에 참여해 정보를 수집하면서 진학하고 싶은 대학을 정하고, 어떤 전공을 택할지도 윤곽을 잡도록 한다. 전공하고 싶은 분야의 대학 선배나 어른을 만나 이모저모 문의해 보고 결정하는 것도 좋겠다.

⑤ 상위 1~3% 이내의 전교 석차를 낸다

대학에 전형 서류를 제출하는 시기는 고3, 2학기(12학년 1학기 말) 때인 10월~1월 사이로 고3, 2학기(12학년) 때의 성적이 아직 나오지 않았을 때다. 그렇기 때문에 대학에서는 중3부터 고3, 1학기(11학년)까지의 학교 성적만으로 합격 여부를 결정한다. 그중 가장 중요하게 여기는 성적은 바로 고2와 고3 때의 성적이다. 그러므로 명문대 진학을 목표로 하고 있는 학생들은 이 시기에 자신이 감당할 수 있는 최대한의 고급 강좌를 택하고 상위 1~3%의 전교 석차를 내기 위해 최선을 다해야 한다.

2007년 합격생의 통계를 보면 하버드 대학에 3,000명의 고교 수석 졸업자가 지원한 것으로 나타났다. 다트머스 대학에는 합격자 중 27%가 수석 졸업자이고, 10%가 차석 졸업자이며, 무엇보다 놀라운 사실은 합격한 학생들의 90%가 고교에서 전교 10등 이내에 드는 학생들이라고 발표했다.

고등학교 3학년(11학년 2학기~12학년 1학기)

고3에 올라가면 1학기 중에 진학 희망 대학을 몇 곳으로 압축하고, 각 대학의 입학 조건을 충족시킬 수 있도록 치밀하게 계획하고 실천해야 한다. 또 SAT I뿐만 아니라 SAT II, AP(IB), ACT, TOEFL 시험일을 달력에 표시해 놓고 언제 어떤 시험을 칠 것인지 구체적인 일정표도 짜고, 그에 맞추어 하나하나 실행해 나가야 한다. SAT I이나 SAT II 점수가 대학의 사정 기준에 못 미친다고 판단되면 마지막 기회인 10월과 11월 시험을 놓치지 말아야 한다. 여름방학 동안에는 지원할 대학에 지원서를 요청하고 에세이를 완성한다. 2학기가 되면 조기 지원할 대학을 정해서 마감일까지 제반 서류를 보내고 곧바로 이어지는 정시 지원에도 서류를 제출한다. 고3은 막바지 대입 준비로 힘들지만, 고교 생활을 총정리하면서 새로운 대학 생활을 꿈꿀 수 있는 징검다리 시기이다.

고등학교 3학년 1학기(11학년 2학기)

① 각종 대입 표준 시험에서 만점에 가까운 점수를 낸다

SAT I에 응시할지 ACT에 응시할지 결정할 때는 각 대학의 시험 선호도를 체크할 필요가 있다. 미국의 4년제 대학 대다수가 SAT I이나 ACT 점수를 모두 인정해 주지만 대학마다 선호하는 시험이 다르다. 그러므로 어떤 시험을 치를지 결정하려면 지원 대학의 요구 사항을 미리 확인해 보아야 한다. 참고로 아이비리그를 비롯한 미국의 명문 사립대학에서는 SAT I을 더 선호했지만 최근에는 어느 시험이든 인정해 주고 있다. 나는 SAT I이나 ACT 중 한 가지만 택해서 보지 말고 두 시험을 다 치라고 권하고 싶다. 그리고 여러 가지 상황을 고려해 한 가지 시험만 쳐도 좋다고 판단되면 SAT I에 응시하는 것이 바람직하다.

SAT I이나 SAT II는 연 7회(1, 3, 5, 6, 10, 11, 12월), ACT는 연 5회(2, 4, 6, 10, 12월) 시행된다. 그러나 우리나라에선 3월에 SAT 시험이 시행되지 않고, 2월에 ACT 시험이 시행되지 않는다. 응시 지원자는 칼리지보드(www.collegeboard.org)에 마감일 이전까지 온라인으로 등록하면 된다. 계획한 시험 날짜에 응시하려면 마감일보다 훨씬 이전에 신청하는 것이 좋다. 특정 시험 장소의 경우, 아직 등록 마감일이 되지 않았는데도 응시 지원자가 몰려 일찍 마감되는 일이 허다하기 때문이다.

미국에서는 자기가 거주하는 곳에서 두세 시간이나 차를 타고 가서 시험을 치르는 학생들도 보았다. 이런 일은 특히 5월과 6월 시험 때 자주 일어난다. 이때까지는 좋은 SAT 점수를 내야 해서, 미국 전역의 11학년 학생들과 외국에 거주하는 유학 희망자들이 거의 모두 응시하기 때문이다. 만족스러운 점수를 내지 못한 학생들은 마지막 기회로 고3(12학년) 10월 시험에 응시해도 되지만 대부분의 응시자가 바쁜 일정에 쫓기기 때문에 6월 시험을 치르지 않을 수 없는 것이다.

SAT I은 두 번 정도 응시해서 높은 점수를 내는 것이 바람직하다. 두 번째 시험에서도 좋은 점수가 나오지 않으면 세 번까지 쳐도 무방하다. 그러나 네 번까지는 절대로 치지 않도록 한다. 입학 사정관이 시험공부에만 매달리는 학생으로 인식하게 되어 대입 사정에서 오히려 불리할 수 있기 때문이다.

SAT I 점수가 2250점 이하로 나오면 재시험을 고려해야 한다. 나는 고3, 1학기인 1월과 5월 사이에 시험을 두 번 쳐서 2250점 이상을 얻으라고 권하고 싶다. 만약 그 두 번의 시험에서 좋은 점수가 나오지 않으면 마지막 시험이라 생각하고 6월에 한 번 더 칠 것을 권한다. 만약 6월 시험에서 좋은 점수를 낼 자신이 없다면 차라리 고3, 2학기(12학년 10월)에 도전하는 것이 낫다. 그러나 이때는 지원서를 준비하면서 고교 교과 공부도 해야 하는 데다가 더이상 시간이 없다는 심리적 압박감 때문에 좋은 점수를 내기가 무척 힘들다는 점을 염두에 두기 바란다.

아이비리그 대학에서는 대개 세 과목의 SAT II 점수를 요구한다. SAT II 시험은 과목당 1시간 정도씩 소요되고, 하루에 최대 세 과목까지 응시할 수 있다. 하지만 될 수 있으면 하루에 한 과목만 치고, 부득이한 경우라면 최대 두 과목까지만 치는 것이 바람직 하다. 하루에 두 과목 이상을 치면 점수가 좋지 않은 과목이 거의 항상 있게 마련이다. 그 경우 시험 점수를 취소시켜야 하는데, 칼리지보드에 취소 신청이 들어가면 그날 치른 과목의 점수가 모두 취소된다. 다시 말해, 시험을 잘 치른 과목의 점수까지 한꺼번에 취소된다는 얘기다. 그러므로 자신 있는 과목에 하나씩 응시하는 것이 좋은 전략이다. 점수가 750점 이상이 나오면 같은 과목에 더이상 응시하지 않아도 된다.

고3, 1학기(11학년 말)인 5월이 되면 AP 시험이 일제히 시행된다. 사전에 공지되는 AP(IB) 시험 일정을 달력에 표시해 놓고 최선을 다해 공부해서 5점씩 받도록 주력한다. 앞으로 전공할 계열에 포함된 AP 과목의 시험을 치면, 대학에 들어갔을 때 해당 과목을 이수한 것으로 인정받는 동시에 대입 사정에서 유리하므로 일석이조다.

고3, 1학기는 시험 일정이 빡빡한, 고되고 힘겨운 시기라는 점을 잊지 말아야 한다. 미국 대학의 입시생은 12학년이 아니라 우리나라의 고2와 고3에 해당하는 11학년인 셈이다.

② 과외 활동과 봉사 활동을 적극적으로 한다

앞서 해온 과외 활동과 봉사 활동을 적극적으로 하면서 활동 과정과 결과를 꼼꼼히 기록해 둔다. 아이비리그 대학에서 선호하는 과외 활동은 인근에 있는 대학이나 병원, 연구소, 기관 등에서 연구에 참여한 기회를 얻어 연구 결과물을 낸다거나, 동아리나 단체에서 임원으로 뽑혀 주목할 만한 리더십 역량을 발휘하는 것이다.

시나 전국, 세계 규모의 각종 대회에 참가해 상을 받는 것도 아이비리그 대학에서 선호하는 활동이다. 공부에 매진해야 하는 학생이나 부모는 어떤 대회가 언제 열리는지에 대한 정보를 접하기 힘들므로 고교에 활성화되어 있는 동아리나 각종 단체에 소속되는 것이 유리하다. 팀을 이끄는 교사가 학생들을 훈련시키면서 각종 대회에 대한 정보도 주고 대회 출전 기회도 자주 만들기 때문이다.

③ 추천서를 부탁할 교사를 정하고 관계를 맺어둔다

대입 지원서를 제출할 때는 2~3명의 교사에게 추천서를 받아야 하므로 어떤 교사에게 부탁할지 미리 고려해 두는 것이 좋다. 따라서 수업 중에 성실하고 책임감 있는 태도와 적극적이고 창의력 넘치는 재능을 보여서 교사에게 자신의 존재를 긍정적으로 각인시킬 수 있도록 힘써야 한다.

아이비리그 대학에서는 대개 고2나 고3 때 영어나 수학 과목을 지도한 교사의 추천서를 원한다. 그 외에 과학, 사회, 컴퓨터 과목을 지도했던 교사의 추천서도 희망하는 편이다. 지원자의 전공이 아닌 한 예체능계 교사의 추천서는 그리 반기지 않는다. 대입 지원서에 추천서를 쓸 교사로 특정 과목의 교사를 지정해 놓는 대학도 간혹 있다.

고등학교 3학년 여름방학

① 전공 분야와 진학 희망 대학을 정하고 지원서를 요청한다

고3 여름방학까지는 자신이 정말로 진학하고 싶은 대학이 어디인지 정해야 한다. 친구들이나 어른들의 의견만 듣고 지원하는 것은 바람직하지 않다. 지원 대학을 정하려면 무엇보다 먼저 어떤 분야를 전공하고 싶은지 결정해야 한다. 그러나 사실 자신의 적성이 무엇인지, 관심 분야가 무엇인지를 찾아내기란 현실적으로 그리 쉬운 일이 아니다.

전공 분야를 정했다면, 그다음엔 어느 대학으로 진학하는 것이 좋을지 각 대학을 분석해 보아야 한다. 각 대학의 특성을 파악하기 위해서는 대학에 직접 가보는 것이 좋겠지만, 여러 여건상 직접 방문하기 힘든 우리나라 학생들은 대학 홈페이지를 꼼꼼히 살펴보거나, 유학 박람회에 가보거나,

선배들의 이야기를 들어보는 것도 좋은 방법이다.

고3 여름방학 동안에는 지원 희망 대학을 적어도 9개 정도 정해놓는다. 합격 가능성은 25% 이하이지만 꼭 진학하고 싶은 대학 3곳, 합격 가능성이 매우 높은 대학 3곳, 합격 가능성이 거의 확실한 대학 3곳 정도를 고른다. 그리고 고3 여름방학 중에 그 대학들에 지원서를 요청한다. 그래야 여름방학이 끝나기 전에 원서를 입수해서 각 대학에서 요구하는 에세이를 시간에 쫓기지 않고 실력껏 쓸 수 있다. 고3, 2학기가 시작되기 전인 8월까지는 완벽하다고 여길 만한 에세이가 준비되어 있어야 지원서를 작성하는 고3 마지막 과정이 조금 수월해진다.

고3, 1학기 말까지 가장 가고 싶은 대학을 정한 학생은 그 대학의 여름 프로그램(Pre-College)에 참가해 보는 것도 좋은 방법이다. 물론 참가한다고 해서 그 대학에 합격할 수 있는 것은 아니다. 고2 여름방학 때 참가해도 되지만 그때는 아직 자신의 장래 계획과 진학 희망 대학이 완전히 정해지지 않은 때여서 많은 비용을 들이고 참가하는 효과가 상대적으로 낮다. 하지만 고3 여름방학 때는 더 깊은 관심을 갖고 프로그램에 참가하게 된다. 단, SAT와 같은 대입 표준 시험에서 좋은 점수를 받아두지 못한 학생이라면 대학 여름 프로그램에 참가하기보다는 시험공부에 더욱 매진해야 한다.

② 지원할 대학의 입학 원서를 확보한다

고3 여름방학 중이나 늦어도 9월 초까지는 지원을 희망하는 대학들의 지원서를 손에 쥐고 있어야 한다. 사용하는 대학 수가 점차 늘어가고 있는 공통 지원서는 주관처인 'The Common Application, Inc'의 웹사이트 (www.commonapp.org/commonapp/default.aspx)에 들어가면 다운받을 수 있다(Chapter 3의 1을 참조).

③ 각 대학에서 요구하는 에세이를 완성한다

조기 전형에 지원할 학생들은 고3, 10월 말까지는 지원 대학에서 요구하는 주제의 에세이를 완성시켜야 한다. 고3, 2학기가 되면 매우 바빠지므로, 에세이처럼 많은 시간과 노력이 요구되는 것은 고3 여름방학에 마무리짓는 것이 가장 바람직하다. 늦어도 9월까지는 완성해야 한다.

에세이는 지원자의 얼굴이나 마찬가지인 만큼 자신의 철학과 사고가 반영되도록 쓰고, 입학 사정관의 관심을 끌 만한 내용과 형식을 갖췄는지에 초점을 맞추어 수정한다. 영어 교사나 작문 전문가의 도움을 받아 글의 전개와 형식뿐만 아니라 문법까지도 수정받는 것이 좋다.

고등학교 3학년 2학기 이후(12학년 1학기 이후)

① 고3이 끝날 때까지 좋은 성적을 유지한다

대입 지원서는 조기 지원의 경우 고3, 2학기 중인 10월에 제출하고, 정시 지원의 경우 고3이 끝나가는 12월이나 1월 중에 제출하게 된다. 이 시기는 아직 2학기(12학년) 성적이 나오지 않은 때여서 대입 지원서에는 고3, 1학기까지의 성적만 기록하고, 2학기 중에 수강하는 과목은 과목명만 적게 되어 있다. 대입 심사에서는 고3, 1학기까지의 성적이 반영된다는 뜻이다.

고3, 2학기 때의 학교 성적이 대입 심사에서 고려되지 않는다고 지원서를 제출한 뒤에 공부를 소홀히 하는 학생들이 있다. 하지만 2학기 때 공부를 등한시했다가는 큰 낭패를 볼 수 있다. 대학에서 지원 서류를 심사하는 도중에, 모든 지원자에게 고3, 2학기(12학년 가을학기와 봄학기)의 성적표를 'Mid-term Report'와 'Final Report'로 제출할 것을 요구하고, 성적이 현저히 떨어진 학생일 경우 합격을 취소하기도 한다. 따라서 지원 대학에서 합격 통지를 받았더라도 고등학교 성적을 끝까지 잘 마무리해야 한다.

② 추천서를 요청한다

늦어도 고3, 11월까지 추천서를 써줄 교사에게는 교사 추천서(Teacher Evaluation) 양식을, 진학 담당 교사(미국에서는 학교의 카운슬러)에게는 고교 보고서(School Report) 양식을 건넨다. 이때 대학별 마감일을 메모해서 함께 주는 것이 좋다. 카운슬러에게는 추천서 서류와 함께 자신의 이력서를 컴퓨터로 깨끗하게 작성해서 전달하는 것이 바람직하다. 이력서에는 자신의 신상 기록 이외에 교내외에서 수강한 과목과 성적, 과외 활동 여부, 수상 기록 등을 기재한다. 또 교사와 카운슬러가 학생 자신에 대해 정확하고 긍정적인 추천서를 쓸 수 있도록 그들과 개인적인 면담 시간을 가져서 이력서에서는 잘 드러나지 않는 자신의 장점과 강점, 배경을 설명하는 것이 좋다.

③ 마감일 이전에 지원서를 우송하고 파일을 만든다

미국의 명문 대학에 지원하는 학생들은 보통 7~12곳 정도의 대학에 지원서를 내는데 요즘은 15곳 이상의 대학에 지원서를 내는 학생도 많다. 대학마다 마감일이 조금씩 다르므로 날짜에 맞춰 순서대로 지원서를 보내야 한다.

또 지원한 대학별로 파일을 만들어, 대학에 송부한 모든 문서의 사본과 주고받은 서류, 편지, 이메일, 메모한 전화 통화 내용 등을 보관해 두는 것이 좋다. 이렇게 해두어야 만에 하나 지원 관련 서류가 대학에 도착하지 않았다는 통보를 받게 되더라도 신속하게 대처할 수 있기 때문이다.

마감일이 정해진 전형 서류를 우송할 때는 마감일 전에 우편물이 대학에 도착하도록 세심한 주의를 기울여야 한다. 대학에서는 봉투의 소인 날짜가 마감일과 같은 우편물까지만 접수한다는 것을 염두에 두기 바란다. 만약 내 서류가 하루라도 빨리 대학에 도착하길 바란다면 FedEx나 UPS를 이용하고, 그렇지 않으면 등기우편을 이용해도 상관없다. 해당 대학에서 서류를 받았는지를 학생에게 알려주는 등기우편 수취 확인장을 보내면 대학 측에서 수취 여부를 알려준다. 우리나라 학생의 경우 일반우편보다는 DHL이나 FedEx로 보내는 편이 신속하고 안전하다.

④ 대입 심사 결과에 따라 능동적으로 대처한다

매년 2월에 졸업식을 하는 우리나라 고교생들은 졸업 후(12학년) 4월 중순까지는 지원 대학으로부터 합격 또는 불합격, 보류 또는 대기 통지를 받는다(어떤 상황에서 어떤 통지를 받게 되는지에 관해서는 Chapter 4의 1을 참조할 것). 그때까지 지원자들은 하루도 빠짐없이 우편함을 확인하게 되는데, 합격자에게 날아드는 두툼하고 큰 봉투가 왔는지, 아니면 불합격자에게 배달되는 얇고 작은 편지봉투가 왔는지를 조마조마한 마음으로 살피게 된다. 요즘은 합격 여부를 이메일로 통보해 주는 대학이 점차 늘어나는 추세라서 그런 설레는 광경을 보기 힘들어졌다.

최선을 다한 뒤에 결과를 기다리는 마음은 참으로 아름답다. 합격의 달디단 열매를 맛보는 기쁨뿐만 아니라, 불합격의 쓰디쓴 열매를 맛보는 고통도 인생에서는 모두 값진 것이다. 높고 큰 꿈을 품고 열정과 열의를 다한 학생들은 아마도 태어나서 처음으로 합격과 불합격의 기로에 서보게 되고, 그로 인한 복잡한 감정들 덕분에 내면적으로 성숙해질 것이다. 꼭 가고 싶었던 대학에서 불합격 통지를 받더라도 낙담하지 말고, 차선책을 생각하면서 성숙하게 대처하기 바란다.

합격자들은 합격한 대학 중에서 어느 곳으로 갈지 결정해야 한다. 각 대학의 입학 기준, 합격률, 졸업률, 취업률, 등록금, 장학금 액수, 기숙사 시설, 자신의 전공과 미래 등을 모두 꼼꼼히 고려해서 후회 없는 선택을 하도록 한다. 어느 대학으로 진학할지 결정하면 그 대학으로 진학 의사를 알리는 최종 확약서를 기일(대개 5월 초)까지 보내고, 대학에서 요구하는 각종 서류와 등록금도 마감일 이전에 처리한다. 그런 다음에는 꿈에 그리던 대학에서 자신의 열정과 재능을 마음껏 펼치면 되는 것이다.

3_ 대입 전형
표준 시험의 모든 것

지원자의 학업 성취도가 얼마나 높은지, 또 앞으로의 학업 성취 가능성은 어느 정도인지 알아보기 위해 입학 사정관이 가장 눈여겨보는 것은 무엇일까? 바로 지원 학생의 고교 성적과 대입 표준 시험 점수다. 그렇다면 대입 표준 시험이란 정확히 무엇이고, 사정관들은 왜 고교 성적 이외에 표준 시험 점수에 주목하는 것일까?

이 장에서는 아이비리그 대학을 비롯한 미국의 명문 대학에서 지원자를 심사할 때 왜 표준 시험을 활용하는지, 어떤 표준 시험의 점수를 활용하는지에 대해 알아보고, 표준 시험 점수는 어떻게 매겨지고, 표준 시험은 어떤 내용과 수준으로 출제되며 배점은 몇 점인지도 살펴보겠다. 또한 각 시험의 연중 일정은 어떻게 되는지, 시험 준비는 구체적으로 어떻게 해야 하는지, 언제 어떤 시험을 치르는 것이 좋은지, 아이비리그 대입 전형 표준 시험의 A부터 Z까지 자세히 알아보려 한다.

대입 표준 시험에 주목하는 이유

아이비리그 대학의 입학 사정관이 주목하는 대표적인 심사 요소는 SAT I 이나 SAT II와 같은 표준 시험의 점수다. 사정관이 이렇게 표준 시험 점수에 주목하는 이유는 무엇일까? 이는 바로 고교 성적을 평가 기준으로 삼을 때 발생하는 문제점을 어느 정도 제거할 수 있기 때문이다. 고교 성적만으로 학생들을 심사하면 사정관은 다음과 같은 어려움에 직면하게 된다.

첫째, 고교마다 성적을 표기하는 방법이 다르다. 어떤 고교는 ABCDF로, 어떤 고교는 1~100점으로 나타내는 평균으로, 어떤 고교는 GPA로, 전교 석차로, 또 수우미양가로 보고한다. GPA가 3.95인 학생과 평균 94점인 학생, 200명 중에서 5등인 학생, 수와 우를 섞어서 받은 학생이 있다고 할 때 사정관은 그들의 우열을 가리기 힘들다.

둘째, 고교마다 성적을 매기는 기준이 제각각이다. 또 같은 고교의 교사라도 성적을 매기는 기준이 다를 수 있다. 생물 과목에서 A를 받은 학생이나 AP 생물에서 A를 받은 학생에게 동일하게 평점 4.0을 주는 고교가 있는가 하면, 수준 높은 AP나 IB 과목에서 A를 받으면 가산점을 부과해 4.5나 5.0을 주는 고교도 있다. 이 경우 사정관은 지원자의 성적만으로 우열을 가리기가 어렵다.

셋째, 전교 석차나 GPA가 같더라도 출신 고교가 다르면 실제 성취도가 같다고 볼 수 없다. 각 고교마다 재학생의 수준이 다르고 전교 학생 수도 다르며, 학교가 위치한 지역의 배경과 수준도 다르기 때문이다. 우수한 학생들이 많은 고교에 재학하면서 A를 받은 지원자와 우수한 학생들이 거의 없는 작은 고교에서 A를 받은 지원자가 있다고 할 때, 두 지원자가 같은 A를 받았다 해도 그들의 실제 성취도는 판이하게 다를 수 있다. 이 경우 사정관은 누가 더 우수하다고 단정짓기 어렵다.

이러한 문제점 때문에 사정관은 전국 또는 전 세계에서 지원하는 학생들을 동일한 잣대로 평가할 수 있는 수치를 필요로 한다. 이 수치가 바로 표준 시험 점수이며, 이 점수가 제각기 다르게 표기된 지원자들의 고교 성적을 대체하고 지원자들의 우열을 가리는 아주 유용한 수단이 되는 것이다.

'표준 시험(Standardized Test)'이란 모든 응시자에게 동일한 시험 문제, 시험 절차, 시험 일자 등을 적용하는 규격화된 시험을 말한다. 그리고 전체 응시자에게 동일한 채점 방법과 점수 산출 방법을 적용해 산출하는 수치(점수, 퍼센타일)는 응시생들의 우열을 한눈에 파악할 수 있게 해준다.

표준 시험의 평가 방법

절대평가와 상대평가

표준 시험에는 SAT I이나 우리나라의 대입 수능시험과 같이 학업 수행 능력을 평가하는 시험이 있고, SAT II나 AP 또는 IB 시험처럼 학업 성취도를 평가하는 시험이 있다. '지능 검사', '발달 검사', '적성 검사', '성격 검사' 등도 표준 시험의 일종이다.

표준 시험은 상대평가 시험과 절대평가 시험으로 나뉘는데, 아이비리그 대학 입학 전형에 주로 쓰이는 표준 시험인 SAT I, SAT II, ACT는 상대

대입 표준 시험 관련 용어

● PSAT(Preliminary Scholastic Assessment Tests)
대학 진학을 앞둔 미국의 고교생들 중에서 상위 1%의 우수한 학생을 뽑아서 장학금을 수여하려는 의도로 만들어진 시험으로, NMSQT(National Merit Scholarship Qualifying Test)라고도 한다. 시험은 독해, 쓰기, 수학의 세 영역으로 구성되고, 각 영역별 점수는 20~80점으로 세 영역에서 만점을 받으면 240점이 된다. 시험 결과는 응시자의 지원 대학에 통보되지 않는다. 우리나라에서는 2005년에 최초로 외대부속외고가 PSAT test center로 지정되어 시험을 시행하고 있다. 현재 외국인학교, 대원외고, 민사고 등 여러 고교에서 이 시험을 칠 수 있다.

● SAT I(Scholastic Assessment Test I)
수학 능력 검사로 거의 모든 대학에서 요구하는 대입 필수 시험이다. 시험은 독해, 쓰기, 수학의 세 영역으로 구성되며, 각 영역별 점수는 200~800점으로 세 영역에서 만점을 받으면 2400점이 된다. 아이비리그 진학을 위해서는 2250점 이상은 되어야 한다. 시험 소요 시간은 3시간 45분이다. 현재 많은 외고, 국제고, 외국인학교, 자립형 사립고에서 시험을 칠 수 있다.

● SAT II(Scholastic Assessment Test II)
대입 전형에 쓰이는 과목별 학업 성취도 검사로, 아이비리그나 일부 명문 대학에서 요구하는 대입 표준 시험이다. 총 5개 영역에서 20개 과목의 시험이 있다. 과목별 만점은 800점인데, 명문대 진학을 위해서는 2~3과목의 시험을 쳐야 하고, 과목별 점수는 적어도 750점 이상을 내야 한다. 시험 소요 시간은 과목당 60분이다. 우리나라에서는 SAT I 시험을 시행하는 고교에서 SAT II 시험도 함께 칠 수 있다.

● ACT(American College Testing)

미 북중부에 있는 ACT 사에서 주관하는 대입 표준 시험으로, SAT I을 대체하는 표준 시험으로 인정받고 있다. 몇 년 전까지만 해도 미국 중부에 있는 대학에서만 인정해 주었지만 최근 들어서는 많은 대학들이 SAT I이나 ACT 점수 중 하나만 제출해도 받아 주고 있어서 ACT 응시자가 점차 늘고 있는 추세다. ACT는 고교의 학습 내용을 얼마나 소화했는지에 초점을 둔다. 시험 과목은 4과목이며, 과목당 1~36점까지 배당된다. ACT 점수는 네 과목 평균 점수로 36점이 만점이다.

● AP(Advanced Placement)

'상급 과정 배치'란 뜻으로, 우수한 고등학생들이 고교에서 대학 수준의 강좌를 고교에서 수강하게 하는 제도다. 무려 35개 과목이 제공되고 있으며, ETS에서 각 AP 강좌의 연간 교육 과정을 만들고 연 1회 미 전역과 세계 30여 개국에서 동시에 AP 시험을 주관하고 있다. 우리나라에서도 매년 5월 첫째 주와 둘째 주에 지정된 몇몇 고교에서 AP 시험을 칠 수 있다. AP 시험은 SAT II와 같이 과목별 학업 성취도를 측정하는 시험이지만, 대학 과정을 반영하는 수준이어서 SAT II보다 난이도가 훨씬 높다. 시험 시간은 과목당 3시간이며, 점수는 과목별로 0~5점까지 주어진다. 대학에서 학점으로 인정받으려면 4~5점을 받아야 한다.

● IB(International Baccalaureate)

국제적으로 인정되는 '국제 학사 과정'으로, 최초로 만들어진 곳은 스위스이며, 미국 학교보다는 영국 학교 제도를 따르는 곳에서 더 많이 운영된다. 한 과목을 1년간 수강하고 시험을 보는 AP와 달리, 정해진 전체 과정을 2년간 쭉 밟아야 하기 때문에 AP보다는 융통성이 적어서 학기 중에 전학을 해야 하는 학생에겐 적합하지 않은 프로그램이다. 집에서 치르는 Internal 시험과 정해진 장소에서 치르는 External 시험이 있으며, 80% 이상이 주관식 문제로 대략 4시간 정도가 소요된다.

● Honor

미국의 고등학교에서는 학생들 스스로 어떤 과목을 수강할지 선택할 수 있다. 과목 선택권이 너무 광범위해서 고등학교 때 미국으로 전학 간 학생들은 수강 계획을 짜느라 골머리를 썩이기도 한다. 동일한 과목이라도 수준을 달리해서 제공하기 때문에 더욱 혼란스럽다. 예를 들어 생물 과목의 경우, '생물', 'Honor 생물', 'AP 생물(또는 IB 생물)' 등으로 세 가지 수준이 있다. '생물'은 보통 학생들이 수강하고, 'Honor 생물'이나 'AP 생물'은 우수한 학생들이 수강한다. Honor가 고등학교 수준의 고급 강좌라면, AP는 대학 수준의 고급 강좌다. 그러므로 보통 과목보다는 Honor 과목이 더 어렵고, Honor 과목보다는 AP 과목이 더 어렵다. 수준 높은 과목에서 A를 받기가 더 어렵긴 하지만 입학 심사에서 GPA를 산정할 때 가산점을 부여하므로(대개 Honor는 +0.5, AP는 +1) 명문대를 목표로 하거나 공부에 자신이 있다면 Honor나 AP 과목을 택하는 것이 좋다. 고교마다 약간씩 차이가 있긴 하지만 대개 9~10학년 때는 Honor 과목을, 11~12학년 때는 AP 과목을 제공한다.

● **TOEFL(Test of English as a Foreign Language)**
모국어가 영어가 아닌 학생들이 영어로 진행되는 미국 대학의 수업을 잘 따라갈 수 있는지를 평가하는 수단으로, 미국 시민권자나 영주권자가 아닌 모든 외국인 학생은 각 대학이 정해놓은 기준 이상의 토플 점수를 받아야 대학에 지원할 수 있다. 미국에서 8학년 이후부터 또는 고교 4년간을 재학했다면 외국인이라도 토플 시험을 치지 않아도 된다는 예외 규정을 만들어놓은 대학도 있다. 독해, 청취, 자문, 말하기 순서로 신행되는 시험은 총 4시간가량 소요되며, 영역별 배점은 0~30점으로 120점 만점이다. 우리나라에서는 인터넷으로 응시하는 iBT(internet Based Test)를 한미교육재단에서 시행하고 있다.

● **미국수학경시대회(American Mathematics Competitions)**
중학생(8학년 이하)을 대상으로 하는 AMC(American Mathematics Contest) 8이 있고, 고2(10학년) 이하 학생들을 대상으로 하는 AMC 10, 고3(12학년) 이하 학생들을 대상으로 하는 AMC 12가 있다. 우리나라에서는 과학고, 외고, 민사고 등에서 문제를 입수해서 풀어보기도 한다. 이보다 높은 수준의 경시대회로는 AIME(American Invitational Mathematics Examination), USAMO(United States of America Mathematical Olympiad), IMO(International Mathematics Olympiad, 국제수학올림피아드) 등이 있다. 문제의 난이도는 고도의 수학적 지식뿐만 아니라 창의적 문제 해결력 없이는 풀 수 없도록 출제된다. 각 시험의 소요 시간, 문항 수, 출제 범위 등을 알고 싶거나, 실전 문제집을 구하고 싶다면 웹사이트(http://www.unl.edu/amc/d-publicatin/publication.html)에 들어가면 된다.

평가 방식을 취한다. 따라서 동일한 날짜에 동일한 시험 문제로 시험을 치른 전체 응시자의 수행 정도에 따라 자신의 점수가 결정되는 것이다. 예를 들어 3월에 치른 SAT I 독해 시험에서는 2개를 틀려서 790점이 나왔는데, 6월 시험에서는 똑같이 2개를 틀려도 770점이 나오기도 한다. 이는 6월에 시험을 치른 학생들이 3월에 치른 학생들보다 전반적으로 점수가 더 높았기 때문이다. 그래서 틀린 문항 수가 같은데도 점수가 내려간 것이다.

아이비리그 대학의 입학 사정관이 주목하는 또다른 표준 시험인 AP나 IB는 절대평가 방식을 취한다. 절대평가는 다른 수험자들이 얼마나 시험을 잘 쳤고 못 쳤는지에 관계없이 정해진 채점 기준에 따라서 점수가 결정된다. 그래서 절대평가 시험에서는 만점자가 수두룩하게 나올 수도 있고 단 한 명도 나오지 않을 수도 있다. 미국 대부분의 초등학교와 중학교에서는 절대평가 방식으로 성적을 매긴다.

퍼센타일과 백분위 점수

거의 대부분의 표준 시험이 상대평가 방식을 취한다. 따라서 표준 시험의 결과는 점수뿐만 아니라 '퍼센타일'이라는 백분위 수치로도 산출된다. 퍼센타일이란 표준화 집단(총 응시자)의 점수 분포에서 한 개인의 점수 아래에 몇 퍼센트의 응시자가 분포하는지 그 상대적 위치를 나타내주는 숫자다. 쉽게 말해서 나보다 낮은 점수를 받은 사람이 전체의 몇 퍼센트인지를 말해 주는 것이다.

다음의 그림을 보면 퍼센타일 산출 과정을 알 수 있다. 낮은 점수에서 높은 점수로 나열된 수평선 위에 한 점씩 찍어나가되 동점자가 나오면 해당 지점의 위쪽에 점을 찍는다. 응시자의 점수를 모두 표시하고 나서 위쪽의 점들을 연결해 보면 그림에서처럼 종 모양의 '정상 분포 곡선'이 만들어진다.

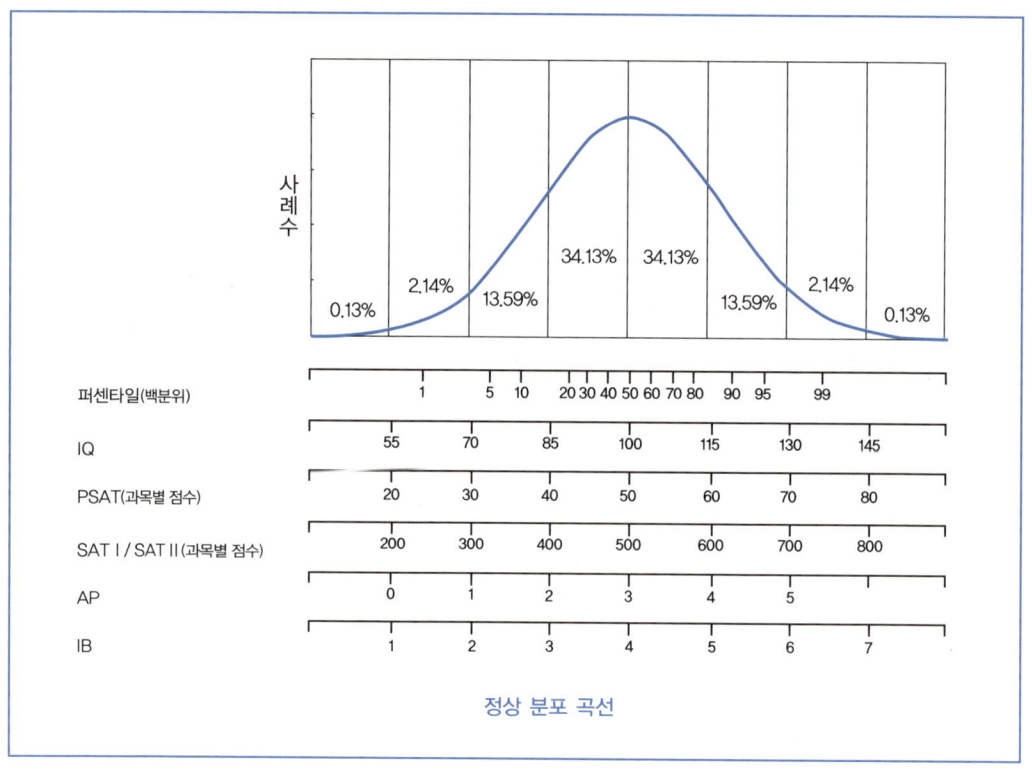

정상 분포 곡선

그림 중간 부분이 위로 솟구쳐 종 모양이 되는 것은 중간 점수대에 동점자가 많다는 뜻이고, 왼쪽이나 오른쪽 끝으로 갈수록 낮아지는 것은 동점자 수가 줄어든다는 뜻이다. 일직선 위에서 맨 왼쪽의 최저 점수대에 찍힌 학생은 1퍼센타일을 받게 된다. 반대로 맨 오른쪽의 최고 점수대에 찍힌 학생은 99퍼센타일을 받게 된다.

시험을 치른 뒤에 받아보는 퍼센타일 수치는 이렇게 해석하면 된다. 전국의 고등학생 10만 명이 6월에 시행된 SAT I에 응시했다고 하자. 이 시험에서 철수의 점수가 97퍼센타일로 나왔다면, 철수는 상위 3%(3,000명) 안에 들었고 철수보다 낮은 점수를 받은 응시자가 97%(97,000명)라고 이해하면 된다. 2005년 6월에 시행된 SAT I 시험에는 실제로 미국 내 학생 262,783명이 응시했다.

표준 시험의 종류

아이비리그 대학에서 주목하는 대입 표준 시험인 SAT I, SAT II, ACT, AP 시험에 대해 하나하나 구체적으로 살펴보고, 외국인 학생들이 쳐야 하는 TOEFL, 입학 사정 때 유리한 PSAT 시험에 대해서도 자세히 알아보자.

1. SAT I

SAT I의 특징

대입 사정관의 주요 업무는 대학에 입학해서 졸업할 때까지 학업을 성공적으로 완수할 능력이 있는 학생을 선발하는 것이다. 다시 말해 기본적으로 지적 능력이 탁월한 학생을 골라내야 한다. 그렇기 때문에 사정관은 지적 능력을 측정하기 위한 목적으로 고안된 SAT I 점수에 주목한다.

SAT I은 일종의 수학 능력 검사다. SAT는 Scholastic Assessment

Tests(예전에는 Scholastic Aptitude Tests)의 첫 글자를 딴 약어이므로 '에스
에이티'라고 읽어야 한다.

SAT I 점수는 학생의 지적 능력과 사고력을 반영한다. 그에 비해 학교
성적은 학생의 성실성, 책임감, 노력의 정도를 반영한다. 사정관은 SAT I
점수와 고교 성적을 비교해 지원자들을 다음의 세 유형으로 나눈다.

첫째는 고교 성적과 SAT I 점수가 둘 다 좋은 학생이다. 이러한 학생은
두뇌가 명석한 노력파라고 평가해 합격 판정을 내릴 확률이 매우 높다. 둘
째 유형은 고교 성적은 탁월하지 않은데 SAT I 점수가 높은 학생이다. 이
들은 성실하거나 노력하는 학생은 아니지만 대학에서 수준 높은 교육을
받게 되면 지적 호기심과 동기가 유발되어 타고난 명석한 머리로 힘든 학
업을 성공적으로 해낼 학생이라고 판단한다. 이 유형의 학생 역시 합격할
확률이 높다. 셋째 유형은 학교 성적은 매우 좋은데 SAT I 점수가 그나지
높지 않은 학생이다. 이들은 부지런하고 성실해서 성적은 좋지만 지적으
로 뛰어난 편은 아니어서 명문 대학의 수준 높은 공부를 완수하기 버거울
것으로 판단한다. 이들을 합격시킬 확률은 둘째 유형보다 낮은 편이다.

요컨대 '탁월한 두뇌'를 선발해야 훌륭한 인재를 배출할 수 있다고 보
는 아이비리그 대학에서는 지적으로 탁월하고 열심히 노력하는 학생의
손을 들어준다. 바꾸어 말하면 성실한 노력파라도 머리가 뛰어나지 못하
면 합격하기 힘들다는 말이다. 단, 미국 주립대학의 경우는 다르다. SAT
점수가 조금 낮더라도 고교 성적이 좋은 성실한 학생이라면 어렵지 않게
합격할 수 있다.

SAT I의 구성과 배점

굉장히 많은 학생이 재학하고 입학하기 때문에 입시 정책에 불어넣는 입김이 거센 미국 캘리포니아 주의 UC계열 대학에서 SAT I을 대입 전형 심사 항목에서 배제하겠다고 발표한 적이 있다. SAT I에 고교의 학습 내용이 거의 반영되지 않는다는 이유에서였다. 그러자 SAT 주관 기관인 칼리지보드(미국 전국대학위원회)에서는 이같은 비판을 의식해 SAT I 시험을 전면 개정하게 되었고, 새롭게 개정된 시험을 2005년 3월부터 전격 시행했다.

개정된 SAT I의 가장 큰 변화는 작문 영역이 추가된 것이다. 개정 전후 시험의 근본적 차이점을 살펴보면, 작문 영역이 추가되고, 단어와 단어의 관계를 파악하던 유추 문제가 빠졌으며, 수학 영역에 대수 II가 포함되어 예전보다 수준이 높아졌다는 것이다. 또 독해 지문은 개정 전보다 길어졌고, 시험 시간도 3시간에서 3시간 45분으로 늘어났다. 시험 시간이 길어진 탓에 집중력과 지구력이 부족한 학생은 시험 후반부로 접어들수록 산만해지고 능률이 떨어져 좋은 점수를 내기 힘들다.

다음의 표에서와 같이, 개정된 SAT I은 독해, 작문, 수학의 세 과목으로 구성된다. 세 과목은 다시 독해 3섹션, 수학 3섹션, 작문 3섹션, 연구목적 1섹션, 이렇게 총 10개 섹션으로 나뉜다. 그중 6개 섹션의 시험 시간은 25분씩, 2개 섹션은 20분씩, 1개 섹션은 10분, 에세이 쓰기는 25분으로, 세 과목 총 시험 시간은 3시간 45분(225분)이다.

시험 순서는 어느 유형의 문제지를 받느냐에 따라 다르다. 동일한 시험일에 한 시험장에서 대개 두 가지 유형(A형, B형)의 문제지가 배포된다. 커닝 방지 차원에서 두 유형의 문제지를 쓰는 것으로, 문항의 나열 순서만 다를 뿐 내용은 완전히 동일하다. 단, 점수화되지 않는 연구 목적 섹션에 나오는 과목은 서로 다르다. 시험 순서는 어느 유형의 문제지이든 간에 먼저 에세이 섹션을 작성하고, 그다음으로 독해, 수학, 작문 섹션을 번갈아 치르게 된다.

SAT I의 배점은 과목당 200~800점으로 독해, 작문, 수학, 세 과목 모두 만점을 받으면 2400점이 된다. 미국 대학 순위 20위권 안에 드는 명문 대학에 지원하려면 세 과목 총점이 2250점을 넘어야 안심할 수 있다.

SAT I을 잘 치르기 위해서는 평소에 독해, 작문, 수학 실력을 차곡차곡 쌓아두어야 한다. 한 학기나 일 년 정도만 공부하면 될 거라는 생각은 SAT I 시험에서 통하지 않는다. 늦어도 중1 때부터는 다양한 장르의 책을 꾸준

SAT I 시험의 구성					
과목	문항 내용	문항 수	문항 유형	소요 시간	점수 배분
독해 (Critical Reading)	문장완성 단문, 장문 독해	17문항 25문항 25문항 총 67문항	선다형 선다형 선다형	20분간 1섹션 25분간 1섹션 25분간 1섹션 총 70분	200~800점
작문 (Writing)	에세이 쓰기 틀린 문장 찾기 문장 개선 구절 개선	1 주제 29문항 6문항 총 35문항+에세이	에세이 선다형 선다형	25분간 1섹션 25분간 1섹션 10분간 1섹션 총 60분	200~800점 (에세이 30%, 선다형 70% 비중으로 산출)
수학 (Math)	대수 I, 대수 II 기하	20문항 15문항 15문항 총55문항	선다형 선다형 단답형	25분간 1섹션 20분간 1섹션 25분간 1섹션 총 70분	200~800점
연구 목적 (Experimental)	독해, 작문, 수학 중 한 과목	출제 과목에 따라 다름	선다형 (+단답형)	25분간 1섹션 총 25분	점수 없음

히 섭렵하고 문법과 글쓰기 실력을 열심히 갈고 닦아야 독해와 작문에 자신감을 갖게 된다. SAT I 준비를 위한 추천 도서 목록을 책 뒤에 부록으로 실었다. 중학생 때부터 틈틈이 한 권씩 읽기 바란다.

SAT I 시험 일정과 수험 전략

칼리지보드에서는 1년간의 SAT I, SAT II 시험 일자와 응시원서 접수 마감 일자를 사전에 공고한다. 시험 응시료는 43달러다. 시험은 매년 1월, 3월, 5월, 6월, 10월, 11월, 12월로 모두 일곱 차례 시행된다. 참고로 우리나라에선 3월 시험이 시행되지 않는다. 동일한 날짜와 시간에 SAT I과 SAT II 시험이 동시에 치러진다. 단, 3월에는 SAT II 시험이 없고 SAT I 시험만 있다. 이제 2007년 1월, 3월, 5월, 6월의 시험은 모두 끝났고, 10월, 11월, 12월 이렇게 세 번의 시험이 남아 있다. 2008년에는 1월, 3월(미국에서만), 5월, 6월에 시험이 있지만 이때 친 시험은 2009년도 입학생에게 적용되는 시험이다. 현재 우리나라에서는 다음의 학교에서 SAT I에 응시할 수 있다.

SAT I 시험 장소	
서울	Seoul Foreign School(SFS), Seoul American High School(SAHS), Seoul International School(SIS), Korea International School(KIS), 대원외고, 이화외고, 한영외고
경기	International Christian School(ICS), Korea Academy of Foreign Studies, 외대부속외고
대전	Christian Int'l School, Indianhead Int'l School
강원	민족사관고등학교
부산	해운대고, 부산외고, 한국과학영재학교

아이비리그 진학을 목표로 하는 학생이라면 고1 여름방학 때부터 SAT I 과 SAT II 시험 중 어떤 시험을 언제 치를지 미리 계획을 세워야 한다. 고1 2학기(10학년) 때부터 응시하기 시작해 고3, 1학기(11학년이 끝날 때)까지는 최고의 점수를 받아놓겠다는 각오를 해야 한다. 이를 위해선 구체적인 수험 계획표를 만들고 실천에 옮겨야 한다. 대입 진학 전문가로서의 오랜 경험을 갖고 있는 나는 SAT 수험 계획을 세울 때 다음과 같은 전략을 쓰라고 권하고 싶다.

1 SAT I 시험에서 매번 다른 점수를 받은 경우, 입학 사정관은 과목별로 최고의 점수만을 가지고 심사한다. 예를 들어 3월에 치른 시험에서는 독해 700점, 작문 760점, 수학 800점을 받고 6월 시험에서는 독해 750점, 작문 730점, 수학 760점을 받았다면, 사정관은 시험을 치른 날짜와 상관없이 과목별로 제일 높은 점수인 독해 750점, 작문 760 점, 수학 800점을 심사에 반영한다. SAT II에서도 마찬가지다. 같은 과목의 시험을 1회 이상 보았을 때 그중 최고 점수를 택해서 심사한다. 따라서 과목마다 750~800점이 나왔다면 SAT 응시는 끝내도 좋다.

2 SAT I은 한두 번만 치는 것이 좋다. 만약 두 번째 시험에서도 좋은 점수를 내지 못했다면 세 번째 시험에 도전해야겠지만, 세 번은 절대로 넘기지 않도록 한다. 점수는 별로 나아지지 않는데 계속 응시할 경우, 사정관에게는 요행만 바라는 학생, 시험만 생각하는 학생으로 비쳐질 우려가 있기 때문이다. 열심히 공부한 뒤 준비가 되었다고 생각될 때 응시하는 것이 좋다.

3 고2, 2학기가 끝나가는 12월이나 1월에는 SAT I에 응시해 보는 것이 좋다. 자기 실력이 어느 정도인지, 어떤 전략으로 다음 시험을 준비해야 하는지 가늠할 수 있기 때문이다. 물론 연습 삼아 치르는 것이지만 모든 점수가 지원 대학으로 보내지므로 충분히 준비된 상태에서 응시해야 한다.

4 고3, 6월까지는 SAT I을 끝내겠다는 각오로 노력해야 한다. 만약 이때도 바라는 점수가 나오지 않을 경우, 10월이나 11월 시험을 볼 수는 있다. 하지만 이때는 전형 서류를 작성하느라 눈코 뜰 새 없이 바쁘고, 또 더이상의 기회가 없다는 생각에 초조해져서 좋은 점수를 얻기 힘들다.

5 고3, 10월이나 11월의 시험에 응시할 수도 있지만, 11월에 본 시험 점수로는 조기 전형에 지원할 수 없다. 따라서 조기 전형에 지원할 학생이라면 늦어도 고3, 10월까지는 대학에서 요구하는 시험 응시를 모두 마쳐야 한다.

수험 계획을 세우는 데 도움이 되도록 학년별로 몇 월에 어떤 시험을 치르는 것이 좋은지 표로 만들어보았다.

SAT 수험 계획표

	3월	5월	6월	10월	11월	12월	1월
고1				PSAT(연습)			SAT II
고2		AP/SAT II	SAT I	PSAT(실전)		SAT I 또는 SAT II	
고3	SAT I	AP/SAT II	SAT I 또는 SAT II		조기 지원	정시 지원	

2. SAT II

SAT II의 특징

SAT II는 특정 학생의 학업 성취도가 전체 응시자 중에서 어느 정도인지를 평가하는 학업 성취도 표준 시험이다. 따라서 국적과 출신 지역을 망라해 지원자들의 실제 학업 성취도를 평가하는 데 가장 확실하고도 용이한 자료로 활용된다. SAT II는 특정 교과의 고교 과정을 얼마만큼 소화했는지 평가하는 시험이므로, 교과 내용을 확실히 소화한 학생이라면 공부 기간이 짧더라도(1년 정도라도) 좋은 점수를 낼 수 있다.

SAT II 과목

아이비리그 대학에서는 최소한 세 과목의 SAT II 시험 점수를 요구한

2007~2008년도 SAT II 과목	
분야	**시험 과목**
영문학	Literature
역사학	U.S.History, World History
수학	Math Level 1, Math Level 2
과학	Biology E/M, Chemistry, Physics
언어	[Reading Only : 6개 언어] French, German, Modern Hebrew, Italian, Latin, Spanish [Reading & Listening : 6개 언어] Chinese, French, German, Japanese, Korean, Spanish

• 인문사회 계열 전공은 Math 1, 이공 계열 전공은 Math 2를 선택하는 것이 좋다.
• Math 1은 예전의 Math I C, Math 2는 예전의 Math II C와 동일한 시험이다.
• 언어의 Reading & Listening 시험은 매년 1회, 11월에 시행된다.

다. 필수 응시 과목을 지정해 주는 대학도 있지만 대개는 지원자의 선택에 맡긴다. 필수 과목에는 보통 수학이 포함된다. 2007~2008년에 시행되는 SAT II 과목은 옆의 표와 같다. 영어, 역사, 수학, 과학, 언어의 5개 분야에 걸쳐 총 20개 과목이다.

SAT II 시험 일정과 수험 전략

SAT I과 SAT II는 같은 날 같은 시간에 치러진다. 단, 3월에는 SAT II 시험이 없으므로, SAT II는 매년 1월, 5월, 6월, 10월, 11월, 12월, 이렇게 6회의 전형 일자가 잡혀 있다고 보면 된다. 그리고 언어 분야의 시험은 매년 11월에 1회만 시행되므로 계획에 차질이 없도록 주의해야 한다. 2007년에는 10월 6일, 11월 3일, 12월 1일, 이렇게 세 번의 시험이 있고, 2008년에는 1월 26일, 3월 1일(미국에서만), 5월 3일, 6월 7일, 네 번의 시험이 있다. 언제 SAT I, SAT II, AP 시험을 칠 것인지 수험 계획을 치밀하게 세워놓지 않으면 좋은 점수가 나오지 않은 상태에서 대학에 지원해야 하는 낭패를 겪을 수도 있다. 내가 추천하는 SAT II 수험 전략은 다음과 같다.

1 SAT II의 과목당 시험 시간은 1시간이다. 하루에 최대 세 과목까지 응시할 수 있지만 가급적 한 과목만 치르는 것이 좋다. 시험에 자신이 있거나 수험 일정상 여유가 없을 때는 두 과목에 응시하는 것도 나쁘지 않다. 하지만 무리하게 세 과목을 치르면 세 과목 모두 좋은 점수를 얻기 힘들다.

2 응시 과목을 정할 때는 적어도 90퍼센타일 이상(약 750~800점)의 점

수를 획득할 수 있는 자신 있는 과목을 택한다. 우리나라 학생들이 주로 선택하는 과목은 수학, 생물, 화학, 물리, 미국사, 세계사이다. SAT II는 상대평가이기 때문에 수학의 경우 790점을 받아도 90퍼센타일이 나오지 않을 수도 있다. 수학 점수가 높게 나오는 학생들이 그만큼 많다는 뜻이다. 바꾸어 말하면 SAT II 수학은 800점 만점을 받아야 한다는 것이다.

3 준비가 되었다고 생각되면 자신 있는 과목부터 한 과목씩 응시하는 것이 좋다. 고2 때부터는 지속적으로 시험을 치르느라 바쁘기 때문에 고1 때 한 과목만이라도 끝내놓는 것이 유리하다. SAT I에서 좋은 점수를 받은 뒤에 SAT II에 응시하려는 학생들을 많이 보았다. 하지만 그것은 바람직한 전략이 아니다.

4 아이비리그 대학에서는 보통 세 과목의 시험 점수를 요구하지만, 가능하다면 세 과목 이상에 응시하라고 권하고 싶다. 요즘은 미국 20위권 내의 명문 대학에 지원하는 학생들이 SAT II에서 5개 과목에 응시하는 추세이고, 물론 90퍼센타일 이상의 점수를 받는다.

5 같은 과목을 여러 번 칠 수는 있지만 가능하면 한 번에 좋은 점수를 낼 수 있도록 사전에 철저히 공부하는 것이 좋다. 같은 과목을 1회 이상 치른 경우 가장 높은 점수가 심사 대상에 오르기는 해도, 같은 과목을 두 번 세 번 치다 보면 빠듯한 수험 계획에 차질이 생기기 때문이다.

6 미국에서는 5월과 6월에 고교 학기말 고사와 AP 시험이 몰려 있어 힘들고 바쁜 시기다. 그러나 10학년과 11학년의 학년 말인 5월과 6월에는 학과목 수업이 거의 끝난 시기이므로 수강한 AP 과목과 동일한

과목의 SAT II 시험을 칠 것을 권한다. AP 생물을 수강했다면 AP 생물 시험과 함께 SAT II 생물 시험도 보라는 뜻이다. 두 시험에 출제되는 내용이 많이 중복되기 때문에 여러모로 유리하다. 미국과 학기 구분이 다른 우리나라에서는 고1에 공부한 것은 고2, 5월에 시행되는 AP 시험과 함께 보면 되고, 고2 때 공부한 것은 고3, 5월에 보면 된다.

SAT II 점수가 중요한 이유

SAT I은 열심히 준비하면서 SAT II 준비는 의외로 등한시하는 학생들을 많이 보았다. 그러나 SAT II를 소홀히 여기는 것은 큰 오산이다. 입학 사정관이 SAT II 점수를 어떻게 적용하고 활용하는지를 알면 SAT II 점수가 왜 중요한지 이해할 수 있다. 다음 두 학생의 예를 통해 살펴보자.

철수는 전 과목이 모두 'A'(평균 90점 이상)인 고교 성적과, "생물을 그렇게 잘하는 학생은 본 적이 없다"라는 내용이 담긴 생물 교사의 추천서를 제출했다. 담당 사정관은 철수가 전 과목에서 좋은 학점을 받았고 교사 추천서에서도 뛰어나다고 극찬했기 때문에 SAT II 생물 점수도 높을 것으로 예상한다. 그런데 철수의 SAT II 생물 점수는 640점(800점 만점)밖에 되지 않았다. 게다가 SAT II의 다른 두 과목 점수도 그다지 높지 않은 600점, 650점이었다. 이 경우 사정관은 철수가 학업 수준과 평가 기준이 낮은 고교에 다녔기 때문에 좋은 고교 성적과 교사 추천서를 받았을 것으로 추정한다. 따라서 사정관은 초기 심사 때 매겨진 철수의 등급을 실제 성취도보다 높게 책정된 것으로 판단해 하향 조정한다. 뿐만 아니라 다음 해부터는 철수의 추천서를 써준 교사의 다른 추천서도 신뢰하지 않게 된다.

영희의 고교 성적은 'A'와 'B'가 섞여 있어 평균 GPA가 3.5(내신 평균 85점 정도)였고, 교사 추천서에도 그다지 두드러진 학생이라는 평가가 담겨 있지 않았다. 그런데 SAT II의 세 과목 점수가 모두 770점 이상이었다. 이 경우 사정관은 영희가 경쟁이 치열하고 평가 기준이 높은 고교에 다닌 까닭에 실제 성취도보다 낮은 고교 성적을 받았을 것으로 판단한다. 따라서 대학 초기 심사 때 매겨진 영희의 학업 평가 결과도 실제 성취도보다 낮게 매겨졌을 것으로 판단해 상향 조정한다. 또한 추천서를 써준 교사의 평가도 신뢰하게 된다.

아이비리그 대학에서는 고교 성적은 좋지만 SAT II 점수가 낮은 철수보다는 SAT II 점수가 우수한 영희에게 합격 통지서를 보낼 확률이 높다. 미국을 비롯한 세계 여러 나라의 지원자들을 동일한 잣대로 평가해 주는 SAT II 점수에서 영희가 철수보다 월등히 높기 때문에 영희를 더 우수한 학생이라고 판단하기 때문이다.

또 추천서를 쓰는 교사는 학생에 대한 평가나 판단을 정확히 솔직하게 쓰는 것이 좋다. 앞으로도 미국 명문대에 지원할 다른 제자들이 공정한 심사를 받을 수 있도록 말이다.

3. ACT

ACT의 특징

ACT(American College Testing)는 미국 아이오와 주의 비영리기관인

ACT 사에서 주관하는 대입 전형 표준 시험이다. 많은 대학에서 대입 전형 표준 시험으로 SAT I을 꼽지만, 미 중부 지역 대학에서는 오래전부터 ACT 시험을 병행해 왔다. 몇 년 전까지만 해도 미국 동부와 서부 지역 대학에서는 SAT I 점수를 요구하고, 중부 지역 대학들은 ACT 점수를 요구하는 추세였다. 하지만 최근 들어서는 미국의 많은 대학들이 SAT I이나 ACT 점수 중 하나만을 제출해도 받아주고 있다. 그래서 최근에는 ACT 응시자가 점차 늘고 있는 추세다. ACT 주관사의 발표에 따르면, 2003년 미국 전체 고교 졸업생의 39%가 ACT에 응시한 것으로 나타났다.

ACT가 표준 시험인 점에서는 SAT I과 같지만 시험의 구성이나 문제 유형, 시험 방식 등은 다른 점이 많다. 가장 두드러진 차이점은 SAT I이 사고력과 문제 해결력 같은 지적 능력에 초점을 맞춘 것이라면, ACT는 고교의 학습 내용을 얼마나 성취했는지에 초점을 둔다.

SAT I과 ACT 중 어느 시험에 응시할지 고민하는 학생이라면 다음의 사항을 염두에 두기 바란다.

첫째, 가능하면 두 시험 모두 치를 것을 권한다. 어떤 학생은 SAT I에서, 또 어떤 학생은 ACT에서 더 좋은 점수를 내기도 한다. 어느 것이든 더 나은 점수를 대학에 보내면 된다. 그러나 현실적으로 대입 준비에 쫓기는 고교생들이 전혀 다른 두 종류의 시험을 준비한다는 것은 어느 정도 부담되는 것이 사실이다. 그렇기는 하지만 최근 명문대를 목표로 하는 학생들 거의 대부분이 두 시험을 모두 치는 추세이므로 그들과 경쟁하려면 두 시험에 모두 응시하는 것이 유리하다.

둘째, 만약 ACT 시험만 치를 계획이라면, 지원 대학에서 ACT 점수를 인정하는지 전형 규정을 사전에 알아봐야 한다. 아이비리그 대학과 다른 명문 사립대학, UC 계열 대학에서는 ACT를 인정하지만 아직 ACT를 인정하지 않는 대학도 더러 있다. 한 예로 명문인 칼텍은 2005년부터 ACT 점수를 인정하기 시작했다.

셋째, 어떤 대학에서는 ACT 점수를 제출하면 SAT I과 SAT II 두 가지 시험 점수를 모두 제출한 것으로 인정해 주기도 한다. 그 때문에 ACT 시험만 치고 SAT II는 한 과목에도 응시하지 않는 학생들도 있다. 그런데 아이비리그 대학이나 기타 명문 사립대학, UC 계열 대학은 ACT 점수를 SAT I 점수하고만 대체시켜 준다. 이처럼 대학마다 규정이 제각각이므로, ACT에 응시할 학생은 반드시 SAT II에도 응시해야 한다.

ACT의 구성

ACT는 영어, 수학, 독해, 과학의 4과목으로 구성되며, 2005년 2월부터는 선택 과목으로 작문이 포함되었다. 시험은 영어, 수학, 독해, 과학, 작문의 순서로 진행된다. 네 과목의 시험 소요 시간은 2시간 55분(175분)이며, 작문까지 포함하면 총 3시간 25분(205분)이 소요된다. 시험은 고교 교과 내용에서 출제되며, 모두 선다형이다.

시험 내용을 구체적으로 살펴보면, 영어는 글을 효과적으로 활용하는 데 필요한 문법 지식, 수학은 고교에서 다루는 대수와 기하, 독해는 다양한 분야의 글에 중점을 두고 있다. 과학은 과학의 전 영역에 걸친 과학적 사고 능력, 작문은 문구나 문장 개선에 중점을 둔다.

ACT는 과목마다 1~36점씩 산출되는데, 영어와 작문의 경우에만 두 과

ACT의 내용과 구성				
과목	문항 수	시간	점수 배분	문항 내용
영어 (English)	75문항	45분	1점~36점	구두법(13%), 문법(16%), 문장 구조(24%), 문맥 이해(16%), 문장 조직(15%), 스타일 이해(16%)
수학 (Math)	60문항	60분	1점~36점	기초대수(23%), 초급대수(17%), 중급대수(15%), 좌표기하(15%), 평면기하(23%), 삼각함수(7%)
독해 (Reading)	40문항	35분	1점~36점	사회과학(25%), 자연과학(25%), 소설(25%), 인문과학(25%)
과학 (Science)	40문항	35분	1점~36점	물리, 화학, 생물, 지구과학의 4개 분야 도표와 데이터 이해 능력(38%), 과학 실험 결과 분석(45%), 이론 및 가설의 비교 분석(17%)
작문 (Writing)	1문항	30분	2점~12점	주어진 토픽으로 논설문 쓰기

목을 합쳐서 1~36점이 산출된다. ACT 점수는 네 과목의 '평균 점수'를
의미하며, 만점을 받으면 36점이 된다.

개정 전이었던 1600점 만점의 SAT I과 ACT의 점수를 비교해 보면 SAT I
의 1600점은 ACT의 36점과 같다. SAT I의 1400점은 ACT 31점과, SAT I의
1250점은 ACT 27점과 대등하다. 두 시험 점수의 상세한 비교 내용을 아
래 표에 예시해 놓았다.

SAT I 점수와 대등한 ACT 점수								
SAT I 점수				SAT I 점수			SAT I 점수	
개정 전(개정 후)	ACT 점수		개정 전(개정 후)	ACT 점수		개정 전(개정 후)	ACT 점수	
1600 (2400)	36		1420 (2130)	32		1260 (1890)	28	
1580 (2370)	35		1380 (2070)	31		1220 (1830)	27	
1520 (2280)	34		1340 (2010)	30		1180 (1770)	26	
1470 (2205)	33		1300 (1950)	29		1140 (1710)	25	

ACT는 2월, 4월, 6월, 10월, 12월, 이렇게 연중 5회 시행된다. ACT 사는 SAT와 시험 일자가 절대 겹치지 않도록 일정을 짠다. 우리나라에서는 서울 연희동에 있는 외국인학교, 외대부속외고에서 연 3회인 4월, 10월, 12월에 시험이 실시된다.

ACT 사에서는 ACT에 응시하기 가장 바람직한 시기가 고3, 1학기(11학년, 봄학기) 4월과 6월이라고 말한다. 그때쯤 되면 ACT 시험에 나오는 내용을 다 배운 상태이고, 또 만족한 점수를 내지 못했다면 고3(12학년) 2학기 10월에 한 번 더 응시할 기회를 가질 수도 있기 때문이다. ACT는 고교 교과 과정을 바탕으로 출제되는 시험이고, SAT I과는 달리 과학도 포함되기 때문에 학교 공부를 꾸준히 잘했고, 이공 계열이 적성에 맞는 학생들은 높은 점수를 받을 수 있다.

4. AP

AP의 특징

같은 학년이라도 학생들의 학습 능력이나 속도에는 큰 차이가 있다. 어떤 학생은 기초 방정식 문제를 가지고도 쩔쩔매는데 어떤 학생은 고등미적분을 척척 푼다. 이렇게 다른 학생 개개인의 능력과 수준에 맞는 교육의 필요성이 대두되면서 우수한 학생을 염두에 두고 고안해낸 교육 프로그램이 바로 AP(또는 IB)이다.

AP(Advanced Placement)를 문자 그대로 해석하면 '상급 과정 배치'란 뜻으로, 고교에서 제공하는 수업이 너무 쉬운 우수한 학생에게 대학에 가지 않고도 대학 수준의 수업을 받을 수 있게 해주는 고급 강좌다. AP 수업은 보통 수준의 강좌보다 학습량도 훨씬 많고 과제도 많다. 또한 학습 수준도 높고 진도도 매우 빠르다.

AP 프로그램은 칼리지보드에서 총괄한다. 고등학생을 수준 높고 깊이 있는 내용으로 가르칠 수 있는 교과 과정을 구성한 뒤, AP 과목을 지도할 교사를 교육시키고, 교육받은 교사에게 학생들을 1년간 지도하게 한 후, 매년 5월 첫째 주와 둘째 주에 일제히 AP 시험을 시행한다.

우리나라에서는 외국인학교, 민족사관고, 대원외고, 한영외고, 이화외고, 외대부속외고, 서울과학고, 한국과학영재고, 해운대고 등에서 여러 과목의 AP 강좌를 열고, 매년 5월에 해당 고교에서 시험을 시행한다. 단, 해당 고교에 재학하는 학생들만 AP 강좌를 들을 수 있으므로 타교 학생에게는 문이 닫혀 있는 셈이다. 그러나 AP 시험은 타교생도 응시하게 해준다.

AP 과목

고교에 개설되는 AP 과목의 수는 점차 늘어나는 추세로, 다음의 표에서 볼 수 있듯이 2008년에는 무려 35개나 된다. 그런데 고교마다 개설하는 AP 과목의 수기 제각가이다. 따라서 아이비리그 대학에 진학하려는 학생이라면 AP 과목을 되도록 많이 개설하는 고교에 재학하는 것이 좋다. 왜냐하면 아이비리그 대학에서는 고교에 개설된 AP 강좌의 수, 수강 학생 수, 학생들의 AP 점수를 모두 고려하여 각 고교를 평가하고, 좋은 평가를 받은 고교의 재학생이 대입 전형에서 유리하기 때문이다. 예를 들어 미국 북동부에 있는 명문 사립고교 학생들이 명문 대학에 다수 합격하는 것은

2008년 시행 예정인 AP 과목과 시험일		
시험일	오전(아침 8시 시작)	오후(낮 12시 시작)
5월 5일	Government & Politics: U.S.	Government & Politics: Comparative French Language
5월 6일	Computer Science A Computer Science AB Spanish Language	Statistics
5월 7일	Calculus AB Calculus BC	Chinese Language and Culture
5월 8일	English Literature German Language	Japanese Language and Culture French Literature
5월 9일	U.S. History	European History Studio Art (Portfolios 마감일 추후 공지)
5월 12일	Biology Music Theory	Physics B Physics C : Mechanics (낮 12시) Physics C : Electricity & Magnetism (낮 2시)
5월 13일	Chemistry Environmental Science	Psychology
5월 14일	Italian Language and Culture English Language	Art History
5월 15일	Macroeconomics World History	Microeconomics
5월 16일	Human Geography Spanish Literature	Latin Literature Latin : Vergil

고교 평판이 워낙 좋기 때문이다.

　미국에는 IB 강좌보다 AP 강좌를 개설한 고교의 수가 훨씬 많고, 영국 제도를 따르는 국가에서는 AP 강좌보다는 IB 강좌를 개설하는 추세다. 요컨대 미국 대학에서는 IB보다 AP가 대세이고 호주나 유럽권의 대학에서는 IB가 대세라고 볼 수 있다. 사실 AP나 IB 모두 고급 강좌이고 대입 심사에서 고려되는 비중이 같으므로 어느 것을 택하고 시험을 보든 상관은 없다. 자신이 재학하는 고교나 거주하는 지역(국가)에서 제공하는 강좌를 택해, 매년 5월에 시행되는 시험에서 좋은 점수를 내면 된다.

우리나라에서는 여러 특목고에서 AP 강좌를 열고 매년 5월에 시험을 칠 수 있으므로 가능한 한 많은 과목의 AP 시험과, SAT II 시험에 응시하는 것이 유리하다. 이들 시험에서 좋은 점수를 받는 것이, 우리나라 고교의 수준을 정확히 모르는 아이비리그 대학의 사정관에게 자신의 우수함을 알릴 수 있는 지름길이기 때문이다.

AP 시험

고교에서 1년간 AP 과목을 수강하고 나면 매년 5월에 칼리지보드에서 출제하는 AP 시험을 치르게 된다. AP 시험은 미국 전역과 모든 AP 시행 국가에서 일제히 실시되며, 우리나라에서도 미국과 동일한 일정으로 매년 5월에 여러 특목고에서 동시에 치러진다. 보통 한 과목에 3시간씩 소요되며, 전형료는 과목당 53달러다. 2008년 5월에는 10일에 걸쳐서 35개 과목의 시험이 시행될 예정인데, 시험 과목과 시험일은 앞의 표에 예시되어 있다. 응시할 AP 과목이 같은 날짜와 시간에 잡혀 있다면 학교의 AP 담당자에게 미리 알려 다른 날에 응시하도록 조정할 수 있다. 우리나라에서도 AP 시행 학교의 담당자에게 미리 연락하면 날짜 조정이 가능하며, AP 시험을 치르는 학생들은 시행 고교에 2월 중에 예약을 해야 한다.

AP 과목을 수강했다고 해서 꼭 시험을 봐야 하는 것은 아니다. 또 AP

과목을 수강하지 않았어도 독학으로 시험에 응시할 수도 있다. 명문 대학에 합격하길 원하는 학생이라면 가능한 한 여러 과목의 AP 강좌를 택하고 시험도 치르는 것이 유리하다. 요즘 아이비리그 진학을 목표로 하는 학생들은 고3, 1학기(11학년 말)까지 6개가 넘는 과목의 AP 시험을 보고 4~5점씩 취득하는 추세다. 게다가 SAT Ⅱ에서도 3~5개 과목에 응시하여 과목마다 750점 이상을 획득하고 있다.

만일 AP 시험을 치른 뒤의 예상 점수가 1~2점 정도라면, 6월 15일까지 칼리지보드에 연락해서 점수 무효화 신청을 하면 기록에 남지 않는다. 참고로 AP 점수는 최저 1점에서 최고 5점, IB 시험은 최저 1점에서 최고 7점이다.

대학마다 다르긴 하지만, AP 점수가 4~5점(IB는 6~7점)이면 해당 과목에 한해서 대학 학점을 이수한 것으로 인정해 주기도 한다. 단, 3점은 평균 점수이므로 대학 학점으로 잘 인정해 주지 않는다. 참고로 실험을 해야 하는 물리, 화학, 생물과 같은 과목은 높은 AP 점수를 받아 대학 학점으로 인정받았다 해도, 대학에 가서 다시 수강하는 것이 좋다. 고등학교의 학습 시설은 대학의 시설과 큰 차이가 있어서 배워야 할 것을 다 배우지 못했을 수도 있기 때문이다. 물론 자연과학을 전공할 학생의 경우에 해당하는 얘기다.

AP를 강조하는 이유

아이비리그 대학에선 SAT Ⅱ 점수만큼이나 AP나 IB 점수에 주목한다. 이유가 무엇일까? 되도록 많은 AP 과목을 수강하고, 5월에 있는 AP 시험에서 높은 점수를 받으라고 하는 이유를 살펴보자.

첫째, 아이비리그 대학에서는 AP 과목을 많이 택하면 배움을 향한 열정이 있고 지적 호기심이 강한 학생이라고 평가한다. 그러므로 재학 중인 고교에 AP나 IB 강좌가 개설되어 있다면 최대한 많은 과목을 수강하고, 좋은 학점과 높은 시험 점수를 받는 것이 좋다. 그러려면 AP 과목을 많이 개설하는 고교에 재학하는 것이 유리하다. 대체로 AP 강좌가 많이 개설된 고등학교가 학생이나 교사들의 수준이 높고 학구적인 분위기를 갖추고 있어 평판도 좋은 편이다. 고3, 2학기(12학년)에 수강한 AP 과목은 입학 사정에서는 고려되지 않지만, 이때도 가능한 한 많은 AP 강좌를 수강하고 시험을 치르는 것이 좋다. 심사에 포함되지 않는 고3, 2학기 수강 과목 역시 지원자의 학문에 대한 열정을 평가하는 대상이 되기 때문이다.

둘째, AP 과목에서 A나 B를 받으면 가산점을 얻어 GPA가 올라가므로 대입 전형에서 유리하다. 미국 명문 대학과 UC 계열 대학들은 AP 과목에서 A를 받으면 4.0으로 계산하지 않고 1점(또는 0.5점)을 더해서 5.0으로 계산하고, B도 1점을 더해서 4.0으로 계산한다(66쪽의 GPA 계산 방법 참조).

셋째, AP 시험에서 4~5점을 받으면 대학 학점을 이수한 것으로 인정받는다. AP 과목을 택했다고 해서 반드시 AP에 응시할 필요는 없지만 대학 학점으로 인정받을 수 있는 기회인 만큼 놓치지 않는 것이 좋다. 현재 미국의 2,200여 개 대학과 전 세계 21개국 대학에서 AP 점수를 학점으로 인정해 주고 있다. 매년 9월이 되면 칼리지보드에서 AP 우수자에게 상을 주고, 우수자 명단과 점수를 대학에 통보한다. AP 상은 3과목 이상의 시험에서 3점 이상을 받으면 주는 AP Scholar부터 DoDEA Scholar 상까지 모두 8종류가 있다.

AP 점수가 입학 사정에 미치는 영향

AP나 IB 과목이 대입 전형의 필수 요소라고 명시된 곳은 어디에도 없다. 그러나 이들 고급 강좌의 수강 여부나 시험 점수가 대입 심사에 미치는 영향은 학생들이 생각하는 것보다 훨씬 크다. 지원자가 몇 개의 AP 과목을 수강했는지, 그 과목에서 어떤 학점을 받았는지, AP 시험 점수는 몇 점인지를 보면서 사정관은 심사 초기에 매겨진 지원자의 학업 등급을 마음껏 조정한다. 마음껏이라고는 하지만 물론 정해진 기준은 있다. 학업 등급을 어떻게 조정하는지 철수라는 학생의 예를 들어 살펴보자.

철수는 입학 전형 초기 심사에서 1~9등급으로 나뉘는 학업 등급 중 중간인 6등급을 받았다. SAT II 점수는 생물 680점, 수학 I 700점, 스페인 문학 660점이다. 그렇게 낮은 점수는 아니지만 그렇다고 합격할 만큼 높은 점수도 아니다. 그런데 AP 점수를 보니 생물에서 5점, 미적분학에서 5점, 스페인 문학에서 4점을 받은 것으로 나타났다.

이때 철수의 파일을 심사하는 사정관은 다음의 세 가지 요점을 추려낸다. 첫째, AP 스페인 문학 시험에서 4점을 받았다는 것은 출제 지문으로 나온 몇 개의 스페인 문학 작품을 실제로 읽고 독해한 후에, 그 답을 스페인어로 에세이를 썼다는 말이다. 따라서 SAT II 스페인 문학 점수인 660점보다는 AP 스페인 문학 점수인 4점을 고무적으로 평가하게 된다.

둘째, SAT II 수학 I에서 받은 700점은 그리 높은 점수는 아니지만, AP 미적분학 점수는 5점이다. 따라서 철수의 수학 실력을 높이 평가하게 된다.

셋째, SAT II 생물의 680점도 높은 점수는 아니지만 AP 생물에서 5점을 받았기 때문에 대학 개론 수준의 생물 과목을 A학점으로 이수한 것으로 인정한다.

이 경우 사정관은 철수의 높은 AP 점수들 때문에 초기 심사 때 매겨진 6등급의 학업 등급을 7등급으로 올려준다. 6등급으로 합격하기 힘들었던 철수는 7등급으로 상향 조정되면서 합격의 문에 한 걸음 다가서게 된 것이다.

AP와 SAT II의 차이점

AP와 SAT II 둘 다 교과목의 학업 성취도를 평가하는 시험이지만, 차이점은 AP 시험 문제가 SAT II보다 더 어렵고 수준이 높다는 점이다. 출제 수준을 보면, SAT II는 고등학교 교과 과정에서 다루는 내용이 출제되는 데 반해 AP는 대학의 개론 강좌 수준에서 다루는 내용이 출제된다.

응답 방식도 SAT II는 거의 대부분이 객관식인 데 비해서 AP는 주관식 서술형이 대부분이다. AP 시험 답안지에는 문제 해결의 전 과정을 써야 하며, 결론에 도달한 근거와 이유도 명백하게 서술해야 점수를 얻게 된다.

두 시험 모두 대입 사정에서 유리하게 작용하지만, AP 점수는 대학 학점을 이수한 것으로 인정되므로 더 유리하다. 그리고 철수의 예처럼 동일한 과목의 AP 점수와 SAT II 점수의 격차가 큰 것은 바람직하지 않다. 두 점수의 차이가 크지 않아야 안정된 실력을 갖춘 학생으로 인정받을 수 있다는 점을 명심하기 바란다.

참고로 IB(International Baccalaureate, 국제 학사 과정)는 AP와 마찬가지로 우수한 학생을 대상으로 하는 교육 과정이다. 현재 미국의 332개 고등학교와 전 세계 100개국 1,000여 개 고등학교에서 강좌를 제공하고 있으며,

영어, 외국어, 사회학, 과학, 수학 등의 분야에서 강좌가 개설된다. IB는 스위스에서 최초로 만들어졌고 미국 학교보다는 영국 학교 제도를 따르는 곳에서 더 많이 운영된다. 한 과목을 1년간 수강하고 시험을 보는 AP와 달리 정해진 전체 과정을 2년간 쭉 밟아야 하기 때문에 AP 보다는 융통성이 적어 학기 중에 전학을 해야 하는 학생에겐 적합하지 않은 프로그램이다. 집에서 치르는 Internal 시험과 정해진 장소에서 치르는 External 시험이 있으며, 80% 이상이 주관식 문제로 약 4시간이 소요된다. External 시험은 45점 만점으로, 40점 정도 되어야 명문대 진학에 유리하다. 우리나라에서는 IB 강좌가 개설된 곳이 거의 없어서 독학으로 공부해서 시험만 칠 수 있는데, 사실 혼자서 준비해서 좋은 점수를 내기란 쉽지 않다.

5. TOEFL

TOEFL의 종류

수많은 나라의 학생들이 아이비리그 대학에 들어가길 희망한다. 그것은 아이비리그가 유능한 교수, 뛰어난 학교 시설과 연구 설비를 갖춘 선진 학문의 전당이기 때문이다. 이러한 미국 최고 명문 대학들의 수준 높은 강의를 외국인 학생이 완전히 소화할 수 있으려면, 함께 공부할 뛰어난 미국 학생들에 버금가는 영어 실력을 갖추어야 하는 것은 물론이다. 따라서 아이비리그 대학에서는 외국인 신분의 모든 입학 지원자들이 일정한 수준 이상의 영어 실력을 갖추었는지 평가하기 위한 수단으로 TOEFL(Test of English as a Foreign Language) 점수를 요구하게 되었다. 현재는 아이비리그뿐만 아니라, 미국과 캐나다에 있는 2,400여 개 대학에서도 외국인 지원자의 영어 실력을 평가하는 자료로 토플 점수를 활용하고 있다.

미국 시민권자나 영주권자가 아닌 모든 외국인 학생은 각 대학이 정해 놓은 기준 이상의 토플 점수가 있어야 아이비리그 대학에 합격할 수 있다. 8학년 이후부터, 또는 고교 4년간을 미국에서 재학했다면 외국인이라도 토플 시험을 치지 않아도 된다는 식의 예외 규정을 적용하는 대학도 있긴 하다. 그러나 토플 점수를 필수 사항으로 명시하는 대학이 많으므로, 어떤 조건에 처했건 일단 토플 시험을 쳐두는 것이 바람직하다.

ETS(미국 교육평가원)에서 주관하는 토플은 현재 지필로 응시하는 PBT(Paper Based Test), 컴퓨터로 응시하는 CBT(Computer Based Test), 인터넷으로 응시하는 iBT(Internet Based Test)의 세 가지 시험이 모두 시행되고 있다. 미국에서는 1998년 10월부터 거의 전역에서 CBT를 시행하다가 2005년 9월부터는 일제히 iBT로 바꾸어 시행하고 있다. 그러나 미국 밖에서는 여전히 PBT가 주로 시행되고 있다.

우리나라에서는 미국보다 1년 뒤인 2006년 9월부터 iBT가 시행되기 시작했는데, 아직도 CBT나 PBT를 시행하는 국가도 있다. 어떤 유형의 시험을 시행할지는 각 나라의 사정에 따라 ETS에서 정한다. 우리나라에서는 한미교육재단에서 토플 시험을 대행하고 있으며, 시험 장소는 서울, 대전, 전주, 군산, 이렇게 네 곳이다.

지난 2007년 4월에는 시험을 쳐야 할 학생들이 응시하지 못하는 '토플 대란'이 일어나기도 했다. 시험 응시는커녕 접수도 하지 못해 '토플 폐인'들이 끝도 없이 길게 줄을 서는 진풍경이 벌어진 것이다. 이는 ETS에서 연간 토플 응시자 수를 제한했는데, 그 수가 미국으로 유학 가려는 우리나라 학생 수에 전혀 미치지 못했기 때문이다. 이런 상황을 이해하고 해결하기 위해 ETS 담당자가 급히 내한하기도 했다. 우리나라에서는 왜 이러한 '토플 대란'이 일어나는 것일까? 2007년 5월 7일자 중앙일보 기사를 보면 어느 정도 이해가 간다.

영어의 국제적 위상은 그 언어의 사용자 수를 보면 알 수 있다. 영어가 모국어인 사람은 4억 명이 넘고, 그 이외의 국가에서 영어를 일상적으로 사용하는 인구와 영어로 의사소통이 가능한 사람까지 합치면 30억 명이나 된다. 세계 60억 인구의 절반이다. 영어는 인터넷에서도 주도적 위치를 차지하는데, 자료의 반 이상이 영어로 되어 있다.

우리나라에서 영어가 갖는 비중이란 실로 대단하다. 대학 입시와 취업에서 영어 실력은 매우 중요하다. 또 유학생 수도 급증해 한국 유학생 수가 4위를 차지하고 있다. 우리나라의 최근 토플 응시자 수는 연간 13만여 명이나 된다. 우리나라의 많은 유학 희망생들은 어떤 변화가 없는 한 미국의 대학에서 요구하는 토플 시험을 치지 않을 수 없다. 따라서 입시 일정에 쫓기지 않으려면 SAT I이나 SAT II, AP보다는 비교적 수준이 낮은 토플부터 공략해 늦어도 고2까지 원하는 점수를 받아놓는 것이 유리하다.

PBT와 CBT의 구성과 배점

PBT는 청취, 문법, 독해의 세 영역으로 구성되며, 문법에 영작이 포함되어 있다. PBT의 영작(TWE : Test of Written English) 점수는 토플 점수에 포함되지 않고 별도로 보고된다. 시험 시간은 3시간 30분이며, 시험 점수는 최저 310점부터 최고 677점까지다. 2007년 전형료는 170달러로 다른

CBT의 구성과 배점			
시험 영역	문항 수	소요 시간	배점
청취 (Listening)	30~49문항	40~60분	0~30점
문법 (Structure) 작문 (Writing)	20~25문항 1개 주제	15~20분 30분	0~30점 (작문 포함)
독해 (Reading)	44~55문항	70~90분	0~30점
전체 총계		155~200분	300점 (30+30+30) x 10 / 3

표준 시험에 비해 다소 비싼 편이다.

CBT는 청취, 문법, 독해, 영작의 네 영역으로 구성된다. 시험 시간은 최소 2시간 35분(155분)에서 최고 3시간 20분(200분)까지 걸린다. CBT 시험의 소요 시간이 다른 이유는 수험자가 계속해서 정답을 맞히면 쉬운 문제는 생략되고 난이도가 점점 높은 문제만 출제되기 때문이다.

CBT의 구성과 배점은 위의 표에 예시되어 있다. CBT의 배점은 청취 30점, 문법과 작문 30점, 독해 30점이다. CBT 점수는 세 영역의 점수를 모두 더해서 10을 곱한 후 3으로 나누어 산출한다. 예를 들어 청취 24점, 문법과 작문 26점, 독해 28점을 받았다면 (24+26+28)×10 / 3으로 계산해서 260점이 나온다. CBT 점수는 최저 40점부터 최고 300점까지 나온다.

PBT와 CBT의 차이점

지금도 PBT를 시행하는 지역에서 토플에 응시하는 학생들이 있으므로, PBT와 CBT의 차이점도 살펴보려 한다. 두 종류의 시험에서 출제되는 문제의 내용이나 구조는 기본적으로 비슷하지만 시행 방법에는 몇 가지 차이점이 있다.

첫째, PBT는 1년에 6번 시행되며, 정해진 시간에 정해진 장소에서만 볼 수 있다. 그러나 CBT는 시험 대행 기관과 개인적으로 약속을 잡아서 원하는 장소에서 수시로 시험을 칠 수 있다. 단, CBT는 같은 달에 1번 이상 응시할 수 없도록 규정하고 있다.

둘째, PBT는 주어진 시간 동안 시험지에 인쇄된 문제를 모두 풀게 된다. 그러나 CBT는 틀리지 않고 계속해서 몇 문제에 정답을 체크하면 지금까지 푼 문제보다 더 쉬운 문제는 빠지고, 그보다 난이도가 높은 문제들만 화면에 뜬다. 그래서 계속해서 틀리지 않고 문제를 풀면 시험 시간이 거의 1시간 정도 줄어든다.

셋째, PBT는 영작 점수가 토플 점수에 포함되지 않고 별도로 보고되지만, CBT는 영작 점수까지 포함된 토플 점수가 산출된다.

넷째, PBT는 시험을 친 후에 바로 점수를 알 수 없지만, CBT는 시험이 끝나자마자 에세이 부분을 제외한 점수를 곧바로 알 수 있다. CBT 시험이

PBT와 CBT의 점수 비교					
PBT	CBT	PBT	CBT	PBT	CBT
660~677	287~300	520~537	190~203	400~417	97~107
640~657	273~283	500~517	173~187	380~397	83~93
620~637	260~270	480~497	157~170	360~377	70~80
600~617	250~260	460~477	140~153	340~357	60~70
580~597	237~247	440~457	123~137	320~337	47~57
560~577	220~233	420~437	110~123	310~317	40~47
540~557	207~220				

TOEFL 2004~2005 Information Bulletin for Computer Based and Paper Based Testing, ETS

끝나면 컴퓨터 화면에 임시 점수가 뜬다. 만약 시험이 끝난 후 컴퓨터 화면에 220~280점이 떴다면, 에세이 점수를 어떻게 받느냐에 따라 최저 220점에서 최고 280점까지 받게 된다는 뜻이다. 이 경우 만약 에세이에서 49점을 받았다면 토플 점수는 269점(220+49)이 된다. 시험을 치자마자 자신의 점수를 어느 정도 예측할 수 있다는 점이 CBT의 장점이다. 또 점수가 만족스럽지 않을 경우 그 자리에서 바로 점수를 취소시켜 기록에서 지울 수도 있다.

ETS에서 제시한 PBT와 CBT의 점수 대조표를 예시해 놓았다. 예를 들어, CBT의 213점은 PBT의 550점과 대등하고, CBT의 250점은 PBT의 600점, CBT의 280점은 PBT의 653점과 대등하다. 참고로 아이비리그 대학에서는 CBT 260점, PBT 620점, iBT 105점 이상을 요구하고 있다.

iBT의 특징

미국의 대학들에서 아시아계 학생들이 토플에서 고득점을 받고도 회화 능력이 현저히 떨어져 수업을 듣거나 강의 조교로 일하는 데 많은 문제가 있다는 점을 지적하기 시작하자, ETS에서는 몇 년간 지속되어온 CBT와 PBT 시험의 구조를 바꾸었다. 인터넷을 통해 시험을 치르는 iBT 시험을 도입한 것이다.

ETS는 iBT 시행 국가를 점차 확대시킬 예정이지만, 컴퓨터나 인터넷을 이용하기 힘든 지역이나 국가의 학생들에겐 CBT나 PBT 시험도 계속 병행할 예정이다. 미국에서는 2005년 9월부터 이미 전국적으로 iBT가 시행되었고, 프랑스나 캐나다에서는 2005년 10월부터, 우리나라를 포함한 대부분의 국가에서는 2006년 9월부터 시행되었다. iBT가 기존의 CBT나 PBT 시험과 다른 점은 다음의 다섯 가지로 요약할 수 있다.

1 iBT는 영어 표현 능력도 측정한다. 읽기나 듣기와 같은 수용적 언어 능력을 측정하는 것은 물론이고 말하기 섹션을 추가해 영어로 표현하는 능력까지 측정한다.

2 iBT는 통합적 언어 활용 능력을 측정하는 시험으로 청취와 말하기, 청취와 작문, 독해와 말하기, 독해와 작문 등 두세 가지 언어 영역을 섞어서 측정한다. 예를 들어, 청취한 내용에 대해 말이나 글로 써서 답하기, 읽은 내용에 대해 말로 답하거나 글로 쓰기와 같은 통합적 언어 구사 능력을 측정하도록 구성되어 있다. 영어로 읽고 쓰기 이외에 듣고 말하기를 잘 못하는 학생은 부단히 노력하지 않고는 앞으로 좋은 토플 점수를 기대하기 어렵다.

3 iBT에는 별도의 문법 섹션이 없다. 문법이나 문장 구조와 관련된 별도의 섹션을 없애는 대신 각 섹션에 문법 문제를 포함시켰다.

4 iBT는 실제 상황과 비슷한 내용으로 문항이 구성된다. 학생들이 대학 생활을 하며 실제로 부딪치면서 해결해 나가야 할 상황들, 예를 들어 대학에서 실제로 강의를 듣고 있거나, 도서관에서 사서와 대화를 주고받거나, 수강 과목을 변경하면서 담당 직원과 대화하는 내용 등이 출제된다.

5 iBT에서는 시험 중에 연습 종이에 메모하는 것을 허용하지만, CBT에서는 전혀 허용하지 않는다.

iBT의 구성과 배점

iBT는 다음의 표에 나타나 있듯이 네 영역으로 구성된다. 배점은 영역별로 0점에서 30점까지이며, 이들 네 영역을 모두 합쳐서 120점이 만점이다. 시험은 독해, 청취, 작문, 말하기의 순서로 진행되며, 시험 시간은 총 4시간 정도가 소요된다.

iBT의 구성과 배점

영역	문항 수	시험 소요 시간	배점
독해 (Reading)	36~70문항	60~100분	0~30점
청취 (Listening)	34~51문항	60~90분	0~30점
작문 (Writing)	2개 과제	50분	0~30점
말하기 (Speaking)	6개 과제	20분	0~30점

iBT의 영역별 시험 내용

우리나라에서는 iBT 유형이 시행되므로, iBT 시험에 대해 상세히 소개하겠다. 다음의 표에 제시된 영역별 출제 내용과 과제를 눈여겨보면 수험 준비에 많은 도움이 될 것이다.

독해 영역의 과제와 문항 내용

문항 수	과제	문항 내용
지문 3개 출제 지문마다 12~14개 문항 총 36~70개 문항	독해 지문 읽고 응답하기 각 지문의 길이는 675~725단어로 구성됨	문맥에서 단어가 내포하는 뜻 지문 이해, 주제 파악, 결론 도출, 예측 저자의 의도 및 견해 파악 주요점 정리 및 종합

청취 영역의 과제와 문항 내용

문항 수	과제	문항 내용
대화 2개 대화마다 5개 문항	대화를 듣고 관련 문항 풀기	대학 생활에서 실제로 부딪칠 상황 대학에서 강의 듣기 친구와 대화하기 도서관에서 사서와 대화하기 수강 과목 변경하기
강의 2개 강의마다 6개 문항	강의와 학생의 질문, 코멘트를 듣고 관련 문제 풀기	
강의 2개 강의마다 6개 문항	강의를 듣고 관련 문제 풀기	

작문 영역의 과제와 문항 내용

문항 수	과제	소요 시간
1개 문항	학업 관련 지문을 읽고 강의도 들은 후 읽고 들은 내용을 글로 요약하기	3분간 읽기, 2분간 듣기 20분간 글쓰기
1개 문항	주어진 토픽으로 논설문 쓰기	30분간 글쓰기

말하기 영역의 과제와 문항 내용

문항 수	과제	소요 시간
1개 문항	주어진 토픽에 대해 의견 말하기	15초간 생각하고 45초간 말하기
1개 문항	자신의 경험을 바탕으로 의견 말하기	15초간 생각하고 45초간 말하기
1개 문항	대학 생활 관련 지문을 읽고, 대화 내용을 들은 후 질문에 응답하기	30초간 생각하고 60초간 말하기
1개 문항	대학 생활 관련 지문을 읽고, 강의도 들은 후 질문에 응답하기	30초간 생각하고 60초간 말하기
1개 문항	학업 관련 대화 내용을 듣고 주어진 질문에 응답하기	20초간 생각하고 60초간 말하기
1개 문항	학업 관련 강의를 듣고 주어진 질문에 응답하기	20초간 생각하고 60초간 말하기

6. PSAT

PSAT의 명칭

PSAT는 두 가지 목적에서 만들어진 표준 시험이다. 첫째는 대입 입시생들에게 SAT I과 유사한 PSAT를 미리 쳐보게 해서, 대입 전형 때 반드시 점수를 제출해야 하는 SAT I에 대비시키자는 것이다. 그래서 PSAT (Preliminary Scholastic Assessment Tests)라고 불린다. 둘째 목적은 대학 진학을 앞둔 미국의 고교생들 중에서 우수한 학생을 골라내어 장학생으로 선발하려는 것이다. 미국 전역에서 가장 우수한 1%의 학생을 뽑아 장학금을 수여하려는 의도로 제작된 시험이기 때문에 이 시험을 NMSQT (National Merit Scholarship Qualifying Test)라고도 한다.

PSAT에 응시해야 하는 이유

PSAT 시험은 매년 10월 중순 주중이나 토요일에 미국과 세계 곳곳의 시험 장소에서 일제히 실시된다. 원래는 미국 전역 모든 공립 고교의 11학년을 대상으로 1년에 단 한 번 실시되는 시험인데, 11학년이 아닌 9학년이나 10학년 학생들도, 사립고교에 재학 중인 학생들도 자유의사에 따라 시험을 칠 수 있다. 나는 11학년이 되면 꼭 PSAT 시험을 치라고 권한다. 물론 10학년 때 미리 연습 삼아 쳐볼 것도 강력히 추천한다. 대입 전형의 필수 요소가 아닌데도 PSAT 시험을 치라고 적극 권하는 이유는 무엇일까? 그 이유를 살펴보자.

첫째, PSAT 시험을 치면 미 전역의 모든 11학년 학생들과 비교해 자신이 어느 수준에 속하는지를 알 수 있다. 시험 결과는 점수뿐만 아니라 전체 응시자 중에서 몇 퍼센트에 드는지도 알려주기 때문에 자기가 어느 정도의 대학에 지원할 수 있는지를 가늠할 수 있다.

둘째, PSAT는 SAT I의 내용과 유형이 매우 흡사해 PSAT 시험을 치면 앞으로 응시할 SAT I의 점수를 예측할 수 있고 시험 준비를 어떻게 해야 할지 방향을 잡는 데도 도움이 된다. SAT I 점수를 예측하려면 자신이 받은 PSAT 점수에 10을 곱하면 된다. 단, PSAT 시험이 SAT I보다 더 쉽기 때문에 SAT I 점수는 PSAT 점수보다 거의 항상 더 낮게 나온다는 사실을 명심하기 바란다. 만약 PSAT에서 190점을 받았다면 SAT I에서는 1900점보다 더 낮은 점수가 나온다는 뜻이다. 물론 열심히 공부해서 실력을 올린 후에 SAT I에 응시하면 더 높은 점수가 나오기도 한다.

셋째, 미국 학생들의 경우 11학년 학생이 되어서 PSAT를 보면 '내셔널 메릿 장학생'이 되는 경쟁에 자동적으로 참여하게 된다. 단, 장학생 선발은 응시할 당시에 11학년인 학생만을 대상으로 하기 때문에 10학년 학생은 아무리 시험을 잘 쳐도 장학생으로 뽑히지 않는다. 그렇다고 해도 11학년을 대비해 연습 삼아 시험을 치면 11학년 때 우수한 성적을 거두는 데 도움이 된다. 우리나라 학생들의 경우, 좋은 점수를 내면 상을 받진 못해도 미국 명문대 대입 심사에 도움이 된다.

넷째, PSAT 시험은 SAT I 이나 ACT처럼 대학에서 필수로 요구하는 시험은 아니다. 그러나 PSAT 점수가 높으면 여러 대학에서 관심을 갖고 대학 소개 책자를 보내주기도 하고, 대학에 지원하도록 적극 권하기도 하므로 시야가 넓어진다.

PSAT 시험의 구성과 배점

PSAT 시험은 아래 표에서 보듯이 독해 25분씩 2섹션, 수학 25분씩 2섹션, 작문 30분 1섹션으로 구성된다. 모든 문항이 선다형이며, 시험은 총 2시간 10분이 소요된다. 점수는 영역별로 최저 20점에서 최고 80점까지이며, 세 영역의 점수를 모두 합쳐 240점이 만점이다. PSAT 시험 결과는 ETS로부터 12월 중순경에 받게 된다. 성적표에는 세 영역의 점수가 따로따로

PSAT 시험 과목과 문항 내용				
영역	문항 내용	문항 수	소요 시간	배점
독해 (Critical Reading)	문장 완성 지문 독해	13 문항 35 문항 총 48 문항	총 50분 25분씩 2섹션	20~80점
작문 (Writing)	문장 오류 찾기 문장 개선 구절 개선	4 문항 20 문항 5 문항 총 39 문항	총 30분 1개 섹션	20~80점
수학 (Math)	대수 I, 대수 II, 기하	선다형 28문항 단답형 10문항 총 38 문항	총 50분 25분씩 2섹션	20~80점

표기되며, 세 영역의 점수를 모두 합한 총점인 'Selection Index'도 인쇄되어 있다. 미국의 각 주에서는 Selection Index가 몇 점 이상인 학생을 그해 내셔널 메릿 장학생 Semi-Finalist(준우승자)로 선정한다. 그리고 각 주에서 준우승자로 뽑힌 학생들은 전국적인 규모로 경쟁하는 Finalist 선발 과정에 참여할 자격을 얻는다. 안타깝게도 미국 영주권을 받지 못한 한국 국적의 유학생이나 학생 들은 아무리 시험을 잘 쳐도 장학생으로 선발될 수 없다.

chapter 3

내 모든 것을
보여주는 지원서,
어떻게 쓸까

1_ 공통 지원서와 고유 지원서

아이비리그 대학에 지원할 때는 어떤 서류들을 제출해야 하고, 또 그 서류들은 어떻게 작성해야 입학 심사에서 좋은 평가를 받을 수 있는 것일까? 사실 대학마다 사용하는 지원서 양식은 조금씩 다르지만 기입하는 내용은 대동소이하다.

지원서에는 여러 대학에서 통용되는 공통 양식이 있고, 각 대학이 자체적으로 만든 고유 양식이 있다. 불과 2년 전만 해도 공통 양식보다는 대학의 고유 양식을 쓰는 것이 훨씬 유리했다. 왜냐하면 대학의 고유 양식은 지원자가 자신에 대해 상세하게 서술할 수 있는 내용이 많아서 사정관에게 자신을 알리는 데 더 효과적이기 때문이다. 그런데 최근에는 제작비가 많이 들고 심사 시간이 오래 걸리는 까닭에 고유 양식을 만들지 않는 대학이 늘어나는 추세다. 그러므로 공통 지원서를 쓸지 고유 지원서를 쓸지 고민할 상황에 놓인다면 이렇게 하라고 권하고 싶다. 만약 대학에서 어떤 양식이든 상관없다고 하면서 대학의 고유 지원서 양식을 만들어놓았다면 무조건 고유 지원서를 쓰도록 한다. 그 이외의 상황에서는 공통 지원서를 쓰면 된다.

이 장에서는 공통 지원서와 대학 고유의 지원서 양식, 그리고 각 양식에 포함된 내용을 상세히 소개하겠다. 또 지원서를 작성할 때 어디에 어떻게 초점을 맞추는 것이 효과적인지도 알아보자.

공통 지원서

공통 지원서(Common Application Form)는 각 대학 고유 양식을 대체할 수 있는 양식으로, 미국에 있는 어느 대학에서나 사용하기 편하도록 '일반적으로' 만든 것이다. 그렇기 때문에 각 대학이 독자적으로 개발해서 사용하는 양식에 비해 빠진 내용들이 더러 있다. 공통 지원서는 현재 미국 내 250여 개 대학에서 사용 중이며, 그중 많은 대학이 대학 고유 양식도 마련해서 공통 지원서와 병행해 사용하는 추세다. 공통 지원서를 받아주는지 아닌지를 알려면 각 대학의 웹사이트에 들어가는 것이 가장 정확하고, 공통 지원서를 주관하는 회사의 웹사이트(www.commonapp.org)에 들어가도 된다.

미국에 있는 대다수의 명문 사립대학에서는 여전히 공통 지원서보다는 대학 자체의 고유 지원서를 선호한다. 입학 사정관이 심사할 때 자기 대학에서 초점을 맞추어 심사하는 내용이 공통 지원서에는 없는 경우가 있기 때문이다. 또한 지원서에 포함된 질문의 순서도 대학 고유 지원서와 공통 지원서가 서로 다르기 때문에, 공통 지원서를 제출하면 사정관의 심사 시간을 낭비하게 만든다.

공통 지원서는 지원하는 대학마다 다른 서류를 일일이 작성해야 하는 지원자의 시간은 줄여줄 수 있지만, 사실 공통 지원서를 썼을 때 불리한 사람은 지원자 자신이다. 공통 지원서에는 어느 대학에서나 공통으로 알고자 하는 내용만 포함되기 때문에, 자신에 대해 많은 것을 알리고 보여주어야 할 지원자로서는 불리할 수밖에 없다. 예를 들어, 공통 지원서에는 AP 점수를 기록하는 난이 없고, 대입 표준 시험이 아닌 다른 시험의 점수를 쓰는 난도 없다. 그러므로 대학 측에서 공통 지원서만 받는다고 발표하지 않는 한 공통 지원서는 사용하지 않는 것이 좋다.

공통 지원서는 네 가지 양식으로 구성된다. 개인 신상 정보와 교내외 활동, 표준 시험 점수 등을 기록하는 양식과 고교 보고서, 교사 추천서, 재정 보조 신청서 양식이 있다. 각 양식에 포함된 내용은 대학의 고유 양식과 많이 비슷하지만 공통 지원서 양식에는 고유 양식에 포함된 중요한 내용(주요 시험 점수 기록 난 등)이 없다.

다음에 공통 지원서의 양식 1인 '2007~2008 First Year Application' 에 실린 질문의 내용을 간단히 소개했다. 다른 양식의 내용에 관해서는 대학 고유 양식을 상세하게 소개한 뒷부분을 참고하면 된다.

THE COMMON APPLICATION
For Undergraduate College Admission

2007-08 FIRST-YEAR APPLICATION

지원자의 신상 정보와 관련된 질문

To be used by students applying for the Spring 2008, Fall 2008, or Spring 2009 college term. The member colleges and universities fully support the use of this form. No distinction will be made between this form and a college's own. Please type or print in black ink. Be sure to follow the instructions on the cover page of the Common Application booklet to complete, copy, and submit your application to one or more of the member institutions.

Optional Declaration of Early Decision/Early Action/Restrictive Early Action. Complete this section **ONLY** if you are applying to one or more colleges under an early plan. It is your responsibility to follow that college's instructions regarding early admission, including obtaining and submitting any ED/EA/REA form provided by that college. **Do NOT complete this ED/EA/REA section on copies of your application submitted to colleges for Regular Decision or Rolling Admission.**

지원하는 대학명

_____   _____   ○ Early Decision ○ Early Action ○ Restrictive Early Action
College Name   Deadline

PERSONAL DATA

지원자의 이름, 성별, 입학을 원하는 연도(학기), 생년월일

○ Female
○ Male

Legal name _____
Last/Family *(Enter name **exactly** as it appears on official documents.)*   First/Given   Middle (complete)   Jr., etc.

Preferred name, if not first name (choose only one) _____   Former last name(s) if any _____

I am applying for the term beginning _____   Birth date _____
mm/dd/yyyy

E-mail address _____   IM address _____

Permanent home address _____
Number and Street   Apartment #

_____
City or Town   State/Province   Country   ZIP/Postal Code

Permanent home phone (_____) _____   Cell phone (_____) _____
Area Code   Area Code

부모가 거주하는 주소, 학생이 거주하는 주소, 전화번호, e-mail 주소

If different from above, please give your mailing address for all admission correspondence.

Mailing address (from _____ to _____) _____
(mm/dd/yyyy)   (mm/dd/yyyy)   Number and Street   Apartment #

_____
City or Town   State/Province   Country   ZIP/Postal Code

If your mailing address is a boarding school, include name of school here: _____

Phone at mailing address (_____) _____
Area Code

Citizenship

○ US citizen

○ Dual US citizen   Please list any non-US countries of citizenship

○ US permanent resident visa   Alien registration number _____   _____

○ Other citizenship   Visa Type _____   _____

If you are not a US citizen and live in the United States, how long have you been in the country? _____

Possible area(s) of academic concentration/major(s) _____
_____
_____

Possible career or professional plans _____

Do you intend to apply for financial aid? ○ Yes ○ No If yes, be sure to carefully review all financial aid instructions and deadlines for each institution to which you are applying.

국적, 재정 보조 신청 여부, 희망 전공 분야

The following items are optional. No information you provide will be used in a discriminatory manner.

Place of birth _____
City   State/Province   Country

Social Security Number (if any) _____

First language, if other than English _____

Primary language spoken at home _____

US Armed Services veteran? ○ Yes ○ No

Marital status: ○ Never married   ○ Separated
○ Married   ○ Divorced (date _____)
○ Widowed   mm/dd/yyyy

If you wish to be identified with a particular ethnic group, please check all that apply:
○ African American, African, Black
○ Native American, Alaska Native (date enrolled _____
   Tribal affiliation _____)
○ Asian American (countries of family's origin _____)
○ Asian, incl. Indian Subcontinent (countries _____)
○ Hispanic, Latino (countries _____)
○ Mexican American, Chicano   ○ Native Hawaiian, Pacific Islander
○ Puerto Rican   ○ White or Caucasian
○ Other (specify _____)

AP-1 / 2007-08

출생지, 주민번호(Social Security Number), 집에서 사용하는 언어, 결혼 여부, 인종

EDUCATIONAL DATA

Secondary school you now attend (or from which you graduated) _____ Date of entry _____
mm/dd/yyyy

Date of secondary graduation _____ Type of school ○ public ○ independent ○ religious ○ home school
mm/dd/yyyy

Address _____ CEEB/ACT Code _____
Number and Street   Apartment #

_____
City or Town   State/Province   Country   ZIP/Postal Code

Counselor's name (Mr./Ms./Dr., etc.) _____ Counselor's e-mail _____

Title _____ Phone (_____) _____ Fax (_____) _____
Area Code   Number   Ext.   Area Code   Number

List all other secondary schools, including summer schools as well as summer and other programs, you have attended, beginning with 9th grade.

Name of School	Location (City, State/Province, ZIP/Postal Code, Country)	Dates Attended (mm/yyyy)

List all colleges/universities at which you have taken courses for credit; list names of courses taken and grades earned on a separate sheet. Please have an official transcript sent from each institution as soon as possible.

Name of College/University & CEEB/ACT Code	Location (City, State/Province, ZIP/Postal Code, Country)	Degree Candidate?	Dates Attended (mm/yyyy)	Degree(s) Earned
		○ Yes ○ No		
		○ Yes ○ No		
		○ Yes ○ No		

If any of the following apply to your secondary school education, please check the appropriate box and provide details on the lines below or on a separate sheet:
○ graduated early   ○ graduated late   ○ will not graduate, will receive GED   ○ will not graduate, will not receive GED

If you received a GED, list date: _____ (Official scores must be sent from the testing agency.)
mm/yyyy

_____
_____

TEST INFORMATION

Be sure to note the tests required for each institution to which you are applying. The official scores from the appropriate testing agency must be submitted to each institution as soon as possible. Please self-report your test scores below. *If you would **also** like to self-report your AP or IB scores, use the Academic Honors section.*

ACT

Date taken/ to be taken	English	Math	Reading	Science	Composite	Writing
	English	Math	Reading	Science	Composite	Writing
	English	Math	Reading	Science	Composite	Writing

SAT I or SAT Reasoning Tests

Date taken/ to be taken	Verbal/ Critical Reading	Math	Writing	Date taken/ to be taken	Verbal/ Critical Reading	Math	Writing	Date taken/ to be taken	Verbal/ Critical Reading	Math	Writing

SAT II or Subject Tests

Date taken/ to be taken	Subject	Score	Date taken/ to be taken	Subject	Score	Date taken/ to be taken	Subject	Score
Date taken/ to be taken	Subject	Score	Date taken/ to be taken	Subject	Score	Date taken/ to be taken	Subject	Score

Test of English as a Foreign Language (TOEFL) or Other Exam

Test	Date taken/ to be taken	Score	Test	Date taken/ to be taken	Score

AP-2 / 2007-08

© 2007 The Common Application, Inc.

고교 담당
카운슬러의
이름, 직책,
카운슬러의
e-mail 주소,
전화 및
팩스 번호

9학년(중3
2학기)부터
지금까지
재학한 모든
학교의 이름,
주소,
재학 기간

정규 교육
과정 이외의
다른 교육을
받기 위해
참가한 학교
이름, 주소,
참가 기간

대입 표준
시험 점수와
관련된 질문

ACT – 수험 일자, 영역별 점수, 총점   SAT I – 수험 일자, 영역별 점수, 총점
SAT II – 수험 일자, 응시 과목명, 점수   TOEFL – 수험 일자, 점수

FAMILY

Please list the adults who have legal rights and responsibilities toward you. If a minor, this is usually one or both biological parents when living. If you wish, you may list on an attached sheet step-parents and/or other adults with whom you reside, or who otherwise help care for you. You may also list additional deceased parents.

Parents' Marital Status (relative to each other): ○ Never married   ○ Married   ○ Widowed   ○ Separated   ○ Divorced (date _____)
mm/dd/yyyy

With whom do you make your permanent home? ○ Parent/Guardian 1 ○ Parent/Guardian 2 ○ Both ○ Other _____

Is Parent/Guardian 2 living? ○ Yes ○ No (Date deceased _____)
mm/dd/yyyy

Parent/Guardian 1: ○ Mother ○ Father ○ Legal Guardian

Parent/Guardian 2: ○ Mother ○ Father ○ Legal Guardian ○ Unknown
(if applicable)

_____
Last/Family   First/Given   Middle   Title (Mr., Ms., Dr., etc.)

_____
Last/Family   First/Given   Middle   Title (Mr., Ms., Dr., etc.)

Home address **if different** from yours
_____
_____

Home address **if different** from yours
_____
_____

Home phone (_____) _____
Area Code

Home phone (_____) _____
Area Code

E-mail _____

E-mail _____

Occupation _____

Occupation _____

Name of employer _____

Name of employer _____

College (if any) _____

College (if any) _____

Degree _____ Year _____

Degree _____ Year _____

Graduate school (if any) _____

Graduate school (if any) _____

Degree _____ Year _____

Degree _____ Year _____

Please give names and ages of your brothers or sisters. If they have attended college, give the names of the institution, degree earned, and approximate dates of attendance. If more than three siblings, please list them on an attached sheet.

Name/Relationship	Institution Attended	Degree Earned	Dates (yyyy-yyyy)

ACADEMIC HONORS

Briefly list or describe any scholastic distinctions or honors you have won since the 9th grade (e.g., National Merit, Cum Laude Society).

_____
_____
_____

EXTRACURRICULAR, PERSONAL, AND VOLUNTEER ACTIVITIES (INCLUDING SUMMER)

Please list your **principal** extracurricular, community, and family activities and hobbies **in the order of their interest to you.** Include specific events and/or major accomplishments such as musical instrument played, varsity letters earned, etc. **To allow us to focus on the highlights of your activities, please complete this section even if you plan to attach a résumé.**

Activity	Grade level or post-graduate (PG) 9 10 11 12 PG	Hours per week	Weeks per year	Positions held, honors won, or letters earned	Do you plan to participate in college?
					○
					○
					○
					○
					○
					○
					○

① 지원자에게 의미 있었던 경험이나 업적, 또는 위험을 감수하고 추진했던 일은 무엇이며, 그 경험이 지원자에게 어떤 영향을 미쳤는지 써라.
② 지원자가 중요하게 보는 이슈(개인적 · 지역적 · 국가적 · 세계적)를 택해서 그 이슈가 자신에게 왜 중요한지 써라.
③ 지원자에게 영향을 준 사람은 누구이며, 어떤 영향을 받았는지 써라.
④ 지원자에게 영향을 준 소설 속 인물이나 역사적 인물, 또는 창의적 작품(미술, 음악, 과학 등)에 대해 쓰고 자신이 어떤 영향을 받았는지 써라.
⑤ 지원자의 학문적 관심과 흥미, 관점, 경험이 우리 대학의 다양성에 어떤 기여를 할 것인지, 또 그것이 자신에게 왜 중요한지 써라.
⑥ 자유 주제로 써라.

WORK EXPERIENCE

지원자의 취업 활동과 관련된 질문

Please list principal jobs you have held during the past three years (including summer employment).

Specific nature of work	Employer	Approximate dates (mm/yyyy - mm/yyyy)	Approximate # of hours spent per week

지난 3년간 아르바이트 한 경력 – 일의 종류, 직장명, 기간, 주당 근무 시간

SHORT ANSWER

과외 활동과 관련된 질문

Please briefly elaborate on one of your activities (extracurricular, personal activities, or work experience). Attach your response on a separate sheet (150 words or fewer).

지원자가 활동한 것 중 한 가지 활동에 대해 150단어 이하로 설명하기

PERSONAL ESSAY

지원자가 쓸 에세이 제목들

This personal statement helps us become acquainted with you in ways different from courses, grades, test scores, and other objective data. It will demonstrate your ability to organize your thoughts and express yourself. We are looking for an essay that will help us know you better as a person and as a student. Please write an essay (250 words minimum) on a topic of your choice or on one of the options listed below. **Please indicate your topic by checking the appropriate box.**

○ ❶ Evaluate a significant experience, achievement, risk you have taken, or ethical dilemma you have faced and its impact on you.

○ ❷ Discuss some issue of personal, local, national, or international concern and its importance to you.

○ ❸ Indicate a person who has had a significant influence on you, and describe that influence.

○ ❹ Describe a character in fiction, a historical figure, or a creative work (as in art, music, science, etc.) that has had an influence on you, and explain that influence.

○ ❺ A range of academic interests, personal perspectives, and life experiences adds much to the educational mix. Given your personal background, describe an experience that illustrates what you would bring to the diversity in a college community, or an encounter that demonstrated the importance of diversity to you.

○ ❻ Topic of your choice.

Attach your essay to the last page on a separate sheet(s) (same size please). You <u>must</u> put your full name, date of birth, and name of secondary school <u>on each sheet</u>.

다음 중 한 가지를 골라 250~500 단어 분량의 에세이를 쓰시오.

OTHER REQUIRED INFORMATION

지원자와 관련된 주요 질문

① Have you ever been found responsible for a disciplinary violation at an educational institution you have attended from 9th grade (or the international equivalent) forward, whether related to academic misconduct or behavioral misconduct, that resulted in your probation, suspension, removal, dismissal, or expulsion from the institution? ○ Yes ○ No

② Have you ever been convicted of a misdemeanor, felony, or other crime? ○ Yes ○ No

If you answered yes to either or both questions, please attach a separate sheet of paper that gives the approximate date of each incident and explains the circumstances.

APPLICATION FEE PAYMENT　　○ Online Payment　○ Mailed Payment　○ Pre-Approved Online Fee Waiver　○ Pre-Approved Mailed Fee Waiver

ADDITIONAL INFORMATION: If there is any additional information you'd like to provide regarding special circumstances, additional qualifications, etc., please attach a separate sheet with more details.

REQUIRED SIGNATURE　　　　Your signature is required whether you are an ED, EA, REA, Regular Decision, or Rolling Admission candidate.

I certify that all information submitted in the admission process—including the application, the Personal Essay, any supplements, and any supporting materials—is my own work, factually true, and honestly presented. I understand that I may be subject to disciplinary action, including admission revocation or expulsion, should the information I've certified be false.

✎ _____   _____
Signature   Date

IF APPLYING UNDER AN EARLY PLAN (1) Complete the Optional ED/EA/REA Declaration (at the top of page 1) for your early application(s) only.
(2) Submit the Common Application ED Agreement form if the college or university requires one.

> The Common Application, Inc., and its member institutions are committed to fulfilling their mission without discrimination on the basis of race, color, national origin, religion, age, sex, gender, sexual orientation, disability, or veteran status.

고교에서 학업이나 문제 행동으로 인한 근신, 정학, 제적, 퇴학 여부
범죄 행위로 인한 법적 제재나 처벌 여부
전형료 지불 방법, 사인, 일자

대학 고유 지원서

대학 고유 지원서는 다섯 가지 종류의 정보를 파악하는 데 중점을 두어 양식을 구분하고 있다. 종류별로 나누어보면 지원자의 개인 신상 정보를 쓰는 양식, 지원자의 생각과 의견 및 각종 교내외 활동 정보를 기록하는 양식, 학교생활기록부와 내신성적을 기록하는 양식, 교사의 추천서 양식, 재정 보조 신청 양식이 있다.

각각의 양식에는 번호가 매겨져 있는데, 그 번호와 양식의 내용은 대학마다 조금씩 다르다. 예를 들어 개인 신상 정보를 쓰는 양식은 Form 1이라고 하고, 활동 경력을 쓰는 양식은 Form 2라고 하는 대학이 있는가 하면, 신상 정보 양식은 Form 1A라고 하고, 과외 활동 양식은 Form 1B라고 하는 대학도 있다. 이처럼 양식의 번호는 다르더라도 대학마다 위에 나열된 다섯 종류의 정보를 기재하도록 양식을 만들어놓았다. 다음에는 다섯 가지 정보를 담을 양식과 각 양식의 영어명을 소개했다. 양식명을 달리 사용하는 대학이 있으므로 세미콜론(;)으로 구분하여 몇 가지 예를 들었다.

Form 1(Personal Application ; Personal Data) 지원자의 신상 정보와 가정환경에 대해 기록하게 되어 있다. 부모의 학력과 직업을 기재하는 난도 있다.

Form 2(Personal Information ; Personal Commentary) 지원자의 의견, 생각, 과외 활동, 봉사 활동, 수상 경력, 아르바이트 활동 등 대학에서 지원자를 이해하는 데 도움이 될 만한 여러 정보를 담게 되어 있다. 지원자가 작성해야 하는 길고 짧은 에세이 제목들도 이 양식에 포함되어 있다.

Form 3(Secondary School Report) 지원자가 재학하고 있는 고교의 담임이나 진학 담당 교사가 별도로 작성해서 지원 대학으로 직접 우송해야 하는 양식이다. 이 양식에는 지원자와 고교에 대한 정보를 담게 되어 있다. 구체적으로 학교생활기록부에 기록된 지원자의 정보(성적과 석차, 표준 시험 점수, 상벌 유무, 기타)와 고교 학생 수, 진학률, 점수 기준, 점수와 석차 산출 방법, 성적 분포표 등을 동봉하게 되어 있다. 또한 이 양식을 작성하는 사람은 지원자에 대한 소견을 추천서 양식에 써야 한다. Secondary School Report(Form 3)는 담임이나 진학 담당 교사가 작성해야 하고, Teacher's Report(Form 4)는 교과목을 지도하는 교사가 써야 한다. Form 3을 우송할 때는 지원자의 공식 성적표(Official Transcript)도 동봉해야 한다.

별도의 양식을 쓰는 대학이 있고 그렇지 않은 대학이 있지만 거의 모든 대학의 지원서에 포함된 양식이 있다. 바로 'Mid-Year School Report'라는 것으로, 대입 지원 당시에는 아직 나오지 않았던 고3, 2학기(12학년 1학기) 성적을 적는 양식이다. 이 양식은 담임이나 진학 담당 교사(미국에서는 담당 카운슬러)가 직인이 찍힌 성적표와 함께 직접 지원 대학으로 우송해야 한다.

Form 4(Teacher's Report ; Teacher's Refernce Form) 교과목을 지도하는 학교의 교사가 쓰는 추천서로, 추천서를 쓴 교사가 대학으로 직접 우송해야 한다. 대학에서는 2~3명의 교사가 쓴 교사 추천서를 요구한다.

Form 5(Financial Aid Application Form) 재정 보조 신청서로, 재정 보조를 받고자 하는 학생들만 제출하면 된다. 참고로 외국인 학생은 재정 보조 신청서를 제출하지 않는 것이 합격하는 데 '훨씬' 도움이 된다.

지원서 쓸 때 명심할 것 4가지

지원서를 심사하는 사정관이 어떤 사람인지는 Chapter 4의 2에서 소개하겠지만, 그들의 사정 관점과 학생 선발 목표를 염두에 두면 지원서를 어떻게 작성해야 지원자 자신의 장점과 강점을 잘 전달할 수 있는지 알게 된다. 대입 지원서를 작성하는 학생들은 어떤 양식이든 다음에 제시된 네 가지 사항을 명심하면서 기술할 것을 권한다.

지원자가 명심해야 할 첫번째 사항은 '주요 포인트를 쓰라'는 것이다. 미묘하고 함축적인 글이나 우회적이고 비유적인 표현은 피해야 한다. 자신이 말하려는 내용을 명확하게 직설적으로 표현해서 글을 잘못 이해할 소지를 없애는 것이 좋다. 한마디로 사정관이 지원서를 읽고 났을 때 지원자가 말하려는 요점이 무엇인지 정확히 파악할 수 있도록 써야 한다.

두 번째는 '되도록 짧게 쓰라'는 것이다. 사정관들은 20~30분밖에 되지 않는 짧은 시간 안에 지원자 한 사람의 서류 심사를 끝낸다. 그래서 지원서를 빨리 읽으면서 주요 포인트만 주시하기 때문에 중언부언하면서 길게 쓴 글은 좋아하지 않는다. 물론 꼭 알리고 싶거나 꼭 알려야 할 사항이라면 조금 길게 써도 무방하겠지만, 이때의 응답은 반드시 질문 내용에 부합하는 것이어야 한다.

세 번째는 '과거가 아닌 현재에 초점을 맞추라'는 것이다. 지원자가 예전에 무엇을 잘했는지를 죽 나열하는 식의 자서전 형식이나 시간(학년) 순으로 쓴 글보다는 현재 지원자가 어떤 사람인지를 단적으로 보여주는 글이 좋다. 예를 들어 "9학년 때 나의 작문 실력은 그다지 좋지 않았다. 10학년 때는 좀 나아졌고, 11학년 때는 매우 좋아졌다……"라는 자서전식의 글보다는 "나는 수업 중에 말이 별로 없고 조용하지만 때로 나의 견해와 생각으로 반 전체의 분위기를 쇄신시키고 사고의 흐름을 바꿀 때가 많다"라는 글이 훨씬 좋다. 왜냐하면 자신이 수줍음이 있긴 하지만 현재 반에서 영향력이 크다는 것을 직설적이고 확실하게 보여주기 때문이다.

네 번째는 '성취한 것을 분명하게 알리라'는 것이다. 사정관이 오래 검토하거나 앞뒤를 짜 맞춰봐야 지원자의 성취나 업적을 알 수 있는 글이라면 잘 썼다고 볼 수 없다. 팀의 주장이나 서클의 지역 회장이라면 회장의 평범한 임무 말고 자신이 차별성을 갖고 추진한 업적이나 역할을 분명하게 서술하는 것이 좋다. 과학이나 수학 경시대회에 나가서 수상했다면 무엇으로 몇 등을 했는지도 적는다. 만약 그룹으로 참가한 대회에서 상을 받았다면 그룹에서 자기가 어떤 역할을 했는지, 어떤 기여를 했는지 상세히 기술한다.

지원서는 타이핑하는 것이 좋다. 하루에 10시간씩 지원 서류를 읽어야 하는 사정관을 생각한다면 깨끗하게 타이핑된 지원서가 좋을 수밖에 없다. 주어진 난은 좁은데 써야 할 분량이 많을 경우에는 별지에 타이핑해서 해당 양식에 첨부하거나 인쇄해서 해당 난에 오려 붙이면 된다.

2_ Form 1,
신상 정보 쓰기

대학 고유 지원서의 '양식 1(Form 1)'은 지원자의 신상 정보와 가족 사항을 기재하게 되어 있다. 지원자의 이름, 생년월일, 나이, 성별, 주소, 전화번호, 영주권자나 시민권자는 주민등록번호에 해당하는 SSN(Social Security Number), 희망 전공, 학력, 시험 점수는 물론 부모, 형제자매에 대해서도 쓰게 되어 있다. 한국 국적 학생들의 경우 SSN 난은 비워두면 된다. 지원서를 작성할 때 신상 정보 양식이라고 해서 가벼이 다루어서는 안된다. 입학 사정관은 양식 1에 기재된 정보를 보고 지원자의 상황, 환경, 처지 등을 파악한 뒤 지원서의 다른 부분을 심사하기 때문이다.

양식 1이 중요한 이유

신상 정보를 기재하는 양식 1은 짧고 간결하지만 매우 중요한 서류 중 하나다. 사정관은 양식 1을 심사하는 데 2분 정도만 할애한다. 비록 짧은 시간이지만 사정관은 양식 1을 통해 지원자에 대한 전체적인 윤곽과 인상을 확보하는 데 전념한다.

사정관은 양식 1에 기재된 지원자의 표준 시험 점수들과 ETS에서 직접 보내온 점수 간에 차이가 없는지도 검토한다. 그다음에는 지원자의 점수와 부모의 학력이나 직업과의 관계를 파악한다. 다시 말해 지원자의 성취도가 부모의 학력이나 사회 경제적 지위에 얼마나 부합하는지 판단한다는 뜻이다. 부모의 직업을 보면, 지원자가 넉넉한 환경에서 부모의 뒷받침을 받으며 공부했는지 아닌지 가늠할 수 있다. 풍족한 환경에서 자랐음에도 점수가 만족스럽지 못한 학생이 있는 반면, 어려운 환경에서도 역경을 딛고 뛰어난 성적을 거둔 학생이 있을 수 있다. 이 경우 두 학생은 지원자의 기본 정보를 적는 양식 1의 출발선에서부터 점수가 달리 매겨질 수 있는 것이다.

학업 등급에서 최상위 등급을 받은 우수 지원자들은 양식 1에 기재된 내용과는 별 상관 없이 거의 합격한다. 반대로 학업에서 하위 등급을 받은 지원자들은 양식 1에 기재된 내용과 큰 상관 없이 거의 다 불합격된다. 그러나 중간 등급의 지원자들은 양식 1에 기재된 내용에 따라 합격과 불합격의 기로에 서게 된다. 중간 등급의 지원자가 합격하려면 다른 지원자에 비해 월등한 무엇이 있음을 입증해 보여야 하는데, 그중 불우한 환경을 딛고 일어섰다거나 주어진 제약과 어려움을 개척한 바가 돋보이는 사례도 이에 해당한다. 사정관은 지원자의 이러한 상황적 측면을 양식 1을 통해 파악한다.

입학 사정관은 이렇게 지원서의 행간까지도 읽는 사람들, 한두 가지 정보에서도 열 가지 정보를 얻어낼 수 있는 사람들이다.

양식 1의 내용과 기재 요령

양식 1에 포함되는 주요 질문 내용과 각 질문에 응답하는 요령을 하나하나 살펴보자. 양식에 포함된 각각의 항목에 영어를 병기하고, 대학마다 항목명이 조금씩 다른 경우 세미콜론으로 나누어 소개했다.

지원자의 이름(Name ; Legal name)

모든 전형 서류에는 지원자의 이름을 통일시켜서 기재해야 한다. 유학생이나 이민 1.5세 학생들은 흔히 한국 이름과 미국 이름을 동시에 쓰기 때문에 서류마다 이름이 뒤섞여 혼란스럽다. 예를 들어, 중3(9학년) 때의 성적은 한국 이름으로 되어 있는데 지원서, 고교 성적, 각종 시험은 미국 이름으로 되어 있는 경우가 있다. 이 경우 대학에서는 적지 않게 혼란스러워한다. 지원 서류가 한꺼번에 한 봉투에 들어간 상태로 대학에 도착하는 것이 아니어서, 대학에서는 이름이 다르면 두 명의 다른 학생으로 인식해 두 개의 지원자 파일을 만들어놓게 된다. 이 경우 지원자는 서류 미비로 불이익을 받을 수 있다.

매우 뛰어난 재미교포 1.5세 학생이 프린스턴 대학에 조기 지원을 한 일이 있다. 마감일보다 훨씬 앞서서 모든 서류를 우송했는데 대학에서는

'서류 미비'라는 통지를 보내왔다. 미처 손쓸 틈도 없이 조기 지원 기일이 끝나버려 그 학생은 불합격 처리되었다. 학생은 어떤 서류가 빠진 것인지 확인하다가 기가 막힌 사실을 알게 되었다. 학생과 부모의 작은 실수로 발생한 사고였다. 학생의 이름은 김주성(가명)인데, 미국에 이민 왔을 때 교사와 친구 들이 쉽게 부를 수 있도록 Sung Kim이라고 짧게 바꾸었고, 그 뒤의 학교 서류에는 Sung Kim으로 기록되었다. 그리고 김군은 SAT I에 응시할 때도 Sung Kim으로 이름을 기입했다. 그런데 대입 지원서를 쓸 때는 공식적인 이름인 Joo Sung Kim을 써넣었다. 그 때문에 Sung Kim 과 Joo Sung Kim이 동일 인물인지 알지 못한 대학에서는 두 개의 지원자 파일을 만들어놓았다. 그래서 김군이 마감일 전에 모든 서류를 제출했는데도 불구하고 서류 미비로 처리된 것이다.

이름과 관련된 우리나라 학생들의 또다른 문제점을 지적하면, 이름(First Name)을 쓰는 난에 두 개의 글자를 붙여서 쓰는 사람(Youngjoo), 띄어서 쓰는 사람(Young Joo), 중간에 하이픈을 넣는 사람(Young-Joo)이 있다. 내 생각에는 두 개의 글자를 붙여서 'Youngjoo'라고 쓰는 것이 가장 정확하다고 본다. 두 철자를 띄어 쓸 경우에는 '영주'를 '영'이라고 부르는 사람, '주'라고 부르는 사람이 생길 수 있다.

그런데 우리나라에서 발급해 주는 여권에는 왜 '오영주'를 'Young Joo Oh'라고 표기하는지 모르겠다. 내가 여권을 신청할 때는 분명 'Youngjoo Oh'라고 신청했는데도 말이다. 내 이름을 'Young Joo Oh'라고 쓰게 되면 미국 사람들은 우리의 이름 형태를 잘 모르기 때문에 어떤 것이 성이고 어떤 것이 이름인지 헷갈린다. 그래서 나를 Dr. Oh라고 부르는 사람만 있는 것이 아니라 Dr. Young이라고 부르는 사람도 있다. 나의 정확한 이름은 '영'도 아니고 '주'도 아닌 '영주'이다. 앞으로는 이런 넌센스가 벌어지지 않도록 우리의 영문 이름 표기법이 어서 바뀌었으면 하는 바람이다.

이름을 쓰는 난에서 Last(어떤 대학은 Family)라고 쓰인 곳에는 성(Oh)을 쓰고, First라고 쓰인 곳에는 이름(Youngjoo)을 쓰면 된다. 우리나라 사람은 Middle이라고 쓰인 곳은 비워두면 된다.

주소(Home address ; Permanent home address ; Mailing address)

대개의 대학 지원서 양식에는 '우편물을 받는 주소(Mailing Address)'라는 난이 있는데, 간혹 'Permanent Address(PA)'와 'Mailing Address(MA, 또는 Present Address)'라고 구분한 양식도 있다. PA는 부모가 거주하는 '본가'의 주소를 의미하고, MA는 지원자의 현재 거주지 주소를 의미한다. 그런데 우리나라에서는 PA를 본적으로, MA를 현주소로 번역하는 탓에 간혹 오류가 발생하기도 한다.

PA는 지원자의 현재 거주지인 MA와 같을 수도 있고 그렇지 않을 수도 있다. 지원서를 작성할 때 부모(친척)와 함께 한집에 살고 있는 지원자는 PA와 MA를 동일하게 기입하면 된다. 그러나 서로 다른 주소를 기입해야 하는 지원자도 있다. 예를 들어 학교 기숙사에 머물거나, 부모와 떨어져 다른 도시에 거주하는 지원자(하숙이나 자취)가 이에 해당한다. 이런 지원자는 MA에는 현재 자신의 주거지 주소를 기입하고, PA에는 부모의 거주지인 '본가 주소'를 기입해야 한다. 하지만 이런 지원자라도 합격 통지서가 본가로 발송되길 원한다면 MA에 본가의 주소를 기입해야 한다.

내가 석사 학위를 받았던 미국의 클렘슨 대학교에서 입학 지원서의 주소와 관련된 번역의 오류 때문에 웃지 못할 사건이 벌어진 적이 있었다. 내가 외국인 학생의 입학을 관장하는 입학처에서 조교로 일하고 있을 때였다. 당시 클렘슨 대학에서 유학생 명단을 발표한 적이 있는데, 북한 학생이 7명이나 재학 중이라는 것을 알고 한국 유학생들이 무척이나 놀랐다. 그 당시에는 북한 유학생이 미국 대학에 재학할 수 없던 상황이어서, 우리는 북한 학생이 누구인지 알아내야만 했다. 유학생과 관련된 파일 정리와 정보 입력을 담당하던 나는 그 이유를 곧 밝혀낼 수 있었다. 북한 본적을 가진 학생들이 지원서 PA 난에 북한 본적을 써넣은 까닭에 북한 학생으로 분류된 것이다. 물론 그 뒤에 번역상의 오류라는 것을 대학 측에 알려주어 자료를 수정했다.

북한 본적만 문제가 되는 것은 아니다. 예를 들어 충청도가 본적인 학생이 지원서 PA 난에 자신의 본적지인 충청도 주소를 써넣었다면, 그 주소지에 아무런 연고가 없는데도 대학에서 보내는 모든 우편물이 그 주소로 발송된다. 그 때문에 대학 측과 원활한 연락을 취할 수 없게 된다. 그러므로 우리나라에서 지원하는 학생들은 PA 난에 본적이 아니라 부모의 거주지인 '본가' 주소를 써넣어야 한다는 사실을 잊지 않기를 바란다.

국적(Citizenship ; Nationality)

한국 학생들은 국적에 'Korea'라고 쓰면 된다. 대입 지원서에 지원자의 국적을 쓰게 하는 것은 지원자가 재정 보조(Chapter 4의 1을 참조)를 받을 자격이 있는지 없는지를 가리기 위해서다. 외국인 국적자에게 예외적으로 재정 보조를 해주는 경우도 있긴 하지만 거의 모든 대학에서는 미국 시민권자나 영주권자만을 재정 보조의 수혜자로 여긴다. 미국 시민권자가 아닌 영주권자는 US Permanent Resident Visa라는 난에 체크하고 국적은 'Korea'라고 기입해야 한다. 이 경우에는 Alien Registration Number도 기입해야 한다.

출생지(Place of birth)

출생지에 대한 정보가 합격 여부를 결정짓는 것은 아니지만 영어 점수가 다른 점수에 비해 유독 낮을 경우 지원자의 상황을 이해하게 만드는 근거가 되기도 한다. 미국으로 이민이나 유학을 온 지 얼마 되지 않은 학생일 경우 영어 점수가 어느 정도 낮아도 상황 참작을 해준다.

집에서 주로 쓰는 언어(Language spoken at home)

집에서 영어가 아닌 다른 언어를 주로 쓴다고 표기하면, SAT I 독해와 작문 점수가 조금 낮더라도 상황 참작을 해준다. 이 경우에는 미국 영주권자라 하더라도 대학 측에서 TOEFL 점수를 요구하기도 한다.

희망 전공(Possible area of academic concentration)

대학에서 희망 전공을 확실하게 표기할 것을 요구하지 않는 한, '미결정(Undecided)'으로 체크해도 된다.

민족(Ethnic group ; Ethnicity)

대개의 대학에서는 아메리칸 인디언, 흑인, 히스패닉을 소수 민족으로 분류하고, 심사 때 그들에게 가산점을 준다. 한국인을 비롯한 동양인은 워낙 학업 성적이 우수하고 가정 형편도 괜찮은 편이어서 소수민족으로 분류하지 않는다. 따라서 지원서의 민족 난에 굳이 체크할 필요가 없지만, 체크하려면 'Asian' 또는 'Asian American'(시민권자나 영주권자인 경우)에 체크하면 된다.

학력(Secondary School Information ; Educational Data)

'Secondary School'이란 중등학교를 의미한다. 이는 초등학교 이후부터 대학 이전의 학교를 말하는데 우리나라의 중학교와 고등학교가 이에 해당한다. 지원서에는 "지난 4년간 재학한 모든 학교에 대해 기술하라(List all schools attended in the last four years)"라는 난이 있다. 우리나라 지원자의 경우 중3부터(미국 거주자는 9학년부터) 지원할 시점까지 재학한 모든 학교의 이름, 학교 주소, 재학 기간(연월만 기입하면 된다), 재학 학년, 교장 이름을 기술해야 한다. 이 기간 동안에 전학 경험이 있는 학생들은 지원서 작성 때 어려움이 없도록 위의 정보들을 잘 기록해 두어야 한다.

그 외에 다른 고등학교나 대학교, 여름학교, 특별 프로그램에 참가한 교육(또는 연구) 활동에 대해 기록하는 난도 있다(List all other secondary schools, summer schools and programs, and colleges for credit). 사정관은 이러한 기록을 보면서 지원자가 학업적인 측면에서 도전의 기회를 갖기 위해 노력했는지의 여부를 판단한다.

대입 표준 시험 점수(Test Information ; College Entrance Examination Scores)

지원자가 치른 대입 표준 시험인 SAT I, SAT II, ACT, TOEFL 점수와 시험 일자들을 기재하면 된다. 또 앞으로 치를 예정인 시험 과목과 일자도 기재한다. SAT I의 경우에는 Reading, Math, Writing 성적을 따로따로 기입하고, SAT II는 응시 과목명까지 쓰게 되어 있다.

기타 시험 정보(Other test scores)

모든 대학이 그런 것은 아니지만, 대개의 명문 대학에서는 앞에 나열된 대입 표준 시험 이외의 시험 정보도 기입하게 한다. 참고로 공통 지원서에는 이 부분이 없다는 사실에 주목하기 바란다. 이 경우, 대학에서 인정하는 수준 높은 시험의 이름, 시험 일자, 점수를 기재하게 되어 있다. 심사 때 유리한 평가를 받을 수 있는 시험으로는 PSAT, AP, IB, AMC, AIME 등이 있다(각각의 시험 관련 정보는 Chapter 2의 3을 참조할 것). 유럽 지역 학생들은 이 난에 Fermat, GCSEs, Abitur 등의 점수를 써넣기도 한다. 이런 시험들은 대학 수준으로 문제가 출제되기 때문에 사정관은 이들 시험 점수를 주의 깊게 살핀다. 기재 요령은, 예를 들어 2006년 5월에 응시한 AP Biology(생물) 과목에서 5점을 받았다면 'AP Biology(5, 05/2006)'이라고 쓰면 된다.

수상 여부(Academic Honors)

학업 부문에서 받은 상이 있다면 중3 때의 기록부터 기술하면 된다. 지원서에는 "Briefly describe any scholastic distinctions or honors you have won beginning with ninth grade"라고 쓰여 있다.

부모의 학력, 직장, 직업(Family ; Parent(s))

영어로는 "Please provide information for, and your relationship to, him/her"라고 쓰여 있는 이 난에는 아버지와 어머니의 이름, 학력, 직장명, 직업, 지원자와의 동거 여부, 부모의 결혼 여부(기혼, 별거, 이혼), 사망 여부를 기재하게 되어 있다. 직위나 직책까지 자세히 기재해야 하는 경우도 있다. 이 난에 응답할 때는 많은 점을 고려해서 신중하게 써야 한다.

중요한 점은 자신의 가정 배경을 자랑하거나 부풀리지 않는 게 좋다는 것이다. 대다수의 학생들은 부모가 대학이나 대학원을 나왔고 전문 직종에 종사하거나 높은 직위에 있으면 서류 심사자가 우호적으로 평가하거나 가산점을 줄지 모른다고 여긴다. 그러나 실상은 다르다.

부모의 학력은 있는 그대로 쓰면 된다. 대학에서 부모의 학력을 묻는 것은 지원자가 동문의 자녀인지를 확인하기 위해서다. 부모 중 한 사람이 해당 대학의 학부를 졸업했다면 그 지원자는 '동문의 자녀(Legacy)'로 분류되고 가산점을 받게 된다. 가산점을 주는 이유는 부모가 동문으로서 기부금을 납부했거나 앞으로 기부할 것이기 때문에 대학 측에서 호의를 베푸는 것이다. 미국의 명문 사립대들이 동문들의 기부금에 의존하는 정도가 높다 보니 이런 특혜가 주어지는 것이 현실이지만, '르가시'로 합격하기 위해서는 지원자의 성적도 어느 수준 이상이 되어야 한다. 사실 최우수 학생이 아니었던 부시 대통령이 예일대에 합격했던 것은 아버지 조지 부시 대통령이 예일대 출신이었기 때문이라고 알려져 있다.

대학에서 부모에 대해 기재하게 하는 또 다른 이유는 지원자가 어떤 배경에서 어느 정도의 성취를 이뤄냈는지 평가하기 위해서다. 예를 들어, 철수의 아버지는 하버드 의대를 졸업해 유수의 종합병원 외과 과장으로 근무하고 있고, 어머니는 심리학 박사 학위를 받고 개인 상담소를 운영하고 있다고 하자. 이 경우 사정관은 철수의 학교 성적이나 SAT 점수가 높을 것으로 예상한다. 또한 사립 초중고를 졸업했을 것이고, 돈이 많이 드는 과외 활동도 많이 했을 것으로 짐작한다. 그런데 지원서에 기재된 철수의 SAT 각 과목 점수가 겨우 670~700점이고 GPA가 3.8 정도라면 철수는 좋은 평점을 받기 힘들다.

이런 철수에 비해, 민규의 아버지는 일찍 돌아가셨고 어머니는 고등학교를 나와 식당에서 일하며 근근이 살아간다고 하자. 사정관은 민규가 어려운 환경에서 집안일을 도와가며 힘들게 공부했으리라고 여긴다. 이 경우 지원서에 기재된 SAT 점수가 670~700점이고 GPA가 3.7이라 하더라도 사정관은 철수보다 민규를 더 높게 평가한다. SAT 준비를 위해 학원 문근처에는 가보지도 못했을 것이고, 어려운 집안 형편을 돕기 위해 공부하는 틈틈이 아르바이트를 했을 것이라고 판단하기 때문이다. 게다가 민규가 학급 수업에 기여하는 바가 크다는 교사 추천서까지 받았다면, 민규는 입학 사정위원회에서 합격 판정을 받게 될 확률이 높다. 만약 민규가 유복한 가정 출신이라면 그 정도의 점수와 활동으로 합격하기란 거의 불가능한 일이다.

전에 미국 명문대의 사정관들에게 철수와 민규의 예를 제시하고 두 학생을 어떻게 평가하는지에 대해 심층 취재한 적이 있다. 철수와 민규의 성적이 비슷한데도 불구하고, 사정관들은 철수는 남부러울 것 없는 가정에서 온갖 혜택을 누리면서도 '이 점수밖에 못 냈나'라는 생각이 드는 반면, 민규는 불우하고 가난한 환경에서 고생하면서도 '이렇게 좋은 점수를 냈구나'라고 생각하게 된다고 했다.

이렇듯 사정관은 부모의 직업을 보고 지원자의 환경과 상황을 파악한다. 사회 경제적 지위가 높은 직책에 있는 부모를 둔 지원자는 부유한 환경에서 어려움 없이 학업에 전념할 수 있었다고 간주하고 그에 상응하는 높은 성적과 점수를 기대한다. 평범하거나 사회 경제적 지위가 낮은 직업을 가진 부모를 두었다면 학업 성적이나 성취가 높지 않을 것으로 여겨 기대치를 낮춘다. 그렇기 때문에 부유한 환경에서 자란 지원자가 높은 점수를 내지 못하면 심사에서 불리할 수 있다.

사회 경제적 지위가 높은 부모를 둔 것이 명문대 합격에 불리할 수 있다는 것은 사실 어떻게 보면 말이 되지 않는다. 높은 학업 등급을 받았을 경우에는 가정 환경이 좋다고 해서 합격될 학생이 불합격되는 일은 거의 드물다. 이는 지원자의 성적과 점수가 중간 등급인 경우에만 해당하는 얘기다. 중간 등급의 지원자가 넉넉지 못한 환경에서도 열심히 공부했다고 판단될 경우에 우호적인 평가를 내린다는 뜻이다. 아이비리그 대학에 합격하는 데 가장 비중 있게 작용하는 것은 역시 SAT I, SAT II 점수와 고교 석차(또는 GPA)이다. 우수한 학생은 어떤 상황에서든 돋보이게 마련이고, 사정관들은 그를 식별하는 혜안을 갖고 있다.

예전에는 지원자의 가족이 부, 명성, 사회적 지위를 가졌을 때 합격 판정을 받기가 더 유리하다고 했지만 지금은 그렇지만은 않다. 아이비리그 대학의 근래 경향은 다양성을 존중하는 것이다. 각 대학에서는 다양한 인종, 다양한 배경, 다양한 재능을 지닌 학생들을 받아들이고자 노력한다. 여기에는 학생들의 다양한 사회 경제적 배경도 고려한다는 뜻이 담겨 있다. 그래서 유복한 가정에서 별 어려움 없이 공부한 학생보다는 가난하고 힘든 환경을 극복하고 학업에서 뛰어난 성취를 한 학생들에게 더 우호적일 때가 있다.

이 세상에 태어날 때 아무런 선택의 여지가 없듯이 가난하거나 부유한 가정에서 사는 것도 학생 자신의 의지가 아니다. 그렇기 때문에 지원자의 가정 환경을 보고 우호적이거나 비우호적으로 평가하는 것은 부당한 차별이다. 그럼에도 불구하고 대학 입학 사정에는 이러한 차별이 엄연히 존재한다. 그것이 현실이다. 따라서 부모의 직업을 쓸 때는 신중하게 생각해야 한다.

그렇다면 실제로 지원서에 부모의 학력과 직업을 어떻게 기입하면 좋은지 살펴보자. 양식 1에는 부모의 이름, 나이, 학력 다음으로 직업을 쓰는 난이 나온다. 부모가 인지도가 높은 대기업의 CEO나 사장이라면 직업 (Father's occupation) 난에 정확한 직책을 기입하는 것이 좋다. 대학에서는 그러한 부모의 명성과 재력의 덕을 볼 수 있을 것으로 기대하기 때문이다. 또 무언가를 성취하고 탁월한 지도력을 발휘하는 동문이 탄생하길 바라는 대학으로서는 좋은 배경의 부모를 둔 학생이 부모와 비슷한 인생 목표를 설정할 것이라는 점에도 주목한다.

부모가 사회적으로 잘 알려진 유명 인사인 경우에도 지원서에 적는 것이 유리하다. 월트디즈니 사의 CEO라든지, 정부 요직을 맡은 사람(대통령, 부통령, 장관)이라든지, 유명 연예인, 작가, 방송인이라면 정확한 직업과 직책을 써넣는 것이 좋다. 동문의 자녀에게 가산점을 주듯이 VIP 대열에 있는 부모를 둔 지원자에게도 가산점을 준다. 대학에서 부모가 유명 인사인 학생을 선호하는 이유는 누구누구의 자녀가 우리 대학에 재학한다는 사실만으로도 학교의 평판이나 인지도가 높아지기 때문이다. 통계에 따르면, 지원자 중 약 2%의 학생들이 VIP에 속하는 부모를 두어 특별 가산점을 받고 합격한 것으로 나타났다.

전문 직종에 종사하기는 하지만 그다지 인지도가 높지 않은 회사, 기관, 병원에서 일하는 부모를 두었다면 정확한 직책보다는 직업명만 쓰는 편이 낫다. 예를 들어 '신경내과 과장'보다는 '의사(M.D.)'라고 쓰는 편이 낫고, 법률회사의 '수석 변호사'보다는 그냥 '변호사'라고 쓰는 편이 더 낫다. 요컨대, 지원서에 부모의 직업과 직책을 기재할 때는 지원자의 성취도와 어느 정도 일체감이 보이도록 쓰라고 권하고 싶다.

형제자매(Siblings ; Brothers & sisters)

형세자매의 이름, 나이, 학교, 직업을 쓰는 난이 있다. 지원 대학에 지원자의 형이나 언니가 재학 중인 경우는 동문의 자녀인 르가시만큼 혜택을 받지는 못하겠지만 지원자의 서류를 보다 긍정적으로 검토하게 된다.

사인과 날짜(Signature, Date)

자필로 지원자의 사인과 지원서 제출 일자를 쓴다. 또한 전형료를 첨부하는 것도 잊지 말아야 한다. 대학별 전형료는 40~80달러 정도다. 개인수표, 머니 오더, 크레딧 카드 중에서 무엇으로 어떻게(우송, 전자 결제) 납부할지는 각 대학의 지시를 따르면 된다.

3_Form 2,
과외 활동 경력 쓰기

지원자의 과외 활동 내용은 '양식 2(Form 2: Personal Information Sheet)'에 기재하게 되어 있다. 지원서 양식 2는 지원자의 활동·인성 등급이 결정되는 매우 중요한 서류다. 따라서 사실에 근거해 정확하게 기술하되, 자신이 최대한 돋보이도록 작성하는 전략이 필요하다.

지원서 양식 2에는 좋아하는 과목과 현재 수강 중인 과목을 기재하는 학업 관련 질문, 교내외 활동, 봉사 활동, 수상, 취업, 사업 경력 등의 과외 활동과 관련된 질문이 있고, 마지막으로 에세이 토픽이 주어져 있다. 아이비리그 신학에 뜻을 둔 학생이라면 에세이의 중요성에 대해서 귀에 못이 박이도록 들었을 것이다. 입학 사정관은 양식 2에 쓰인 지원자의 응답을 근거로, 지원자의 재능과 관심이 어디에 있는지, 에너지와 열정은 얼마나 있는지, 인간성은 어떠한지를 평가한다. 이 장에서는 양식 2에 포함된 질문을 하나씩 살펴보면서 각 질문에 어떻게 응답하는 것이 효과적인지 구체적으로 소개하겠다.

가장 좋아하는 과목

지원서 양식 2에는 "가장 좋아하는 과목이 무엇이며, 그 이유는 무엇인지 써라(Tell us about the most meaningful subject, and explain why)"라는 항목 이 있다. 심사의 초점은 지원자가 어떤 과목에 열정과 관심이 있는지를 파 악하는 것이고, 또 그 열정을 실제로 증명하는 구체적인 성과가 있는지에 맞춰져 있다.

학생들은 이 질문을 대수롭지 않게 여겨 성의껏 응답하지 않는 경향이 있 다. 비록 짧게 응답하게 되어 있지만 긴 에세이만큼이나 중요한 부분이다. 그러므로 자신의 열정을 보여주기 위해 주어진 칸보다 조금 길게 응답해도 된다. 이 경우 양식 2의 해당 난에는 "Please see the attached 'The Most Meaningful Subject'"라고 타이핑해 넣고, 별지에 프린트해서 지 원서에 첨부하면 된다.

특정 과목을 좋아하는 이유를 분명하게 대지 못하고 열정도 증명해 보 이지 못한다면 좋은 평가를 받기 어렵다. 예를 들어 그 과목을 좋아하는 이유가 공부하기 쉬워서라든지, 점수가 잘 나와서라든지, 이해심 많은 선 생님이 가르치기 때문이라고 응답한다면 사정관에게 결코 좋은 평가를 받을 수 없다.

사정관은 좋아하는 과목에 대해 기술한 지원자의 응답을 보면서, 해당 과목의 학교 성적, AP 점수, SAT II 점수도 함께 비교해 본다. 지원자의 응 답이 진실인지 거짓인지를 체크하기 위해서다. 불어가 좋다고 응답한 지 원자가 불어 교과 학점에서 B나 C를 받았다거나, SAT II 불어 시험에서

600점 정도밖에 받지 못했다면, 사정관은 이 지원자의 응답을 신뢰하지 않는다. 그러므로 좋아하는 과목에 대한 짤막한 에세이를 쓸 때는 해당 교과의 학교 성적, SAT II 점수, AP(IB) 점수를 두루 꼼꼼히 살펴본 뒤에 쓸 것을 권한다.

좋아하는 과목에 대해 응답할 수 있으려면, 우선 자신이 정말로 좋아하는 과목이 무엇인지를 정확히 파악해야 한다. 다음 사항을 곰곰 생각하고 분석해 보면 보다 쉽게 찾을 수 있을 것이다.

먼저 점수가 쉽게 잘 나오는 과목과, 자신이 정말로 재미를 느끼고 많은 시간 몰두하는 과목이 같은지 다른지를 따져보아야 한다. 성적이 좋거나 시험을 잘 본다고 해서 자기가 정말로 좋아하는 과목일 거라고 판단하는 것은 곤란하다. 대개 공부를 잘하는 학생들은 거의 모든 과목에서 90점 이상('A' 또는 '수')을 받는다. 그래서 자기가 정말로 좋아하는 과목이 무엇인지 쉽게 가려내지 못한다.

좋아하는 과목을 찾는 또 다른 방법은 학교에서 요구하지 않았는데도 스스로 즐겨 읽는 책이 있는지, 있다면 어떤 장르와 내용인지, 관심을 갖고 시청하는 TV 프로그램은 어떤 내용인지, 오랫동안 해도 지루하지 않고 재미를 느끼는 활동은 무엇인지, 어떤 주제나 토픽에 귀가 솔깃해지는지, 궁금증이나 호기심이 자꾸 생기는 내용은 무엇인지 등을 분석하고 그 패턴을 파악하는 것이다. 이에 대한 답은 학생 자신이 장래에 어떤 전공을 선택하고 어떤 직업을 가져야 할지를 정하는 데도 큰 도움이 된다. 양식 2의 '가장 좋아하는 과목'에 대해 기술할 때는 사정관에게 자신의 관심과 열정, 호기심, 적성이 정말로 대단하다는 것을 보여줄 필요가 있다.

좋아하는 과목에 대해 훌륭하게 응답한 예로는, 지원자 자신이 미적분 수학을 깊이 이해하고 있고 미적분과 관련된 수준 높은 관련 서적을 스스로 택해서 읽을 만큼 관심과 열정을 갖고 있음을 보여준 글이나, 역사에 관심이 있는 지원자가 스스로의 호기심을 채우기 위해 많은 역사 관련 서적 뿐 아니라, 지원하는 대학의 역사학과 교수가 쓴 글도 모두 읽었다고 하면서 지원 대학에 관심이 많다는 사실을 간접적으로 드러낸 글을 들 수 있다.

가장 의미 있는 활동

지원서 양식 2에는 "자신이 가장 의미를 두는 활동은 무엇이며, 그 이유는 무엇인지 써라(Tell us about the most meaningful activity, and explain why)"라는 항목이 있다. 이 질문을 통해 사정관은 지원자가 스스로의 관심과 열정에 이끌려 그 활동을 하는 것인지, 아니면 대학에 가기 위해 억지로 하는 것인지를 파악한다. 즉 활동의 근본적인 이유가 무엇인지를 주시하는 것이다. 또 지원자가 활동에 참여한 시간과 기간, 활동 성과에 주목하면서 지원자의 재능과 능력을 평가한다.

학생들은 '좋아하는 과목'과 마찬가지로 이 질문의 중요성 역시 간과하는 경우가 많다. 이 질문에 대한 응답 난도 좁게 비워져 있긴 하지만 긴 에세이만큼 중요하다. 따라서 자신의 활동을 제대로 드러내기 위해 주어진 칸보다 조금 길게 응답해도 된다. 이 경우 역시 양식 2의 해당 난에는 "Please see the attached 'The Most Meaningful Activity'"라고 타이핑해 넣고, 별지에 프린트해서 지원서에 첨부하면 된다.

자신에게 가장 의미 있는 활동이 무엇인지를 응답하려면, 자신이 하는 활동 중에서 많은 시간과 열정을 쏟고 있는 활동이 무엇인지 찾아내야 한다. 그리고 그 활동을 하는 이유와 동기, 의미, 철학이 드러나도록 써서 그 활동에 대한 열정을 부각시켜야 한다. 글은 짧으면서도 분명하게 쓰도록 한다.

이 질문에 대해 훌륭하게 응답한 예로는, 지원자 자신이 정치에 얼마나 많은 관심과 열정을 갖고 있고 그 일을 위해 얼마나 끈기 있게 시간을 들여 추진하고 있는지를 설명하고, 또 자신의 활동이 학교와 교우들에게 좋은 영향력을 미쳤다는 점을 두드러지게 기술한 글을 들 수 있다.

다른 예로는 중3 때부터 대학에 지원할 당시까지 매년 여름방학마다 국립연구기관에 가서 특정 암에 대해 연구한 학생의 글인데, 고등학생으로서 국립기관에서 연구했다는 사실만으로도 탁월한 연구 능력을 입증하게 되고, 방학 때마다 찾아가 연구를 했으므로 남다른 관심과 열정까지 보이게 된다. 또한 연구 결과가 암 환자와 관련 연구자들에게 기여하는 바가 나타났건 아니건 사회복지에 공헌할 여지가 있다. 이 경우 연구기관에서 추천서까지 써준다면 이 학생의 연구를 입증하는 훌륭한 자료가 되어 매우 높은 활동 등급을 받게 된다.

졸업반인 고3 중에 택한 과목

지원서 양식 2에는 "고3 동안에 수강 중인 과목을 모두 써라"라는 항목이 있다(List senior year courses for full year ; List the courses you are taking this year. Indicate any that are advanced or honors or AP level ; Please list all subjects carried during current term/year). 심지어는 "고교 재학 중에 대학에서 수강한 과목을 쓰고 성적표를 보내라"는 항목도 있다(If you have taken, or are taking, courses at a college or university, fill in below and have official transcripts sent to us). 이러한 질문이 지원서에 포함되는 이유는 지원자가 어느 수준의 과목을 몇 개나 수강하고 있는지를 살펴서 대입 심사에 포함되지 않는 시기의 학업에 지원자가 얼마나 열중하는지, 지적 만족을 위해 얼마나 도전적으로 노력을 기울이는지를 파악하려는 데 있다.

대입 전형 서류 접수 마감일은 대학마다 조금씩 다르지만 조기 지원인 경우 11월 1일이고, 정시 지원인 경우 12월이나 이듬해 2월까지다. 따라서 지원자의 고3, 2학기 성적이 아직 나오지 않았을 때이다. 따라서 10월에 지원서를 내야 하는 조기 지원자들은 중3부터 고3, 1학기 성적까지 보내면 되고, 12월~1월에 지원서를 내야 하는 정시 지원자들은 중3부터 고3, 1학기(또는 2학기) 성적까지 보내면 된다. 미국에서는 지원 시기가 12학년 1학기 중이거나 1학기가 막 끝나는 시점이어서 12학년 성적이 전혀 산출되지 않았을 때이므로 9학년부터 11학년까지의 성적만 보내면 된다.

고3의 마지막 성적이 나오면(12학년 1학기가 끝나면) 지원자가 재학하고 있는 고교의 담임이나 진학 담당 교사 또는 교무처에서 직접 지원 대학으로 대학에서 만든 양식인 'Mid-term Report'와 함께 학기말 성적표를 보내야 한다. 미국에서는 12학년 2학기가 끝나면 지원자의 고교 총평점 (Cumulative GPA)이 산출된 학년말 성적표(Final Report)를 요구하는 대학도 더러 있다.

지원서를 낸 후의 성적은 합격이나 불합격에 직접적인 영향을 미치지 않는다. 그럼에도 불구하고 대학에 합격한 학생이 12학년 성적에 문제가 있어서 불합격 통보를 받는 경우가 간혹 있다. 한 과목에서 F(60점 이하/ '가')나 D(60점대/ '양')를 받았거나, 두 과목에서 C(70점대/ '미')를 받았을 때 지원자가 '굉장히' 합당한 이유(가족이나 본인의 입원, 수술, 죽음, 이혼 등)를 대학 측에 설명하지 못하면 불합격 통지를 받게 된다. 그러므로 원하는 대학에 합격했더라도 고교를 졸업하는 날까지 비중 있고 도전적인 수준의 과목(AP, IB 등)을 최대한 많이 택해서 최선을 다해 공부해야 한다.

과외 활동과 수상 경력

지원서 양식 2에는 "자신의 교내 활동과 교외 활동을 열거하라(Please list your major extracurricular activities, in and out of school)"라는 항목과 "수상 경력을 써라(What are some of your most notable awards, honors, or achievements in academic or extracurricular areas?)"라는 항목이 있다. 심사의 초점은 지원자가 과외 활동에서 어느 정도의 재능과 열정, 기여도, 지속성, 리더십을 보여주었는지를 파악하는 데 맞춰져 있다. 따라서 이 양식

을 보면 각각의 활동을 하면서 어떤 직책을 맡았고, 얼마만큼의 기간 동안, 그리고 주당 몇 시간씩 참여했는지를 기재하게 되어 있다. 각 활동에 대한 설명은 되도록 간결하게 써야 한다.

높은 활동 등급을 받으려면 활동의 양보다는 질에 치중해야 한다. 여러 그룹에 이름을 올려놓고 눈에 띄는 활동이 없는 학생보다는 한두 그룹에서 3~4년간 꾸준히 활동해 열성과 관심을 보이고 리더십까지 발휘해야 높은 등급을 받을 수 있다. 아무런 활동이 없는 것보다는 낫겠지만, 그룹의 일반 회원으로 특별한 두각을 드러내지 못했거나, 한 주에 1~2시간 정도로 소극적으로 활동했다면 좋은 등급을 받지 못한다.

과외 활동 경력을 기재할 때는 대학의 요구 내용을 모두 포함시키되, 차트나 표 형식을 빌려 일목요연하게 정리하는 것이 좋다. 다방면에서 다양하게 활동한 지원자는 학업 관련 활동, 특별 활동, 봉사 활동, 수상 경력, 취업(사업) 경력 등으로 나누어서 각기 다른 표에 제시하는 것이 좋다. 표에는 자신이 활동한 단체명, 활동한 학년과 주당 할애 시간, 단체의 이념과 활동 영역, 단체에서 자신이 맡은 역할(직책)과 업적을 기술하면 된다. 자신의 역할과 업적을 기술할 때는 간략하면서도 구체적으로 기술하는 것이 좋다. 지원서 양식 이외의 종이에 작성했을 경우에는 각 쪽의 상단에 매번 자신의 이름을 써넣어야 한다. 낱장의 서류가 분실되었을 때를 대비해서 대학에서 요구하는 사항이다(Be sure to put your name and US Social Security Number at the top or each additional sheet).

과외 활동 경력을 잘 기술한 예로는, 지원자 자신의 제안으로 클럽의 약관을 처음으로 만들었고 일주일에 무려 8시간이나 되는 긴 시간을 할애한 점을 기술하여 진정한 헌신과 열정을 드러낸 글을 들 수 있다. 어떤 지원자는 다른 사람의 요청 없이 스스로 구호금 모금 방안을 강구해 실제로 구호금을 모았으며, 에이즈 환자 치료를 위해 그 돈을 관련 기관에 기부했다고 기술했다. 게다가 9학년 때부터 꾸준히 활동했으며 모금 기간 동안 많은 시간을 투자해 전심전력을 다한 점을 강조하여 봉사 활동 경력을 돋보이게 했다.

취업 경력에 대해서는 지원자가 가정 형편이 나빠서나 금전적 수익을 위해서가 아니라 극장 공연에 남다른 애정과 관심이 있어서 취업했고, 그 일에 뜨거운 열의로 꾸준히 많은 시간을 투자하여 재능을 발휘했으며, 공연 발전에도 기여한 바가 잘 드러나도록 기술한 예를 들 수 있다.

4_ 나를 알리는 글, 에세이

아이비리그 대입 전형에서 중요하다고 강조되는 에세이 항목 역시 대입 지원서 '양식 2(Form 2)'에 포함되어 있다. 이 장에서는 아이비리그 대학에서 왜 모든 지원자에게 에세이를 요구하고, 또 대학에 제출한 에세이가 왜 그토록 중요하게 다루어지는지에 대해 설명하려 한다. 그리고 대입 지원을 목적으로 에세이를 쓸 때 무엇에 초점을 맞춰 어떻게 써야 효과적인지, 에세이를 써나가는 모든 과정을 하나하나 짚어보겠다. 마지막으로 여러 명문 대학에서 제시한 실제 에세이 제목들을 주제별로 분류해서 소개하고, 잘 쓰인 에세이 몇 편도 함께 소개하려고 한다(〈부록 4〉 참조). 에세이 작성에 큰 부담과 어려움을 느끼는 학생들에게 보다 실질적이고도 구체적인 도움이 될 것이다.

아이비리그 대학에서 에세이를 요구하는 이유

세계 유수의 대학에서는 대학의 명성을 유지하고 높이는 가장 좋은 방법은 훌륭한 졸업생을 배출하는 것이라고 본다. 훌륭한 졸업생이란 사회에 꼭 필요한 구성원이 되고, 또 사회를 이끌어가는 리더가 되어 학교의 이름을 빛내주는 인재를 의미한다. 그리고 그런 인재를 배출하기 위한 가장 확실하고도 좋은 방법은 미래의 리더가 될 만한 무한한 잠재력과 가능성을 지닌 학생을 선발하는 것이다. 물론 지원자의 잠재력과 가능성을 탐지하는 데 있어서 지원자의 성적이나 점수와 같은 지적 능력은 매우 중요하다. 하지만 탁월한 지적 능력 못지않게 그들의 비전, 희망, 생각, 열정 같은 인성적 측면도 결코 간과할 수 없다.

그런데 만약 지원서 심사 항목에 에세이가 포함되어 있지 않다면 지원자의 인성적 특성을 판단하기가 쉽지 않을 것이다. 다시 말해 지원자의 지적 능력만이 아닌, 전반적인 면모를 파악할 수 있는 방법이 없다. 이러한 이유에서 아이비리그 대학에서는 지원자를 총체적으로 파악하기 위한 방편으로 모든 지원자에게 에세이를 요구하게 되었다. 에세이는 지원자의 감정과 느낌, 생각과 행동이 담긴 글이므로 그들의 진정한 열정과 관심, 마음, 정신을 읽을 수 있기 때문이다.

지원자의 성적이나 점수는 한눈에 파악되는 반면, 지원자의 인간적인 면모는 쉽게 파악되지 않는 무형의 실체인 셈이다. 무형의 실체를 파악하는 데는 당연히 오랜 시간이 걸릴 수밖에 없다. 그렇기 때문에 입학 사정관이 에세이를 심사할 때는 다른 지원서 양식보다 더 많은 시간을 할애한다.

에세이를 잘 써야 하는 이유

미국 명문 사립대의 통계를 보면, 지원자의 약 10%가 최상위 학업 등급을, 약 30%가 하위의 학업 등급을 받고, 나머지 60% 정도의 지원자는 모두 중간 등급을 받는 것으로 나타났다. 그런데 합격생이 총 지원자의 10~20%인 점을 감안하면, 최상위 등급을 받은 약 10%의 지원자가 합격하고, 나머지 90%의 지원자는 남은 10%의 합격증을 놓고 경쟁하게 되는 셈이다. 따라서 중간 등급을 받은 학생들의 경쟁은 그만큼 치열할 수밖에 없다.

아이비리그 대학에서는 중간 학업 등급을 받은 어슷비슷한 지원자들을 비교 평가해 그중 보다 리더십 있고, 보다 열정적이고, 보다 활동적인 학생을 선발하기를 원한다. 이런 학생을 뽑기 위해 사정관이 심사 자료로 적극 활용하는 것이 바로 지원자의 과외 활동 경력과 에세이다.

사실 최상위나 최하위의 학업 등급을 받은 지원자들의 경우에는 에세이의 중요성이 조금 떨어진다. 다시 말해 최상위 학업 등급을 받으면 합격할 학생이 에세이 때문에 불합격하지 않는다는 뜻이고, 반대로 최하위 학업 등급을 받으면 불합격할 학생이 에세이 때문에 합격하지 않는다는 뜻이다. 하지만 중간 등급을 받으면 에세이로 인해 합격할 수도 불합격할 수도 있다. 우리 주위에서 머리 좋고 공부 잘하기로 소문난 학생들이 명문대 심사에서는 중간 등급을 받는다는 사실을 상기한다면, 에세이가 얼마나 중요한지 새삼 거론할 필요가 없을 것이다.

에세이를 쓰기 전에 생각할 점

좋은 에세이를 쓰려면 우선 에세이를 왜 쓰는지, 누구를 대상으로 쓰는지, 무엇을 써야 하는지를 차분히 생각해 보아야 한다. 이 세 가지에 올바른 답을 얻지 못한 채로 에세이를 쓰면 몇 번을 고치고 다듬어도 목적에 부합하는 글을 쓸 수 없다. 심지어는 자기가 아닌 다른 사람에게 초점을 맞춘 글이 되어버리기도 한다.

① 에세이는 왜 쓰는가?

아이비리그 대학에 지원하기 위해 쓰는 에세이는 지원자 자신의 장점을 알리기 위해 쓰는 글이다. 다시 말해 가능성이 풍부한 인재를 선발하려는 대학에 자신이 얼마나 적합한 학생인지를 알리는 것이 최대 목표다. 따라서 에세이를 쓸 때는 자신의 재능이 무엇인지, 삶의 자세와 목표가 무엇인지, 얼마나 풍부한 감성과 성숙함, 열정을 지녔는지 등 지원자 자신의 긍정적인 측면에 초점을 맞춰야 한다.

② 에세이는 누가 읽는가?

에세이는 대학 입학 사정관이 읽는다. 에세이를 쓸 때 중요한 것은 어떤 분야와 영역에 대해 쓰든지 간에, 평균 이상의 지적 능력을 지닌 성인이 이해할 수 있는 글을 써야 한다는 것이다. 특정 분야의 학자만이 알 수 있는 전문 용어는 가급적 피하고, 난해하고 복잡한 글도 피해야 한다. 입학 사정관에 대해서는 Chapter 4의 2에서 소개하겠다. 사정관이 어떤 사람인지 파악하고, 그들의 눈높이에 맞춘 글을 쓰는 데 도움이 될 것이다.

③ 무엇을 쓸까?

대학 지원서로 제출하는 에세이에는 자신에 관한 내용을 담아야 한다. 간혹 자기 자신에 대해서는 쓰지 않고 처음부터 끝까지 남 얘기만 쓰는 학생이 있다. 자신에게 영향을 준 사람에 대해 쓰라는 에세이에 자기에게 영향을 준 인물에 대해서만 처음부터 끝까지 쓰고, 자신이 왜 어떻게 어떤 영향을 받았는지를 빠뜨린다면 정작 써야 할 내용이 빠져버리는 셈이다.

자신에 관한 글이란 자기의 사고, 철학, 경험, 느낌, 관심, 열정, 목표, 성품이 확연히 드러나는 글이다. 자신에 대한 글을 쓰기 위해서는, 지원서의 다른 부분에서는 드러낼 수 없는 자신의 장점이나, 남들이 하지 못했을 나만의 독특한 경험을 부각시켜야 한다.

때로는 자신의 문제점에 대해 써야 하는 경우도 있다. 지원서에 나타난 낮은 성적이나 점수, 처벌 등 사정관이 문제 삼을 만한 요소가 있을 경우에는 에세이에서 그에 관해 충분히 설명하는 것이 유리하다. 예를 들어 고1, 1학기에 낮게 나온 학점이 부모의 이혼과 암에 걸린 아버지의 간병 때문이었다는 상황 설명을 에세이에 쓰면, 고1 때 왜 그렇게 성적이 낮았는지 의아해하던 사정관의 궁금증을 풀어주는 셈이 된다.

내가 진학 상담을 해주었던 L군은 9학년 때 성적이 왜 그리 낮은지를 설명하는 에세이를 썼다. 10학년부터의 성적은 거의 만점이고 SAT 등 각종 대입 표준 시험에서 700점 이상을 받은 학생이었지만 9학년 때의 낮은 성적 때문에 전체 GPA가 낮아서 걱정하고 있었다. L군과 함께 대학에 제출할 필수 에세이를 마치고 보조 에세이를 써서 보내기로 했다. L군은 자신이 중학교 때부터 컴퓨터 게임에 몰두하느라 학업을 등한시했음을 솔직히 고백했고, 지금은 그런 나쁜 습관을 모두 버리고 자기 통제력을 완전히 되찾았음을 보여주는 감동적인 글을 썼다. L군은 그해에 스탠퍼드 대학에 당당히 합격했다.

에세이 잘 쓰는 법

대학 지원서로 보낼 에세이는 학교 과제물이나 보고서와는 목적이 다르다. 에세이는 자신을 알려야 한다는 분명한 목적을 가지고 쓰는 글이므로 자기 자신이 주체가 되고 주인공이 되도록 써야 한다. 입학 사정관들은 좋은 에세이를 쓰려는 학생들에게 '꼭 지킬 점'과 '절대로 하지 말아야 할 점'을 알려주고 있다. 여기서는 에세이를 쓰는 전 과정 중에서 반드시 염두에 두어야 할 사항이 무엇인지 살펴보고, 에세이의 시작부터 마무리까지 작성 요령에 관해 구체적으로 알아보자.

기본 줄거리 잡기

① 주제 선택

자신이 어떤 사람인지를 단적으로 설명해 주는 단어나 구절을 생각해서 리스트를 만들어본다. 이때 찾을 주제는 자신의 장점이나 긍정적인 측면이다. 주제는 자신의 지적인 측면(성취, 능력, 재능), 사회적인 측면(리더십,

대인 설득력), 성격적인 측면(열정, 관심, 도전 정신, 끈기)으로 나눠서 찾으면 된다. 예를 들어 '친절함' '남을 잘 도와줌' '과학 실험을 무척 좋아함' '우주에 관심이 무척 많음' '고전문학을 너무 좋아함' '지도력이 있음' 등으로 리스트를 작성하면 된다.

② 소재 선택

다음 단계는 목록으로 뽑아놓은 주제 중에서 마음에 드는 것을 2~3개쯤 고른다. 그리고 각각의 주제를 가장 적절하게 보여줄 수 있는 실제 에피소드를 생각해서 주제 옆에 써본다. 에피소드란 교실, 집, 운동장과 같은 특정 장소에서 실제로 일어난 사건, 대화, 상황과 같은 일화를 의미한다. 나 아닌 다른 사람은 해보지 않았을 경험이나 평범하지 않은 독특한 경험이 담긴 일화가 좋다. 이때 인생에서 단 한 번의 경험, 사건, 상황을 골라 집중 조명해서 써야(slice-of-life 기법) 주제를 잘 살릴 수 있다. 주제와 소재는 다음에 예를 든 것처럼 쓰면 된다.

친절함 : 농구를 하다가 다리를 다쳐 깁스를 한 친구를 두 주간 업어서 통학시킴.
설득력 : 교장선생님을 설득해서 학업이 부진한 교내외 학생들을 무료로 지도해
       주는 단체를 만들고, 자원봉사자를 뽑아서 일 년간 프로그램을 진행중임.
Debate : 재치 있는 질문과 응답으로 전국 또는 국제 토론 대회에서
       우승한 구체적 상황.

③ 기본 줄거리 쓰기

한 개의 주제와 관련된 에피소드를 선택해서 그것을 이야기로 쓴다. 이 단계에서는 이야기의 맥이 끊어지지 않고 현장감이 느껴지도록 처음부터 끝까지 단숨에 써내려가야 한다. 문법이나 철자, 글의 논리는 완전히 배제하고, 머릿속에 떠오르는 대로 10~15분쯤 쉬지 않고 써내려가는 것이 좋다. 중요한 것은 한 개의 주제만 골라서 그것에 초점을 맞추어 써야 한다는 사실이다. 한 편의 에세이에서 욕심을 내어 여러 주제를 다루다 보면 어느 것도 부각시키지 못하게 된다.

초안 쓰기

초안 쓰기는 기본 스케치가 된 에세이에 살을 붙여서 전체적인 이야기가 되도록 만드는 작업이다. 좋은 초안은 이야기 전체가 물 흐르듯 자연스럽게 흘러가고, 누가 읽어도 이해가 되도록 쓰인 글이다. 초안을 쓸 때는 다음의 사항을 염두에 둬야 한다.

① Show Not Tell 기법으로 써라

대입 지원을 목적으로 하는 에세이는 자신이 느낀 점을 쓰기보다는 상황 그대로의 맛, 냄새, 소리, 장면을 정확한 단어로 묘사해서 사정관이 마치 그 자리에서 직접 보고 느끼는 듯이 쓰는 것이 좋다. 예를 들어 '선생님은 좋은 분이다'라고 의견을 적기보다는 '선생님이 도시락을 싸오지 못한 학생 10명에게 도시락을 주면서 맛있게 먹으라고 하셨다'라고 있는 사실을 그대로 묘사하면 선생님이 좋은 사람이란 것을 글 읽는 사람이 스스로 느끼게 된다. 이는 헤밍웨이가 소설을 쓸 때 즐겨 사용한 'show not tell' 기법인데, 글을 생생하게 만드는 효과가 있다.

② 은유 표현을 쓰려면 독창적인 것만 써라

진부한 은유 표현('눈같이 흰' 같은)은 피하는 것이 좋다. 은유법은 다른 것에 빗대어 표현하는 멋스러운 기법이지만 흔한 것을 쓰면 글의 개성이 없어진다. 그러나 자기만의 독창적인 은유 표현은 글의 재미를 한층 더해준다.

③ 진솔하게 써라

에세이의 내용은 진술해야 한다. 자신을 과대포장하거나, 잘한 것만 나열하거나, 극적으로 쓰겠다고 없는 이야기를 지어내는 건 곤란하다. 수많은 에세이를 읽는 사정관들은 진실과 거짓을 가려낼 줄 아는 특수한 촉수를 가졌으며, 설사 사정관이 진실로 알고 읽는다 해도 거짓으로 만들어진 가짜 진실은 그다지 감동을 주지 못하므로 좋은 평가를 받기 힘들다.

농담이나 웃기는 글보다는 진지한 글이 좋다. 에세이가 자신만의 개인적인 얘기를 쓰는 글이긴 해도 읽을 사람이 친구가 아니라 어른이고, 자신을 평가하는 사람이라는 점을 염두에 두고 써야 한다. 진지하게 쓰되 사실에 준해서 솔직하게 쓰는 것이 좋다. 실제보다 자신을 부풀리거나 허세를 부리는 인상을 풍기는 글은 신뢰감을 주지 못한다.

④ 도입부를 극적으로 써라

에세이의 도입부에서는 무슨 일이 왜, 어떻게 되었을까 궁금하게 만들어, 사정관이 눈을 떼지 못하고 글을 끝까지 읽게 만들어야 한다. 어슷비슷한 에세이를 하루에도 20편 이상씩, 20~30분 간격으로 쉴 새 없이 읽어야 하는 사정관에게는 밋밋한 설명문체의 글보다는 소설체나 극체가 덜 지루하고 호기심과 궁금증을 자아낼 수 있다. 자신의 에세이를 사정관이 관심 있게 끝까지 읽도록 써야지, 하품을 하면서 의자에 반쯤 누운 자세로 읽게 만든다면 그 에세이는 실패작이라고 봐야 한다.

그렇다면 어떻게 써야 도입부를 극적으로 생생하게 만들 수 있을까? 다음의 방법들을 쓴다면 의도한 것보다 훨씬 더 효과적인 글이 된다.

1 실제로 주고받는 대화 그대로 대화체로 기술한다.

2 첫 문장을 읽고 나면 '왜?'라는 의문이 생기도록 쓴다. 예를 들어 "나는 매일 합리적으로 살아가려고 애쓰지만 그렇게 사는 것이 점점 더 어려워지고 있다(I try to live reasonably in the modern world, but it gets harder and harder)"라는 문장을 읽으면 독자는 '왜?'라는 의문을 품게 된다.

3 읽는 사람의 마음에 충격이나 동요가 일도록 쓴다. 예를 들어 "화장실에 앉아 있을 때면 정말로 좋은 생각이 떠오르곤 한다(I do some of my best thinking in the bathroom)"라고 쓴 글을 읽으면 독자는 그 상황을 떠올리면서 마음의 동요가 일게 된다. 사람이라면 누구나 하루에 몇 번씩 화장실을 가고 화장실에서 문득 어떤 생각을 떠올린 경험을 갖고 있기 때문에 글을 읽다 보면, 마치 독자 자신이 그 상황에 처한 듯 동화된다. 이처럼 글을 쓴 지원자와 글을 읽는 사정관이 동질

감을 느낄 수 있는 상황도 글의 시작으로 좋다.

4 모순되거나 역설적인 문장으로 시작한다. 예컨대 "사람은 누구도 다른 사람을 믿지 않는다(No man ever quite believes in any other man)"라고 시작하면 글을 읽는 독자는 왜 그런지 관심을 갖게 된다.

5 몇 가지 유형이 있다는 식으로 시작한다. 예를 들어 "인간이 창조한 것에 신념을 가진 사람이 있는가 하면 그렇지 않은 사람도 있다(There are those who have faith in man-made things and those who do not)"라고 쓰면 글에 관심이 생긴다.

6 분명한 명제로 시작한다. "초콜릿을 좋아하는 사람은 치과의사와 씨름을 해야 한다(People who like chocolate must be in league with dentists)"라는 식으로 쓰면, 초콜릿이 치아에 나쁘다는 사실을 누구나 알기 때문에 독자는 고개를 끄덕이면서 다음 문장을 읽게 된다.

1차 수정 단계

완성된 초안을 처음 수정할 때는 무엇보다도 글의 내용과 논리에만 초점을 맞춘다. 에세이가 글을 쓰는 목적에 맞게 쓰였는지, 강조하려는 주제가 효과적으로 전달되고 있는지에만 초점을 맞추는 것이다.

글의 내용과 논리가 에세이에 적합한지를 알아보려면 에세이를 읽으면서 다음의 네 가지 질문을 적용시켜 보면 된다.

- 에세이의 주인공이 '나'인가?
- 내가 긍정적인 사람으로 그려졌는가?

- 글의 처음과 끝 부분이 연결되어 있는가?
- 주제가 살아 있는가?

네 가지 질문 중 어느 것에든 '글쎄', '그렇게 썼나'라는 의심이 생기면 'Yes'라는 답이 나올 때까지 과감히 수정을 거듭해야 한다. 수정하면서 좋은 글로 바뀔 것 같지 않다고 판단되면 아예 다른 주제와 소재로 새롭게 쓰는 편이 낫다.

대학 지원서로 제출하는 에세이는 자신에 대해 써야 한다. 자신이 주체가 되려면 1인칭 시점의 글이 적합하다. 3인칭 시점의 글은 객관적인 시각으로 쓰는 글인 데 비해 1인칭 시점의 글은 주관적인 시각으로 쓰는 것이기 때문이다. 자기 얘기를 자신만의 개성을 담아 써야 하는 에세이는 1인칭 시점의 문체가 더 적합하다.

에세이의 마지막 부분은 시작 부분과 연결고리가 있게 써야 한다. 처음과 끝이 맞지 않으면 마치 두 편의 에세이를 억지로 이어 붙인 느낌을 주며, 부각시키고 싶은 주제도 살아나지 못한다. 잘 쓴 에세이는 도입부의 시작과 종결부가 일치되게 쓴 글이다. 예를 들어 '왜?'라는 의문이 생기도록 시작했다면 그에 대한 답으로 끝을 맺어야 한다.

또는 도입부에서 다른 사람이 했던 말(행동)을 자기도 어느새 따라 하는 모습으로 끝내거나, 도입부와 비슷한 상황에 처한 자기의 모습(생각, 말, 행동)을 보여주는 것으로 끝내는 방법이 있다. 예를 들어 자신의 열정과 집중력을 보여주는 에세이를 쓰기 위해, 아빠와 즐겨 보는 TV 퀴즈 프로그램인 '골든벨' 시청 상황을 묘사하면서 도입부를 썼다고 가정하자. "아빠는 마지막 50번째 문제의 답을 맞히시고는 소파에서 벌떡 일어나 '와! 맞혔다'라고 만세를 불렀다."이 경우에 에세이의 중간 부분을 도입부와 연결시키면서 자신을 드러내는 주제와 내용을 쭉 써내려가다가 마지막 문장에서 맨 처음 도입 부분에 썼던 문장과 맞물리도록 "나는 50번째 골든벨 문제를 맞히고는 소파에서 벌떡 일어나 '와! 맞혔다!'라고 소리쳤다"라고 끝내는 방법이다.

2차 수정 단계

에세이의 내용이나 논리가 대학 지원용 에세이에 적합한지에 초점을 맞추어 내용을 고친 다음에는 글이 전체적으로 일관된 스타일을 유지하고 있는지에 중점을 두고 다시 수정해야 한다. 이 단계에서도 틀린 문법이나 철자는 신경 쓰지 않아도 된다. 왜냐하면 아직도 문장 자체가 미완성이라 이때 고쳐도 또 고칠 일이 생기기 때문이다. 이 단계에서 글을 수정할 때는 처음부터 끝까지 글의 문체가 통일되어 있는지, 어조나 어투가 일관성을 유지하고 있는지에 주목해야 한다.

글의 문체에 일관성이 있다는 것은 무슨 뜻인가? 글의 문체란 어떤 부류(계급, 직업)의 사람이 어떤 대상에게 쓰는 글인지 암시하는 것으로, 단어의 선택이나 조합에 따라 일관된 어투, 어조, 분위기를 낼 수 있다. 사람들이 쓰는 말이나 글을 분석해 보면, 격식을 차린 공식체(Formal), 예의 있으면서 평범한 비공식체(Informal), 일상적인 대화체(Colloquial), 특정한 그룹이나 일부 계층끼리만 통용되는 비속체(Slang)의 네 종류가 있다. 이해를 돕기 위해 같은 자동차 사망 사고를 각각의 문체로 표현해 보면 다음과 같다.

- 공식체 : "자동차 사고로 사망했습니다."

- 비공식체 : "차 사고로 죽었어요."

- 대화체 : "차 사고로 죽었어."

- 비속체 : "차에 깔려 뒈졌어."

2차 수정 단계에서는 대학 지원 에세이로 적합한 글이 되도록 만드는 데 중점을 두어야 한다. 대학 지원 에세이의 문체로는 비공식체가 가장 바람직하지만 일화를 묘사할 때는 대화체를 섞어 써도 무방하다. 그러면 생생하고 솔직한 느낌을 주면서도 예의 바른 글이 된다. 공식체는 생생하게 살아 있는 글이 되기 어렵고 포장하고 허세 부리는 느낌을 준다. 또 비속체는 일반 사람들 사이에 통용되지 않는 일종의 은어이므로 대학 지원 에세이에서 사용하기에는 부적합하다.

이 단계에서 수정할 때 주목해야 할 점은 글이 한 문체에서 다른 문체로 왔다갔다하지 않는지 전체적으로 살피는 것이다. 그것은 마치 턱시도를 입고서 비속하고 통속적인 말을 하지 않도록 조심하는 것과 같다. 글의 문체가 통일되어 있는지 검토하는 가장 좋은 방법은 에세이를 소리 내어 읽어보는 것이다.

3차 수정 단계

지금까지는 에세이의 내용과 논리를 고치고 글 전체가 일관된 스타일을 유지하도록 만들었다. 이제는 문장 하나하나를 손볼 차례다. 이 단계에서는 각 문장을 살아 있는 생생한 문장으로 탈바꿈시키는 데 중점을 두어야 한다. 문장을 이루는 단어 하나하나에도 유의하면서 적절한 단어가 쓰였는지 체크해야 하는 단계이다.

이때는 문장 표현이 어색하지 않은지, 애매모호한 부분은 없는지, 길이가 너무 길지는 않은지, 거짓이나 부풀려진 부분은 없는지, 접속사를 쓰지 않아도 될 문장인지, 올바른 단어를 택했는지 등을 살피면서 수정하면 된다. 다음에 소개된 문장 구성과 단어 선택 요령을 참고하면 생생하면서도 진솔한 문장을 만드는 데 도움이 될 것이다.

① 문장 구성 요령

1 가급적 짧고 간결하게 쓴다. 형용사나 부사가 많이 들어간 글은 꾸미고 과장한다는 느낌을 주고 문장도 늘어지게 만든다. 명사와 동사만으로 쓸수록 간결하면서 살아 있는 문장이 된다.

예/ I really love colorful bird. →I love bird.

2 수동형보다는 능동형 문장을 쓴다.

예/ This story was written by me. →I wrote this story.

3 접속사가 있는 복문보다는 단문으로 쓴다.

예/ I thought all night for my friend and I got a solution. → Because I thought all night for my friend, I got a solution.

4 첫머리가 I, It, There로 시작하는 문장은 많이 쓰지 않는다. 문장의 생생함이 떨어지기 때문이다.

예/ There were people walking around~ → People walked around~

5 who, which, that, what 등의 관계대명사는 되도록 쓰지 않는다. 문장의 간결함이 떨어진다.

예/ My friend is someone who cares only about grade. → My friend cares only about grade.

6 thing의 사용을 자제한다. 정확한 의미 전달에 효과적이지 않다.

예/ The thing I'm interested in is history. → I'm interested in history.

② 단어 선택 요령

1 정확하고 구체적인 단어를 골라 쓴다. 그래야 읽는 사람이 눈으로 보는 듯한 느낌을 받을 수 있다. 평소에 명사형과 동사형 단어를 많이 익혀두면 에세이를 쓸 때 도움이 된다. 예컨대 '집(house)'이라는 구체적이지 않은 단어보다는 two-story house, garage, gutter, doorway, living room, garret, attic 등과 같이 집을 묘사하는 구체적인 명사형 어휘를 활용하면 의미가 훨씬 정확하게 전달된다.

2 학문 용어나 전문 용어는 가급적 피하고 평범한 일상용어로 바꿔서 쓴다. 예를 들어 '돌고래의 주둥이'를 쓸 땐 학문 용어인 'rostrum'보다는 쉬운 일상용어인 'beak'을 쓰는 것이 좋다.

3 형식적이고 공식적인 단어나 고풍스러운 단어는 글의 생동감을 떨어뜨리므로 가급적 피하는 것이 좋다. 예를 들어 'individual goal'보다는 'my goal'이라고, 'my responsibility'보다는 'my role'이라고 쓴다.

4 같은 의미를 전달하는 단어(구절)가 여러 개 있을 때는 직접적이고 확실한 쪽의 표현을 선택한다. 예를 들어 '지금'을 표현할 때 'at the present' 보다는 'now' 또는 'today' 라는 단어가 더 확실한 의미를 전달한다.

5 접속사를 써야 할 때는 신중하게 선택한다. but, instead, now, later, then 등과 달리, thus, therefore, nevertheless, moreover, in addition, finally 등은 전달하려는 내용을 정확하게 포착하기 어려운 애매모호한 접속사다.

6 단어가 풍기는 분위기를 생각하고, 표현하려는 것에 가장 적합한 분위기의 단어를 찾아서 쓴다. 부정적인 것보다는 긍정적인 분위기의 단어를 쓰는 것이 좋다. 긍정적인 분위기의 단어란 정직함, 솔직함, 예의, 존중, 존경, 열의, 열정 등의 느낌을 지닌 단어들이다.

7 다음에 제시된 분위기의 단어나 어구는 가급적 쓰지 않는다.

- 불평, 푸념, 부정적, 공격적, 도발적, 비윤리적인 뜻이 담긴 단어

예 / can't stand, boring always, is stupid, hate stubborn teacher, am bittersweet, plan to be cynical to him, cheat him

- 모욕적이고, 무례하고, 차별적이고, 잔인하고, 범죄적인 의미의 단어

예 / smelly chinks, nigro, japs, want to torture him, kill him

- 전달하려는 의미가 모호하거나 혼동을 주는 단어

예 / situation, aspect, commitment, particularly, unquestionably, clearly, obviously, relatively, tendency, somewhat, rather, sort of, kind of, become, get, do

- 허세를 부리고 포장하는 느낌을 주는 단어

예 / utilize, integrity, excellence, value, responsibility, leadership, aspect, endeavor, considerable, diversity, interact

마무리 단계

글의 내용과 논리를 완벽하게 수정했다고 판단되면 마지막으로 틀린 문법과 철자를 고친다. 문법과 철자를 모두 고친 다음에는 에세이를 소리 내어 읽으면서 글 전체가 자연스러운지 점검한다.

에세이가 완성되었다고 여겨지면 적어도 일주일쯤 치워놓았다가, 완전히 새로운 눈과 마음으로 다시 읽어볼 것을 권한다. 이때는 에세이를 처음 수정하는 과정에서 던진 것과 같은 질문을 다시 던져보며 읽어야 한다. 주인공이 나인지, 내가 긍정적인 사람으로 그려졌는지, 글의 처음과 끝이 매끄럽게 연결되는지, 말하고 싶은 주제가 살아 있는지를 검토한다. 또 내용의 흐름과 논리 전개가 자연스러운지도 살핀다. 조금이라도 미심쩍은 부분이 있다면 다시 수정해야 한다.

에세이가 완성되면 반드시 주위 사람들에게 보여주고 의견을 수렴한 뒤에 교정을 빈다. 이때 진학 전문 컨설턴트, 영어 선생님이나 필력이 있는 선생님, 영문학 전공자, 글을 잘 쓰는 지인, 친구에게 읽어보게 하고 그들의 의견을 참고하는 것이 좋다. 이러한 과정을 거치면 더 나은 아이디어를 얻을 수 있고, 글의 전개가 논리적인지, 문법과 철자가 맞는지도 점검할 수 있다.

에세이 제출 방법

에세이는 컴퓨터로 작성한 뒤 깔끔하게 프린트해서 제출한다. 에세이 분량은 대학마다 조금씩 차이가 있지만 대개는 레터 사이즈(우리나라에서는 A4) 용지에 double space(줄 간격 2줄)로 1~2쪽 정도를 쓰되, 2쪽은 절대 넘기지 않도록 주의한다.

완성된 에세이가 지원서의 해당 공란에 들어갈 정도의 분량이면 프린터로 출력해 해당란에 풀로 붙이면 된다. 지원서의 해당란보다 긴 에세이는 스테이플러로 찍어서 지원서에 붙이면 된다. 프린트한 에세이를 별지로 제출할 때는 에세이의 페이지마다 오른쪽 상단에 지원자의 이름과 Social Security Number(SSN)를 써야 한다. SSN은 우리나라의 주민등록번호와 같은 개념인데, 미국 영주권이나 시민권이 없는 사람들, 우리나라 학생들은 미국 SSN이 없으므로 이름만 쓰면 된다. 이는 에세이가 지원서 서류와 분리되어 분실되었을 때 쉽게 찾기 위한 조치이다.

각 대학의 에세이 제목

대학마다 제시하는 에세이의 제목이 조금씩 다르고, 제출해야 하는 에세이의 편 수도 제각각이다. 또 한 가지 제목만을 제시하는 대학이 있는가 하면, 여러 개의 제목을 주고 그중에서 골라 쓰게 하는 대학, 자유 주제로 쓰게 하는 대학도 있다.

에세이는 대학에서 요구하는 수만큼 보내야 하지만, 좋은 등급을 받기 위해 자신에 대해 보다 상세히 설명해야겠다고 여겨진다면 한 편의 보충 에세이를 추가해도 무방하다. 참고로 대학에서 'Optional essay'라고 했을 경우라도 이를 선택 사항으로 여기지 말고 그 에세이도 반드시 제출하라고 권하고 싶다. 에세이 수가 많을수록 자신을 다각도로 보여줄 수 있기 때문이다.

매년 아이비리그의 각 대학에서는 에세이의 제목을 바꾼다. 하지만 각 대학의 특정 스타일을 유지하면서 바꾸고 있다. 아이비리그 대학뿐만 아니라 대다수 명문 대학에서 요구하는 에세이의 제목을 분석해 보면 다음의 다섯 가지 유형으로 정리해 볼 수 있다.

1 자기소개
2 나의 가치, 신념, 목표
3 나에게 영향을 준 인물, 사건, 경험
4 나의 능력, 재능, 성취, 열정, 관심
5 사회적 이슈, 쟁점에 대한 나의 견해

미국 명문 대학의 대입 지원서에 실제로 제시된 에세이 제목들을 위의 유형별로 분류하여 다음에 소개해 놓았으니 참고하기 바란다.

대학별 에세이 제목

1. 자기소개와 관련된 제목

- You may choose ANY topic about which you would like to write. (Harvard U)
- Write about 3 objects that will give the admissions office insight to who you are. (Cornell U)
- Use this page to give a description of yourself. (Columbia U)
- Please write something that will help us get to know you better. (MIT)
- Why not, then, use this opportunity to tell us about anything you think we should know. (Brown U)
- Use the essay to tell about yourself. (UC 계열 대학)
- What would you most like the Admissions Committee to know about you when reading your application? (Georgetown U)
- Please use the space on the back to let us know something about you that we might not learn from the rest of the application. (Yale U)
- There are limitations to what grades, scores, and recommendations can tell us about any applicant. We ask you to write a personal essay that will help us to know you better. In the past, candidates have written about their families, intellectual and extracurricular interests, ethnicity or culture, school and community events to which they have had strong reactions, people who have influenced them, significant experiences, personal aspirations, or topics that spring entirely from their imaginations. There is no "correct" response. Write about what matters to you, and you are bound to convey a strong sense of who you are. (Yale U)

- Please write an entry from your own life journal that reports something in "exquisite honesty and accuracy". (Cornell U)

- Feel free to tell us anything about you that would help us get to know you better. (공통 지원서)

2. 나의 가치, 신념, 목표와 관련된 제목

- Write about a matter of importance to you on any topic. (Harvard U, Duke U)

- If you were given the opportunity to spend an evening with any one person, living, deceased or fictional, whom would you choose and why? (U of Pennsylvania)

- Please cite and discuss a literary quotation or brief passage that has special meaning to you. (U of Pennsylvania)

- Comment on an experience that helped you to discern or define a value that you hold. (Williams C)

- What effect has any voluntary research, reading or study, work in the arts, science project, etc., had on your intellectual and personal growth in recent years? Discuss what influence this involvement has had on your academic goals. (Northwestern U)

- "The house of the soul," "a musical instrument," and "machine" are three examples of the many metaphors that are often employed to describe the human body. Write an essay in which you examine how the use of the metaphors affects the ways in which we study human life, see our bodies, take care of ourselves and others, or define health. Be sure to include and explain your own metaphor for the human body. (Johns Hopkins U)

- The word "hero" is loosely used to describe a wide array of human beings. The writers of ancient Greece used the word only to honor warriors who sought glory on the battlefield. Today, we acclaim as "heroes" such varied kinds of people as astronauts, firefighters, athletes, movie stars, and ordinary citizens caught in extraordinary situations. Are we correct in using the term so broadly? Give an example of a real or fictional person you consider a hero and discuss what makes that person heroic. (U of Chicago)

• If you could hold any position in government, what would it be, and why? (Princeton U)

• If you were given the time and resources to develop one particular skill, or talent, or area of expertise, what would you choose to pursue and why? (Princeton U)

• Comment on an experience that helped you to discern or define a value that you hold. (Williams C)

3. 나에게 영향을 준 인물, 사건, 경험과 관련된 제목

• Evaluate a significant experience, achievement, risk you have taken, or ethical dilemma you have faced and its impact on you. (공통 지원서)

• Indicate a person who has had a significant influence on you, and describe that influence. (공통 지원서)

• We invite you to reflect on an issue or experience that is significant to you or to your perspective on the world around you. (Princeton U)

• Select your favorite quotation, or one that holds special importance for you, and comment on its significance. (Stanford U)

• Write about a meaningful event in your life and how it changed you. (MIT)

• Identify a person who has had a significant influence on you and describe that influence. (Wesleyan C)

• In the course of your high school education, you have encountered simple and complex concepts, challenging ideas, profound thought and art in many forms. Please describe one of more of those encounters and your reflections on it or them. (Amherst U)

• How has the place in which you live influenced the person you are? Define "Place" any way that you like… as a context, a country, a city, a comm unity, a house, a point in time. (Stanford U, Rice U)

- What event or events have shaped your life? (Caltech)
- Explain something or someone that has had an impact on your life. (Dartmouth C, Harvard U)
- Who is your hero? Describe a person, real or fictional, who has influenced you. (Pomona C)
- Tell us how a particular book, play, film, piece of music, dance performance, scientific theory or experiment, or work of art has influenced you. If you choose a novel, film, or play, assume we know the plot. (U of Notre Dame)
- Discuss some creative work that has been crucial to the way you see the world and the way you see yourself in the world. Name the work and tell us its effect on you. Keep in mind that such works of art may include novels, films, poems, scientific theories, biographies, and other diverse forms. (U of Chicago)

4. 나의 능력, 재능, 성취, 열정, 관심과 관련된 제목

- Tell us something that interests you. (공통 지원서)
- Tell us about your most meaningful activities. (공통 지원서)
- Name one thing that you wish you understood better. Explain. (Princeton U)
- Please write an essay about an activity of interest that has been particularly meaningful to you. (Yale U)
- While we are very interested in your intellectual abilities, your sense of imagination and creativity are also important to us. With this in mind, create something on or with an 8 and a half by 11 inch piece of paper or other thin, flat material. All means of expression, written or otherwise, are equally encouraged. (U of Pennsylvania)
- We would like you to write an essay on any topic that is of genuine interest to you. (Emory U)
- Please share with us what you believe other Wesleyan students would learn from you, both inside and outside the classroom. (Wesleyan C)

5. 사회적 이슈, 쟁점에 대한 나의 견해와 관련된 제목

- Name one thing that you would do to improve race relations in this country. (Princeton U)

- Discuss some issue of personal, local, national, or international concern and its importance to you. (공통 지원서)

5_ 선생님이 쓰는
고교 보고서와 추천서

아이비리그 대학 지원서에는 지원자 아닌 제삼자가 작성하는 양식이 두 가지 있다. 하나는 고교의 진학 담당 교사(미국에서는 담당 카운슬러)가 작성해서 대학으로 직접 보내야 하는 '양식 3(Form 3)'의 고교 보고서(Secondary School Report)이다. 이 양식에는 진학 담당 교사가 지원자의 학교생활 기록과 함께 학생을 평가하는 글을 쓰는 난이 포함되어 있어서 '카운슬러 추천서'라고도 말한다. 다른 하나는 '양식 4(Form 4A, Form 4B)'로, 지원자를 가르친 교과목 교사가 작성하는 교사 추천서(Teacher Reference Form 또는 Teacher Recommendation Report)이다. 양식 3과 4는 제삼자가 작성하는 공식 서류이기 때문에 아이비리그 대학에선 에세이와 더불어 매우 비중 있게 다룬다.

이 장에서는 고교 보고서와 추천서가 입학 사정에서 얼마나 중요한 서류이고, 왜 그렇게 중요한지에 대해 알아보겠다. 그리고 이 양식들에는 어떤 내용이 들어 있고, 또 어떻게 쓰는 것이 효과적인지도 함께 살펴보자.

고교 보고서

고교 보고서를 쓰는 사람

우리나라와 미국의 학교는 학교 운영 방법에 있어서 두 가지 크게 다른 점이 있다. 하나는 수업을 위해 교사와 학생 중 누가 이동하는가 하는 점이다. 우리나라에서는 학생들이 매 교시 교실로 찾아오는 과목별 교사의 수업을 듣는 데 반해, 미국에서는 대학처럼 학생들이 각자가 짠 시간표에 따라 해당 과목을 가르치는 교사의 교실로 찾아가서 수업을 받는다. 우리나라에서는 교사가, 미국에서는 학생이 교실을 이동해 가면서 수업을 하는 셈이다.

그리고 또 하나의 다른 점은 담임 제도다. 우리나라에서는 초등학교부터 고등학교까지 담임이 있어 자기 반의 학생들을 지도 관리한다. 그러나 미국에서는 초등학교에만 담임이 있고 중고등학교에는 없다. 그 대신 학교마다 4~5명의 카운슬러를 두고서 우리나라의 담임과 같은 역할을 맡기는데 학년별로, 또는 학생의 알파벳 성씨(last name)별로 카운슬러를 배정한다.

미국의 중고등학교 카운슬러는 대학이나 대학원에서 상담학이나 교육심리학을 전공한 전문가들이다. 카운슬러는 우리나라의 담임과 비슷하지만 학과목 수업을 가르치지는 않는다. 카운슬러는 자신이 맡은 학생들의 전반적 사항, 즉 학업, 활동, 징계, 수상 등의 기록을 보관하고, 학생의 필요와 요구에 따라 지속적인 상담과 조언을 해준다. 아이비리그 대학에서 카운슬러의 추천서(또는 소견서)를 요구하는 것은 카운슬러가 담임 역할을 하면서 지원자에 대한 총괄적인 학사 자료를 보유하고 있기 때문이다. 우리나라에서 미국의 대학으로 지원하는 학생들은 담임선생님에게 카운슬러 추천서를 부탁하면 된다.

고교 보고서를 요구하는 이유

아이비리그 대학에서 고교 보고서를 요구하는 것은 지원자의 성적이 그 학교의 다른 동급생과 비교했을 때 어느 수준인지 알고 싶기 때문이다. 뿐만 아니라 지원자가 재학하는 고교가 그 지역의 다른 고교들에 비해서, 또 전국의 다른 고교들에 비해서 어느 수준인지에도 주의를 기울인다. 그래서 지원자가 아닌 진학 담당 교사에게 지원자의 학사 정보는 물론 고교 자체의 정보까지도 요구하는 것이다. 고교 보고서에는 지원자에 대한 객관적인 정보가 담겨 있고, 지원자가 고의로든 실수로든 빠뜨린 중요한 정보가 들어 있을 수 있다. 따라서 고교 보고서를 심사할 때 사정관은 지원자가 작성한 양식 1과 2의 기재 내용과 대조해 가면서 지원자가 사실대로 거짓 없이 썼는지도 살핀다.

고교 보고서 양식에는 진학 담당 교사가 작성해야 하는 '카운슬러 추천서'가 포함되어 있다. 카운슬러 추천서는 성적이나 점수만으로는 파악할 수 없는 지원자의 인간적인 면모를 알아내는 데 필요한 자료다. 대학에서는 지원지에 대한 모든 정보를 확보하기 위해 제삼자의 객관적인 시각에서 지원자를 평가한 서류를 보기 원한다. 그러므로 카운슬러 추천서가 경우에 따라선 합격 여부에 결정적인 영향을 미칠 수 있는 중요한 서류가 되기도 한다.

고교 보고서 양식

고교 보고서는 다음의 다섯 부분으로 구성된다.

1 지원자의 공식 성적표

2 지원자의 학사 정보, 전교 석차, 가중치 여부

3 지원자가 재학 중인 고교의 정보

4 진학 담당 교사의 평가 체크리스트

5 진학 담당 교사의 평가 및 추천

진학 담당 교사는 작성한 고교 보고서와 지원자의 성적표를 지원 대학으로 직접 우송해야 한다. 만약 지원자 자신이 고교 보고서와 교사 추천서를 모두 취합해서 대학으로 직접 우송하고 싶다면 봉투를 봉한 뒤 밀봉된 부분에 학교 직인을 찍거나 서명을 해달라고 요청해야 한다. 우리나라 학생들의 경우 편의상 선생님이 작성한 추천서를 모두 모아서 다른 지원서와 함께 우송할 때가 많다.

① 공식 성적표(Official Transcript)

지원자는 고교 보고서 양식 상단에 자신의 이름과 집 주소, 재학 고교 이름, 학년을 깨끗하게 타이핑(또는 정서)한 뒤에 서명한다. 마감일을 표시해서 이 양식을 진학 담당 교사에게 제출하면, 고교에서는 학교의 직인이 찍힌 공식 성적표를 학생이 요청한 각각의 대학으로 직송해야 한다. 지원 마감일까지 제반 서류가 대학에 도착하게 하려면 마감일을 적어도 한 달

(미국에선 2주) 이상 남겨둔 상태에서 고교에 요청해야 무리가 없다.

대학으로 우송하는 공식 성적표에는 중3(9학년)부터 고2(11학년)까지의 수강 과목명, 각 과목 점수(학점), 학년별 GPA(평점), 전 학년 GPA가 명시되어야 한다. 전교 석차를 내는 고교에서는 지원자가 전체 동급생 몇 명 중에서 몇 등을 했는지도 명시해야 한다. 우리나라에서 지원하는 학생들은 중3 때 성적표와 고1, 2, 3학년 1학기까지의 성적표를 보내면 된다. 만약 고3, 2학기 성적도 나왔다면 그 성적표도 함께 보내는 것이 좋다.

미국에 유학을 간 학생일 경우에는 미국에서 9학년을 다녔는지 아닌지에 따라 어떤 성적표를 내야 하는지가 결정된다. 만약 우리나라에서 중3을 마치고 미국으로 가서 9학년부터 재학했다면 굳이 중3 때의 성적표를 제출하지 않아도 된다. 그렇지만 중3 때의 성적이 우수하다면 챙겨서 제출하는 것이 좋다. 만약 우리나라에서 중3을 마치고 미국으로 가서 10학년부터 재학한 경우라면 10학년과 11학년 성적표 이외에 우리나라에서의 중3 성적표도 반드시 제출해야 한다. 성적표는 물론 영어로 작성되어야 한다. 만약 한글로 되어 있다면 영어로 번역해서 공증을 받으면 된다.

② 지원자의 학사 정보(Summary Report ; Academic Standing)

사정관은 지원자에 대한 전반적인 학사 정보를 알고 싶어한다. 지원자가 자신의 고교에서 얼마만큼의 뛰어난 성취를 보였는지, 동급생들 중에서 몇 등을 차지했는지, GPA는 몇 점인지, 학사 징계를 받은 적은 없는지 등에 주목한다. 고교의 진학 담당 교사가 지원서에 기입하거나 첨부해야 할 학사 정보는 다음과 같다.

1 전교 석차(Class Rank ; in an entire class of) : 지원자의 전교 석차를 의미하며 만약 전교 석차를 내지 않는 고교일 경우에는 구간 등수(quintile, decile, quartile)를 기입하면 된다.

2 동일 석차자의 수(How many other students share this rank? ; If there are other students tied at that rank, how many share the same ranking?) : 전교에서 지원자와 동일한 석차를 차지한 학생 수를 기입하면 된다.

3 총평점(Cumulative Grade Point Average) : 중학교 3학년 성적과 고교 3년간의 내신성적을 말하며, 미국 거주 학생들은 9학년부터 11학년까지의 성적을 적으면 된다. 지원서에는 "The applicant's three-year average GPA is ___." 라고 되어 있다.

4 수강 과목의 수준과 성적(Course taken, and the grades the applicant received) : 지원자가 수강한 과목명, 수준(AP/IB/Honor), 성적(학점)을 나열하면 된다.

사정관이 전교 석차를 평가할 때는 동일 석차의 학생이 많은 고교인지 아닌지에 주목하면서 지원자의 석차를 '재평가'한다. 예를 들어 전교 1등인 지원자를 평가할 때, 1등인 학생 수가 1~2명인 고교의 지원자는 5~30명이나 되는 고교의 지원자보다 높게 평가한다. 전교 석차 이외에도 수강한 과목의 수준에 따라 지원자를 재평가하는데 이에 대해서는 Chapter 5의 1에서 상세히 소개하겠다.

AP나 IB와 같은 상급 수준의 과목을 수강한 지원자에게는 대학 자체의 규정에 따라 사정관이 가산점을 부여한다. 따라서 아이비리그 대학 입시 전형에서 좋은 평점을 받으려면 상위 석차와 GPA도 중요하지만 자기 고교에서 여는 고급 강좌를 얼마나 많이 수강했는가도 중요하다. 사정관은 쉬운 강좌에서 받은 A학점보다 AP나 IB와 같은 고급 강좌에서 A나 B를 받았을 때 더 높이 평가한다.

전국적으로 획일화되다시피 한 교육 과정에 따라 학습하는 우리나라의 고등학생들의 경우에는 개별 학생의 강좌 선택권이 거의 없다는 사실을 카운슬러 추천서에 써달라고 부탁하는 것이 좋다.

③ 고등학교의 제반 정보(School's Profile)

사정관은 지원자의 고교가 그 지역 혹은 전국의 다른 고교들과 비교했을 때 어느 수준인지를 알고 싶어한다. 그래야 특정 지원자가 차지하는 위치를 객관적인 잣대로 평가할 수 있기 때문이다. 그래서 대학에서는 진학 담당 교사에게 다음의 사항을 알려줄 것을 요청한다.

1 전교 학생 수 : 지원자와 같은 학년의 학생 수(동급생 수)
2 고교의 성적 표기 방법(grading system) : 1~100점 / ABCDF / 플러스와 마이너스 여부(A+, A-) 등(만약 '수우미양가'로 성적을 내는 고교라면 미국 학교의 성적 표기 방식으로 바꾸어 영어로 표기해야 한다)
3 만점 표기 방법 : 100점 / 4.0 / 4.5 / 5.0 등
4 전교 석차 표기 방법 : 실제 석차 / 구간 석차
5 성적과 석차 산출 방법 : 고급 과목의 가중치 부여 여부
6 고교에서 제공하는 고급 강좌의 수와 과목명 : AP, IB, Honor 강좌

7 고교의 4년제 대학 진학률

8 고교 전체의 SAT Ⅱ 시험 정보 : 전교생 대비 응시생 수(비율), 전교생이 응시한 과목명, 전교생의 시험 결과(점수의 상한선과 하한선/평균 점수)

9 고교 전체의 학력고사 결과 : 주(전국) 단위로 실시된 표준 학력고사에서 전교생의 평균 백분위(퍼센타일) 정보

미국의 명문 대학에서는 위의 내용에 따라 전국의 고등학교를 서열화하고, 이처럼 서열화된 정보는 각 고교의 지원자들을 비교 평가하는 데 활용된다. 예를 들어 뉴저지 주의 명문 고교에서 GPA가 3.9인 철수와 미시시피 주에 있는 수준 낮은 고교에서 GPA가 3.9인 정우를 비교할 때 수준 높은 고교 출신인 철수를 더 높이 평가하는 것이다. 그러므로 미국의 명문대로 진학할 의사가 확고한 학생들은 우수하고 경쟁력 있는 고교에 재학하는 것이 여러모로 유리하다.

그동안 입시 진학 상담을 하면서, 좋은 고등학교에서 높은 GPA와 석차를 유지하기 힘들까봐 평범한 고교에 자녀를 보내야겠다고 하는 부모들을 많이 보았다. 하지만 아이비리그 대학의 심사 과정과 기준을 이해한다면 그 생각이 결코 옳지 않다는 것을 알 수 있다. 우수한 학생들이 많고 경쟁이 치열해서 좋은 성적을 받기 힘든 미국 동부의 명문 사립고교에서 아이비리그 대학으로 진학하는 학생 수가 많은 것은 바로 고교의 서열화 때문이다.

현재 국내 고교에서 미국 명문 대학으로 대거 진학하는 것도 우리나라의 몇몇 고등학교가 상급 서열에 올라 있다는 증거다. 이는 우리나라 학생

들이 지난 몇 년간 해당 대학에 진학한 정보와 자료, 또 그 대학에 진학한 후의 학업 수행 정도를 근거로 평가한다.

④ 카운슬러 평가 체크리스트(General Ratings ; Checklist)

고교 보고서 양식에는 지원자의 학업과 인성 관련 질문이 나열되어 있다. 카운슬러는 담당하는 학생들이 너무 많아서 학생 개개인에 대해 자세히 알지 못한다. 그렇기 때문에 명문 대학에 진학할 의사가 있는 학생들은 평소에 카운슬러와 친분을 유지하면서 자신의 목표, 희망, 관심 등을 알리도록 노력해야 한다. 또한 교내외 활동 상황, 수상 여부, 특별 프로그램의 참가 여부도 그때그때 카운슬러에게 알리는 것이 좋다.

만에 하나 학사 징계를 받은 적이 있다면 그 이유를 카운슬러에게 자세히 밝혀 만약의 경우에 대비할 필요가 있다. 미국 고등학교의 카운슬러들은 9월부터 11월 사이에 12학년 학생들을 대상으로 30분~1시간가량 인터뷰를 실시한다. 학생들은 상세한 이력서를 작성해서 카운슬러와 면담을 하는데, 이때 자신이 진학하고자 하는 대학이나 장래 희망, 포부, 강점, 직면한 어려움 등을 얘기하는 것이 좋다. 사실 학생에 대해 모든 것을 두루 알고 있는 카운슬러는 학생의 성적만 아는 카운슬러보다 훨씬 더 효력 있고 의미 있는 추천서를 써줄 수 있다.

고교 보고서에 있는 카운슬러 체크 리스트에는 어떤 질문이 들어 있고, 또 각각의 질문에 대한 응답은 몇 개의 등급으로 나뉘는지 살펴보자. 명확한 의미 전달을 위해 영어 원문도 함께 실었다.

하버드 대학의 고교 보고서 양식에는 다음의 표와 같은 체크 리스트가

있다. 체크 리스트 난에는 지적 호기심, 지적 창의성, 학업 성취도, 학업 유
망성, 지도력, 책임감, 자신감, 박애적 인간성, 유머감각, 타인에 대한 배
려, 에너지, 성숙도, 주도성, 실패에 대한 반응, 교직원 평가의 총 15개 항
목이 나열되어 있다. 각 항목마다 카운슬러는 '판단 근거 없음(No basis
for judgement)' '평균 이하(Average of below)' '좋음(Good)' '우수함 : 상
위 10%(Excellent)' '탁월함 : 상위 5%(Outstanding)' '최상위권 몇 명 중
하나(One of the top few)'로 나뉜 여섯 가지 응답 등급 중 한 곳에 체크하

하버드 대학의 카운슬러 추천서에 포함된 체크 리스트						
	No basis for judgment	Average of below	Good	Excellent (top 10%)	Outstanding (top 5%)	One of the top few
Intellectual curiosity						
Intellectual creativity						
Academic achievement						
Academic promise						
Leadership						
Sense of responsibility						
Self-confidence						
Warmth of personality						
Sense of humor						
Concern for others						
Energy						
Maturity						
Initiative						
Reaction to setbacks						
Respect accorded by faculty						

게 되어 있다.

프린스턴 대학의 카운슬러 추천서는 하버드 대학과 동일한 형식의 체크 리스트를 사용한다. 체크 리스트 항목으로는 학업 측면에서의 동기 유발(Academic motivation), 지적 창의성(Intellectual creativity), 학업적 잠재력(Academic potential), 논리적 사고력(Critical thinking), 개방 성향(Open-mindedness), 자신감(Self-confidence), 타인에 대한 배려(Concern for others), 지도력(Leadership), 일과 관련된 윤리성(Work ethic), 정서적 성숙도(Emotional maturity), 친구들이 칭찬하는 정도(Respect accorded by peers), 교직원이 칭찬하는 정도(Respect accorded by faculty), 사리사욕 없음(Selflessness)의 총 13개 항목이 나열되어 있다.

각 항목마다 '판단 근거 없음(No basis for judgement)' '평균 또는 그 이하(Average or below)' '좋음(Good)' '우수함 : 상위 10%(Excellent)' '탁월함(Outstanding)'으로 나뉜 다섯 등급 중 한 곳에 체크하게 되어 있다.

⑤ 카운슬러 추천서(Summary Statement ; Counselor Recommendation)

카운슬러 추천서에는 지원자에 대한 카운슬러의 개인적인 의견을 기술하는 부분이 있다. 카운슬러 추천서에 적힌 질문을 보면 학생들이 평소에 카운슬러와 긴밀한 관계를 맺으면서 학교생활을 잘하는 것이 얼마나 중요한지 느끼게 된다.

하버드 대학과 프린스턴 대학의 카운슬러 추천서에는 어떤 질문이 실렸는지 살펴보자. 카운슬러는 주어진 질문에 충실하게 답변하는 글을 써야 지원자에게 유리하다는 사실을 명심해야 한다. 다른 대학들이 원하는 추천서의 내용도 이들 대학과 거의 대동소이하다고 보면 된다. 정확한 의미 파악을 위해 영어 원문도 함께 실었다.

⊙ 하버드 대학 카운슬러 추천서에 실린 질문의 예

학업적 특성이건 인성적 특성이건 학생에 관해 중요하다고 여기는 것을 써주십시오. 우리 대학은 지원자의 지적 유망성, 동기 유발, 성숙도, 성실성, 독립성, 독창성, 주도성, 리더십 역량, 성장 가능성, 특수 재능, 열정, 타인에 대한 배려, 교직원으로부터 받는 찬사(주목), 실패를 극복하는 능력 등에 관심이 있습니다. 우리는 지원자가 다른 지원자들과 차별성이 있는지를 파악하는 데 도움이 될 정보를 환영합니다.

Please write whatever you think is important about this student, including a description of academic and personal characteristics. We are particularly interested in the candidate's intellectual promise, motivation, maturity, integrity, independence, originality, initiative, leadership potential, capacity for growth, special talents, enthusiasm, concern for others, respect accorded by faculty, and reaction to setbacks. We welcome information that will help us to differentiate this student from others.

우리는 우리 대학에 지원하는 학생들이 성장하고 발전하는 과정에 있다고 봅니다. 당신이나 다른 교직원들이 지원자에 대해 느낀 인상을 묘사해 주시면 우리 대학에서 지원자를 학생이자 인간으로서 어떤 사람인지 파악하는 데 도움이 될 것입니다. 두드러진 학업적 강점이나 취약점이 있는지, 긍정적이건 부정적이건 어떤 두드러진 특성이나 성격이 있는지, 학교나 지역사회에 특별히 기여한 바가 있는지, 지원자의 학업 성취나 과외 활동 경력에서 우리가 더 가치를 두고 평가해야 한다고 강조할 어떤 특수 상황이나 배경이 있는지 알고 싶습니다. 당신의 의견을 뒷받침해 줄 실제 일화나 상황이 있다면 써주십시오.

We know that the young men and young women applying to us are till growing and developing at this stage in their lives. But it would be helpful if you could draw upon your own impressions (and those of your colleagues) so that we might better know this applicant both as a student and as a person. What particular academic strengths or weaknesses stand out? What particular traits or qualities (either positive or negative) is the applicant noted for? Are there any particular contributions the applicant has made to the school and/or the community? Are there any special circumstances in the student's background that would help us better understand and appreciate his or her academic or extracurricular performance? If there are anecdotes or examples that illustrate your comments, please use them.

카운슬러 추천서 쓰는 법

대입 사정관의 최대 관심은 지원자의 학업 성취도와 지적 능력에 맞춰져 있다. 물론 지원자의 인성이나 리더십에도 관심이 있다. 그렇기 때문에 추천서를 쓰는 카운슬러는 그러한 부분에 중점을 두고 글을 써야 사정관이 의사결정을 하는 데 도움을 줄 수 있다.

추천서는 어떤 과장이나 꾸밈이 없이 있는 그대로의 사실을 정확하게 기술하는 것이 좋다. 카운슬러의 글을 신뢰할 수 있는지 없는지를 파악하기 위해 사정관은 학생의 성적, SAT II, AP 점수들과 비교 검토하면서 추천서를 읽는다. 만약 카운슬러가 'great kid' 'loved by all' 'a leader'라고 평가했는데 그 학생의 성적이나 점수가 그다지 높지 않거나, 그만한 인성을 갖추지 못한 것이 다른 서류에서 드러난다면 사정관은 담당 카운슬러의 추천서에 의심을 품게 된다. 사정관들은 자기가 심사하는 지역의 고교 정보를 꿰뚫고 있기 때문에 추천서에 쓰인 과장이나 거짓은 그들에게 거의 통하지 않는다.

추천서에 어떤 내용을 쓸 것인지 정할 때는 지원서의 다른 부분에서도 확인할 수 있는 정보가 되풀이되지 않도록 하는 것이 좋다. 같은 정보를 반복해서 쓰는 것은 사정관의 시간을 낭비하게 할뿐더러 지원자를 알리는 데도 효율적이지 못하다.

교사 추천서

교사 추천서를 쓰는 사람

교사 추천서인 양식 4는 카운슬러 추천서와 더불어 지원자의 학업과 인성을 등급화하는 데 쓰이는 중요한 자료가 된다. 그러므로 학생들은 어떤 교사에게 추천서를 써달라고 부탁할 것인지 신중하게 결정해야 한다. 교사 추천서는 지원자가 재학 중인 고교의 교과목 교사가 쓰는 양식이다.

추천서를 의뢰할 교사를 찾을 때는 학생 자신의 능력, 재능, 인성을 최고로 좋게 평가해 줄 교사가 누구인지 생각해 본다. 추천서를 부탁하기에 적합한 교사로는, 한 학기 이상 수업을 받았던 교사나 A(90점 이상, 수)를 받았던 과목의 교사, 고1 때보다는 고2나 고3 때 배웠던 교사, 학생 자신이 활발하게 활동한 특별 활동의 지도 교사, 평소에 자신의 숙제나 프로젝트에 깊은 관심을 보이고 칭찬해 준 교사 들이다. 중요한 것은 좋은 성적을 받았으면서 학생 자신의 열정, 관심, 호기심, 창의성을 잘 아는 교사를 찾아야 한다는 점이다.

누구에게 부탁할지 마음속으로 정한 뒤에는 해당 교사를 찾아가 추천서를 써줄 수 있는지 물어보아야 한다. 만약 교사가 학생 자신에 대해 잘 모른다고 대답하거나 망설이는 기색을 내비치면 추천서를 부탁하지 않는 편이 낫다. 그런 교사는 대개 합격에 결정적으로 도움이 될 '강력한' 추천서를 써주지 못할 것이기 때문이다. 학생에 대해 잘 모르는 교사는 추천서에 추상적이고 평범한 칭찬만 쓰기 때문에 학생을 잘 알면서 구체적인 사례를 들어가며 칭찬한 글에 비해 영향력을 발휘하지 못한다.

아이비리그 대학의 사정관들은 추천서를 쓸 교사를 정할 때 반드시 영어 교과의 교사를 포함시키라고 충고한다. 대학에서는 앞으로 성공적인 사회생활을 하려면 토론이나 발표에 필요한 말하기 기술, 계획서나 보고서를 작성하는 데 필요한 글쓰기 능력이 중요하다고 본다. 그래서 수많은 학생을 가르친 경험이 있는 영어 교사가 객관적인 잣대와 관점으로 학생의 영어 실력과 언어적 능력을 평가해 주길 바란다. 수준 높은 영어 실력은 인문사회 계열뿐만 아니라 이공 계열 전공자에게도 성공을 위해 반드시 필요한 능력으로 간주되고 있다.

교사 추천서를 요구하는 이유

교사 추천서를 요구하는 이유는 지원자에 대한 전반적 인상을 포착하기 위해서다. 사정관은 성적이나 점수 말고도 지원자의 학습 태도, 학습 과정, 자기 통제 능력, 대인관계 능력, 동기 유발, 리더십 능력 등을 파악하고자 한다. 다시 말해 무대 위에 보이는 공연(성적)뿐만 아니라 무대 뒤의 준비 과정이나 상황(인성적·사회적·정서적 특성)도 보길 원한다. 대학에서는 그러한 상황을 알려주고 보여주는 카메라와 같은 역할을 교사에게 기대하는 것이다.

어느 교사에게 A(90점 이상, 수)를 받은 두 명의 학생이 있다고 하자. 한 명은 담당 교사가 요구하는 것 이상의 프로젝트를 해내고 다른 학생들에게 새로운 관점에서 생각해 보게 하는 토픽과 이슈로 수업 진행을 의미 있게 흐르도록 한 학생이고, 다른 학생은 수업에 별다른 기여는 하지 않았지만 학기말 시험을 잘 쳐서 B⁻에서 힘겹게 A로 올라간 학생이다.

두 학생의 표면적인 성적은 같아도 이면에 숨어 있는 참여도, 열정, 관심은 전혀 다른 셈이다. 이러한 상황은 실제로 학생을 가르치고 수업을 진행한 교사만이 알 수 있다. 아이비리그 대학에서는 이렇게 이면에 숨겨져 있어 겉으로 드러나지 않는 학업 수행 능력과 인성적 특성을 파악하길 원한다. 그래야 대학 발전에 기여할 학생을 선발할 수 있다고 보는 것이다.

교사는 대학에 지원하는 당사자가 아니고 학부모도 아니기 때문에 누구보다도 객관적인 관점에서 학생을 평가할 수 있는 사람이다. 또 비슷한 수준의 학생을 몇 년간 지도해 왔기 때문에 학생들 간의 비교 평가를 정확하게 할 수 있는 사람이기도 하다. 그래서 사정관은 지원자가 직접 작성한 지원서 이외에 제삼자가 작성하는 카운슬러 추천서나 교사 추천서를 요구하는 것이다.

교사 추천서 양식

교사 추천서 양식은 지원자의 학업 태도와 인성을 파악하기 위한 질문들로 구성되어 있다. 카운슬러 추천서와 마찬가지로, 체크 리스트에 체크하는 부분이 있고, 학생에 대한 교사의 생각과 의견을 글로 서술하는 부분이 있다.

① 교사 추천서 : 체크 리스트

하버드 대학의 교사 추천서에는 다음의 표와 같은 체크 리스트가 있다. 체크 리스트에는 창의적 · 독창적 사고, 동기 유발, 자신감, 독립성과 주도성, 학업 성취도, 효율적인 토의 능력, 통제된 학습 습관, 지적 능력, 인성

하버드 대학의 교사 추천서 체크 리스트	No basis for judgment	Below Average	Average	Good	Very Good (top 10%)	Excellent (top 50%)	One of the top few
Intellectual curiosity							
Intellectual creativity							
Academic achievement							
Academic promise							
Leadership							
Sense of responsibility							
Self-confidence							
Warmth of personality							
Sense of humor							
Concern for others							
Energy							
Maturity							
Initiative							
Reaction to setbacks							
Respect accorded by faculty							

적 면모와 성격, 성장 가능성의 총 10개 항목이 나열되어 있다. 각 항목마다 교사는 '판단 근거 없음' '평균 이하' '평균' '우수함' '매우 우수함(상위 10%)' '탁월함(상위 5%)' '최상위 몇 명 중 하나'로 나뉜 7개 등급 중 한 곳에 체크하면 된다.

브라운 대학의 교사 추천서도 하버드 대학과 동일한 형식의 체크 리스트를 사용한다. 체크 리스트 항목으로는 능력, 동기 유발, 창의성, 자제력, 성장 가능성의 총 5개 항목이 나열되어 있다. 각 항목마다 교사는 '판단 근

거 없음' '평균 이하' '평균' '우수함' '매우 우수함 : 상위 7~10% 이내'
'탁월함 : 상위 2~3% 이내' 등 6개 등급 중 한 곳에 체크하게 되어 있다.

② 교사 추천서 : 서술 양식

교사 추천서에는 지원자에 대한 교사의 개인적 의견을 기술하는 부분
이 있다. 추천서의 질문 내용을 보면 학생들이 평소 수업에 성실하게 임하
되 열정과 역량을 드러내는 것이 얼마나 중요한지를 알 수 있다.

교사 추천서에는 어떤 질문이 실렸는지 프린스턴 대학의 예를 들어 살
펴보자. 하버드 대학의 교사 추천서는 앞에 소개된 카운슬러 추천서의 질
문 내용과 동일하다. 다른 대학들이 원하는 추천서의 내용도 이들 대학과
거의 비슷하다고 보면 된다.

◉ 프린스턴 대학 교사 추천서에 실린 질문의 예

우리 대학은 지원자가 어떤 유의 사람인지 알고 싶습니다. 예를 들어 다른 교
직원에게 지원자를 소개할 때 지원자가 어떻게 수업에 참여하고 성취할 것이
라고 말씀하시겠습니까?

"We would like to know what sort of student this applicant is. For
instance, what would you tell a colleague to expect from this student
by way of participation and performance in class?

교사 추천서 쓰는 법

대입 사정관의 궁극적인 관심은 지원자가 대학에 들어와서 어떤 기여를 하고 어떤 도움을 줄 것인가 하는 데 있다. 아이비리그 대학이 원하는 학생은 탁월한 지적 능력과 통찰력, 열정과 영향력을 갖춘 사람이다. 이러한 능력과 인성을 갖춘 학생이라면 수업에 활력을 주고, 수업의 질을 높이며, 수업 진행에 긍정적인 기여를 해서 대학 발전에 일조할 거라고 판단하는 것이다.

이처럼 대학이 선발하고자 하는 학생이 어떤 사람인지를 알면 어디에 초점을 맞추어 추천서를 써야 할지 분명해진다. 글의 초점은 학생의 학업 수행 능력, 잠재력, 재능, 창의성, 주도성, 열정, 헌신, 리더십 등에 맞추면 된다. 이중에서 사정관들이 교사 추천서를 통해 가장 알고자 하는 바는 지원자의 학업 수행 능력이다.

추천서를 쓰는 많은 교사들이 학생의 성적과 점수가 지원서의 다른 부분에 이미 쓰여 있으니 학업적 측면은 추천서에서 다룰 필요가 없다고 여기는데, 사정관들은 크게 잘못된 생각이라고 말한다. 학생의 학업 수행 결과가 성적의 숫자로 표기되기는 하지만 그 숫자가 그 이면의 과정과 상황까지 말해 주는 것은 아니므로, 사정관은 추천서를 쓰는 교사들이 그 점을 집중적으로 다뤄주기를 원한다.

만약 좋은 성적과 점수를 얻은 학생이 교사 추천서에서는 자신의 능력만큼 노력한 흔적이 보이지 않는다든가, 성실하고 모범적인 학생이지만 빛나는 통찰력은 보이지 않는다든가, 수업에 기여하는 바가 별로 없다든가 하는 평가를 받으면, 사정관은 그 지원자를 높이 평가하지 않는다.

교사 추천서를 작성하는 가장 좋은 방법은 지원서의 다른 부분에 쓰인 정보를 중복해서 쓰지 말고, 그 이면의 과정과 배경에 대해 쓰는 것이다. 두루뭉수리하게 추상적으로 쓰지 말고 실제 사례와 상황(프로젝트, 숙제, 토론 등)을 구체적으로 기술하는 것이 좋다. 또 긴 글보다는 짧으면서도 정확하고 정직하게 쓰는 편이 훨씬 효과적이다.

다음에 소개된 교사 추천서를 읽어보자.

이영희를 추천하게 된 것을 기쁨으로 생각합니다. 영희는 우리 학교에서 아주 우수한 학생이고 리더입니다. 그녀는 우리 학교에서 가장 고난도의 학업 프로그램을 이수했으며, 평균 평점이 A입니다. 그녀의 지능은 그녀 자신 말고는 그 누구와도 경쟁이 되지 않으며, 영어 교사들로부터 '올해의 고3 학생상'을 받았습니다. AP 생물과 AP 영문학 시험에서는 만점인 5점을, SAT I에서는 2240점을 받았습니다.

영희는 학업 이외에 봉사 활동과 학생회 활동에도 깊이 참여하고 있습니다. 고2 때는 학생회 회장이었고, 현재는 총학생회 회장으로 선출되어 활동 중입니다. 그 외에도 해비타트 클럽의 임원으로 활동하면서 무주택자 보호소에서 봉사 활동도 적극적으로 하고 있습니다.

영희는 여러 면에서 대단히 우수한 학생입니다. 탁월한 지도력과 매우 인간적인 면모를 보여주고 있습니다. 집중력이 뛰어나고, 동기 유발이 잘 되며, 잠재 능력도 있고, 친구들과 교사들에게도 칭찬받습니다. 나는 영희가 훌륭한 대학생이 될 것이며, 귀교에 자산이 될 것이라고 확신합니다.

이 추천서에서 교사는 자기가 가르친 학생을 '매우' 긍정적으로 소개하고 추천하고 있다. 대개의 교사들은 이런 내용의 추천서를 굉장히 좋은 추천서라고 생각한다. 하지만 위의 추천서는 추천서 작성의 좋은 예가 아님을 강조하기 위해 소개한 것이다. 학생을 매우 긍정적이고 우호적으로 평가한 글이지만, 사정관의 입장에서는 이 지원자가 다른 지원자에 비해 차별성을 갖고 있다고 판단하는 데 그리 도움이 되지 않는다. 아이비리그와 같은 미국 명문 사립대의 입학 심사에서 이러한 추천서는 힘을 발휘하지 못한다.

지원자를 입이 마르게 칭찬한 위의 추천서가 그다지 강력한 추천서가 되지 못하는 이유는 무엇일까? 그것은 바로 사정관이 지원서의 다른 부분에서 이미 알 수 있는 내용들만 쭉 나열했기 때문이다. 영희의 성적, AP 점수, 학생회장, 봉사 활동 경력 등은 이미 지원서의 양식 1과 양식 2에 씌어 있는 내용이다. 이런 내용보다는 영희를 그토록 좋게 평가하는 이유와 근거를 제시하거나, 구체적인 상황이나 배경을 묘사했다면 아주 좋은 추천서가 될 수 있었을 것이다. 무슨 이유로 영희가 총학생회장이 되었는지, 무엇이 얼마나 우수해서 영어 교사들로부터 상을 받았는지, 학생회장으로 일하면서 어떤 리더십을 보였는지에 관해 구체적인 상황과 배경을 설명했다면 훨씬 효과적인 추천서가 되었을 것이다.

추천서 심사 결과 등급화하기

아이비리그 대학에서는 지원자의 카운슬러 추천서와 교사 추천서를 심사한 뒤에 지원자의 활동 등급(또는 인성 등급)을 매긴다. 하버드 대학의 경우,

추천서의 내용을 심사한 뒤 지원자들을 다음의 4개 등급으로 나눈다. 하버드 대학의 입학 사정관으로 근무했던 척 휴에 따르면, 다음에 나열된 1~2등급을 받아야지, 3~4등급의 인성 등급을 받으면 합격할 수 없다고 말한다.

1 1등급 : 보기 드물게 강력한 추천(Unusually strong support)
→ 카운슬러나 교사가 자신이 접한 학생들 중에서 "Best in career"라고 썼고, 이를 뒷받침하는 구체적인 사례를 자세히 썼을 때

2 2등급 : 매우 강력한 추천(Very strong support)
→ 자신이 접한 학생들 중 "One of the best this year"이라고 썼고, 이를 뒷받침하는 사례를 썼을 때

3 3등급 : 긍정적인 추천(Positive support)
→ 지원자에 대해 호의적으로 썼지만 구체적인 근거를 제시하지 않았을 때

4 4등급 : 평범하거나 부정적인 추천(Modest to negative support)
→ 지원자에 대한 주요 정보가 없거나, 긍정적으로 묘사하지 않았을 때

chapter 4

세계 최고
수재들의 치열한
입학 전쟁

— 아이비리그 대입 전형 유형과 심사 과정

1_ 대입 전형 유형과
재정 보조

미국의 대입 전형 제도에는 정시 전형과 조기 전형의 두 가지가 있다. 물론 연중 수시 전형(Rolling Admission)이나 편입 전형(Transfer)도 있다. 이 장에서는 미국 대학에서 시행하는 조기 전형과 정시 전형의 종류에는 무엇이 있고, 전형 유형별로는 어떤 차이가 있는지, 그리고 각 전형의 장단점은 무엇인지 살펴보자.

정시 전형

정시 전형(Regular Admission)의 지원서 양식이나 전형 방법은 조기 전형과 동일하다. 하지만 전형 시기가 더 늦고, 복수 지원이 가능하며, 합격 후 진학할 대학을 자유의사에 따라 결정할 수 있다는 점에서 조기 전형과 다르다.

정시 전형의 최대 장점은 대학들의 재정 보조 금액(장학금)을 비교해 볼 수 있다는 것이다. 하지만 이러한 장점에도 불구하고 정시 전형은 지원자에게 다소 불리한 면이 있다. 정시 전형이 조기 전형보다 합격률이 현저히 낮기 때문이다.

그러므로 대학의 장학금 지급 여부와 상관없이 꼭 진학하고자 하는 대학이 있다면, 가급적 조기 전형에 지원하라고 권하고 싶다. 하지만 진학하고자 하는 대학은 있지만 장학금이 없거나 적어 진학하는 데 어려움이 있는 학생이라면 정시 전형에 지원하는 것이 좋다.

조기 전형

조기 전형의 종류

정시 전형보다 한두 달 앞선 조기 전형은 정시 전형과 거의 같은 방법과 과정으로 시행된다. 조기 전형에는 '얼리 디시전(Early Decision)', '얼리 액션(Early Action)', '단일 선택 얼리 액션(Single Choice Early Action)'의 세 가지 유형이 있다. 원서 접수 마감이나 합격자 발표 시기는 세 유형이 엇비슷하지만, 복수 지원이 가능한지, 합격 후에 반드시 지원 대학으로 진학해야 하는지, 그 대학으로 진학하지 않아도 되는지의 여부에 따라 차이가 있다.

조기 전형은 11월 초에 원서 접수를 마감하고 12월 중순까지 합격자를 발표한다. 몇몇 대학은 조기 전형 제도를 해마다 바꾸고 있다. 따라서 조기 전형에 지원할 학생은 자신이 지원하는 해에 각 대학이 어떤 제도를 취하는지 미리 파악해 두어야 한다.

① 얼리 디시전(Early Decision)

얼리 디시전은 진학하고 싶은 대학을 단 한 곳만 정해서 그 대학에만 지원서를 내고, 합격하면 반드시 입학 등록을 해야 하는 제도다. 그렇기 때문에 '바인딩 플랜(Binding plan)'이라고도 한다. 만약 얼리 디시전을 채택한 컬럼비아 대학에 지원했다가 합격이 되면 컬럼비아 대학에 묶이게 되므로 다른 대학으로 발길을 돌리지 못한다는 뜻이다. 이 경우 미국 학생들은 'I bind to Columbia'라고 표현하기도 한다.

얼리 디시전 플랜을 취하는 대학에 지원하는 학생들은 11월 1일까지 지원서를 제출하고, 12월 중순까지는 대학으로부터 결과를 통보받게 된다. 그런데 정시 전형 마감일이 12월 초부터 이듬해 1월 말이기 때문에 학생들은 조기 전형의 결과를 모르는 채 정시 전형에도 지원서를 접수시켜야 한다.

만약 얼리 디시전 플랜을 취하는 대학에 합격하면 지정된 날짜(대개 2월 초)까지 그 대학으로 진학 의사를 알리는 최종 확약서를 보내야 한다. 동시에 정시 전형으로 지원한 다른 모든 대학에도 편지를 보내 심사를 철회해 달라고 통보해야 한다.

2006년에는 컬럼비아, 코넬, 다트머스, 펜실베이니아, 프린스턴, 존스홉킨스, 노스웨스턴 대학 등에서 조기 전형 지원자에게 얼리 디시전 방식을 적용했다. 2007년에는 그동안 얼리 액션을 적용하던 브라운 대학이 얼리 디시전을 적용했으며, 그동안 얼리 디시전을 취하던 프린스턴은 2008년도 입학생부터 다른 제도를 취할 예정이라고 발표했다.

② 얼리 액션(Early Action)

얼리 액션은 조기 전형으로 지원서를 보낼 때 해당 대학뿐만 아니라 얼리 액션을 취하는 다른 대학들에도 복수로 지원할 수 있는 제도다. 그러나 얼리 액션 제도의 대학과 얼리 디시전 제도의 대학에 동시에 조기 지원할 수는 없다.

얼리 액션의 가장 두드러진 특징은 합격해도 그 대학으로 반드시 진학하지 않아도 된다는 것이다. 따라서 합격한 대학들 중에서 가장 마음에 드는 대학으로 진학할 수 있다. 정시 전형으로 다른 대학에도 지원할 수 있고, 합격한 대학 중에서 진학할 대학을 선택해서 정시 지원자들처럼 5월까지 그 대학으로 진학 의사를 통보하면 된다. 그러므로 엄밀히 말하면, 얼리 액션은 조기에 지원하고 합격 통지가 일찍 온다는 사실 말고는 정시 전형과 다를 바가 없다.

몇 년 전까지만 해도 8개 아이비리그 대학 중에서 하버드와 브라운 대학만이 얼리 액션을 취했다. 2002년부터는 예일 대학과 스탠퍼드 대학이 몇 년간 얼리 액션을 시행했고, MIT와 칼텍은 지금도 얼리 액션 제도를 취하고 있다. 2006년 지원자에게 얼리 액션 방식을 적용한 대학은 브라운, MIT, 스탠퍼드, 칼텍, 노트르담, 시카고 대학 등이다. 2007년 입학생 전형 때는 브라운 대학이 얼리 디시전을 취했다.

③ 싱글 초이스 얼리 액션(Single Choice Early Action)

비교적 최근에 도입된 '싱글 초이스 얼리 액션(단일 선택 얼리 액션)'은 얼리 디시전과 얼리 액션의 특징을 적절히 섞어놓은 새로운 제도다. 얼리 디시전처럼 단 한 개의 대학에만 조기 지원할 수 있지만 합격했다고 반드시 그 대학으로 진학해야 하는 것은 아니다. 따라서 싱글 초이스 얼리 액션으로 조기에 합격했어도 정시 지원으로 다른 대학에도 지원할 수 있다.

지난 2002년에 예일과 스탠퍼드 대학은 얼리 디시전에서 얼리 액션으로 바꾸었다가 2004년부터는 싱글 초이스 얼리 액션으로 다시 바꾸었다. 하버드 대학의 경우에도 얼리 액션을 취하다가 2003년부터는 싱글 초이스 얼리 액션으로 전환했다. 2006년 지원자에게 싱글 초이스 얼리 액션 방식을 적용한 대학으로는 하버드와 예일 대학이 있다.

그동안 우수 학생을 선발하려는 치열한 경쟁으로 많은 대학이 너도나도 조기 전형 제도를 시행하는 바람에 대학으로서는 인력, 시간, 재정적 손해를 감수해야 했고, 합격자들의 등록률도 저조하다는 부작용이 따랐다. 싱글 초이스 얼리 액션은 이러한 무분별한 조기 지원 현상을 안정시키는 효과가 있어서 대학이나 지원자 양측에 모두 바람직한 제도다.

이 제도는 조기 지원 때 지원자가 그 대학 말고는 다른 대학에 복수로 지원할 수 없도록 규정한 것이어서 합격했을 경우 입학 등록률이 비교적 높아 대학 입장에서 매력적인 제도이다. 그리고 합격했을 때 그 대학으로 꼭 진학해야 하는 구속력이 없으므로 지원자에게도 매력적인 제도다. 물론 정시 전형보다 합격률도 더 높다.

미국 내 5,000여 개 대학을 회원으로 두고 있는 대학 입학 관계자들의 단체인 전국대학입학카운슬러협회(NACAC)는 예일, 스탠퍼드, 하버드가 싱글 초이스 얼리 액션 제도를 도입했을 당시만 해도 이 제도가 특정 명문 대학에만 유리한 제도라는 판단 아래 이를 승인하지 않겠다는 입장을 고수했다. 하지만 이 제도의 장단점을 평가해 본 후 대학과 지원자 모두에게 효율적인 제도라고 판단해, 조기 지원 방식의 하나로 공식 승인하기로 결정한 것이다. 이에 따라 미국 대학의 조기 전형 제도에 지각 변동이 일어나고 있다.

대학이 조기 전형을 선호하는 이유

사실 조기 전형 제도는 지원자를 위한 제도인 듯 보이지만 실제로는 대학에 주는 이점이 많기 때문에 대학을 위한 제도라고 할 수 있다. 대학에서 조기 전형 제도를 활용하는 이유는 무엇일까?

첫째, 조기 지원하는 학생들은 그 대학을 1지망으로 선택한 것이기 때문에 일단 합격하면 등록하는 비율이 높다. 얼리 디시전으로 합격한 학생은 의무적으로 입학 등록을 해야 하기 때문에 등록률이 높을 수밖에 없다. 또한 그 대학에 확고한 진학 의사가 있어서 지원한 것이기 때문에 정시 지원으로 합격한 학생들보다 등록률이 높은 것이 사실이다. 합격했다고 해서 반드시 등록해야 하는 것은 아닌 얼리 액션 합격자라 하더라도 등록률이 높은 편이다. 하버드 대학은 얼리 액션 합격자 중에서 무려 88%나 되는 학생들이 등록한 것으로 집계되었다. 참고로 합격자 대비 실제 등록자 수를 표기한 등록률은 대학의 순위와 명성을 좌우하는 중요한 요소가 된다.

둘째, 대학은 조기 전형을 통해 대학 재정 기반을 탄탄하게 구축할 수 있다. 조기 전형에는 지적으로 탁월한 학생뿐만 아니라 재정이 든든한 동문 자녀인 르가시 지원자나 거액의 기부금을 납부할 수 있는 재력가의 자녀가 지원한다. 이들이 합격하면 대학 입장에서는 기부금을 확보할 수 있다.

셋째, 대학의 이미지를 높이거나 홍보하는 데 도움이 된다. 조기 전형에는 명망 높은 인사나 정치가의 자녀들이 대거 지원한다. 만약 그들이 합격해 진학하기로 결정하면 매스컴을 통해 누구누구의 자녀가 어느 대학에 진학한다는 소식이 퍼지게 된다. 이는 대학 홍보에 큰 도움이 되고 대학의 명성을 높이는 데도 일조한다.

넷째, 조기 합격자 수를 알기 때문에 대학에서는 정시 전형 계획을 비교적 정확하게 수립할 수 있다. 즉 정시 전형으로 선발해야 할 학생 수를 정확히 추산할 수 있고, 또 눈코 뜰 새 없이 바쁜 정시 전형의 업무를 분산시킬 수도 있다. 따라서 지원자 한 사람 한 사람을 보다 공정하고 정확하게 심사할 수 있다.

다섯째, 일정한 수의 뛰어난 운동선수를 다른 대학에 뺏기지 않고 조기에 확보할 수 있다.

여섯째, 조기 전형 때는 가장 진학하고 싶은 대학에 지원하기 때문에, 조기 전형으로 입학한 지원자는 남다른 애교심을 갖고, 대학의 성장과 발전을 위해 적극적으로 활동한다.

조기 지원이 유리한 이유

조기 전형으로 대학에 지원하는 게 왜 유리한 것일까? 그 답은 정시 전형 때보다 합격의 가능성이 훨씬 높다는 데 있다.

아이비리그 연차 회의에서 발표된 2006년도 신입생 조기 전형 합격률이 이를 대변한다. 하버드 대학의 경우, 조기에 지원한 학생은 총 지원자 중 21%가 합격한 반면, 정시에 지원한 학생은 총 지원자 중 단 7%만이 합격했다. 괄호 밖이 조기 전형 합격률이고 괄호 안이 정시 전형 합격률이라고 할 때, 예일은 18%(6%), 프린스턴 27%(8%), 브라운 23%(13%), 코넬 39%(23%), 다트머스 30%(14%), 펜실베이니아 29%(14%), 컬럼비아 26%(8%)의 합격률을 보였다.

조기 전형의 합격률이 정시 전형 때보다 높은 것은 대학에서 신입생 정원의 약 30~40%를 조기 전형에서 뽑기 때문이다. 요즘은 대학마다 가능하면 많은 학생을 조기 전형으로 뽑으려고 하는 추세다. 하버드 대학의 경우에는 2006년도에 합격생 정원인 2,109명 중에서 무려 38%(804명)의 학생을 조기 전형으로 뽑았다. 예일 대학은 합격생 정원인 1,823명 중에서 40%(724명)를, 프린스턴 대학은 정원 1,792명 중에서 33%(599명)를 조기 전형으로 뽑았다. 그 이외에도 코넬은 정원의 15%, 펜실베이니아는 33%, 브라운은 21%, 다트머스는 16%, MIT는 26%, 스탠퍼드 대학은 35%의 학생을 조기 전형으로 선발했다.

조기 전형의 장점은 합격률이 높다는 이유 말고도 또 한 가지가 있다. 지원자가 조기 전형에서 합격하고 나면 4월 중순까지 결과를 기다리며 노심초사하지 않아도 된다는 것. 따라서 마음의 안정과 여유를 갖게 되고, 고등학교 3학년의 마지막 과정을 대학 전형에 매달리지 않고 다른 활동에 집중할 수 있어 남은 고교 생활을 보다 알차게 보낼 수 있다.

조기 지원 시 고려할 점

합격률이 높다고 해서 무조건 조기 전형에 지원했다간 나중에 후회할 일이 생길 수 있다. 조기 전형에 지원하려는 학생들은 다음과 같은 사항을 미리 심사숙고하길 바란다.

첫째, 얼리 디시전 제도를 취하는 대학에 지원할 때는 그 대학이 꼭 가고 싶은 대학인지를 곰곰 생각해 보아야 한다. 정시 지원보다 조기 지원 때 합격률이 훨씬 높으므로 조기 지원의 기회를 놓쳐서는 안 되겠지만, 단지 합격률이 높다고 해서 다양한 사항을 고려하지 않고 지원했다간 후회하게 될 수도 있다. 만약 얼리 디시전으로 합격한 대학보다 다른 대학에 미련이 남는다면 4년간의 대학생활이 힘들어질 수 있기 때문이다. 프린스턴 대학에 진학했는데 예일 대학에 두고두고 미련이 남는다면 곤란하지 않겠는가? 그러므로 조기 지원할 때는, 특히 얼리 디시전 제도의 대학에 지원할 때는 정말로 가고 싶은 한 개의 대학을 정하는 것이 무엇보다 중요하다. 무조건 상향 지원하거나 하향 지원하는 것도 바람직하지 않다. 만약 꼭 가고 싶은 대학을 정하지 못했다면 얼리 디시전 제도의 대학에 지원하는 것은 재고해 봐야 한다.

둘째, 재정 지원 없이는 대학에 다니기 힘든 학생이라면 정시 전형에 지원하는 편이 유리하다. 조기 전형 때는 대학에서 재정 보조 신청자보다 그렇지 않은 학생을 우선적으로 선발하려 하기 때문에, 조기 전형에서 재정 보조 신청을 할 경우 사실상 합격의 확률이 낮아진다. 그리고 무엇보다도 정시 전형 시기가 되어야 대학의 다양한 재정 보조 프로그램이 발표되며, FAFSA에서도 서류 접수가 가능하다.

FAFSA의 서류 접수는 1월 1일부터 시작되므로, 조기 전형 서류 마감일인 11월이나 합격 통보를 받는 12월에는 정부의 재정 보조 신청 프로그램이 준비되어 있지 않은 상태다. 물론 합격한 뒤에 FAFSA에 서류를 접수시켜 놓으면 재정 보조를 받을 수는 있다. 대학은 정시 전형이 다 끝난 4월이 되어서야 각 지원자의 재정 보조 금액을 산정한다. 조기 지원한다고 재정 지원을 못 받는 것은 아니지만, 얼마를 지원받을 수 있는지도 알 수 없

FAFSA(Free Application for Federal Student Aid)

미국의 영주권자나 시민권자 들은 미국 내의 거의 모든 대학에서 학비를 보조받을 수 있다. 이를 '재정 보조 장학금(Financial-Aid Scholarship)'이라고 하는데, 우등 장학금(Academic Merit Scholarship)과는 성격이 다르다. 대학 공부를 원하는데 가정 형편이 어려워 학업을 포기해야 하는 학생이 생기는 것을 원초적으로 차단하려는 미 연방정부의 의지로, 정부에서 개별 학생의 필요 금액을 산정해 각자 학업을 수행하는 데 필요한 만큼 보조해 주는 장학금인 셈이다.

우등 장학금의 출처는 대학이지만, 재정 보조 장학금의 출처는 연방정부나 주정부다. 이 장학금을 받으려면 웹사이트(www.fafsa.ed.gov)에 접속해(또는 서류로) 지원서 양식을 받아서 부모와 학생(만약 돈을 벌고 있다면)의 일 년간 세무 증빙 자료를 첨부해야 한다. 이때 작성하는 지원서를 FAFSA라고 한다. 이 서류를 심사하고 결정하는 기관은 연방교육부이다. 재정 보조를 희망하는 대학생이라면 누구나(대학 재학생과 대입 지원자) 매년 정해진 날짜까지 구비 서류를 모두 제출해야 한다. FAFSA 지원 결과는 신청자의 해당 대학으로 통보되고, 학생들은 대학을 통해 그 결과를 알게 된다. 4인 가정에서 부모의 연간 수입이 약 7~8만 달러 이하인 학생들은 거의 다 혜택을 받는다. 물론 장학금 액수는 학생마다 다르다.

고, 어느 대학에서 더 많은 금액을 지원해 주는지 비교할 수도 없다는 단점을 간과할 수는 없다.

셋째, 지원하려는 대학이 어떤 유형의 조기 전형 제도를 취하는지 지원서를 제출하기 전에 반드시 확인해 두어야 한다. 얼리 디시전, 얼리 액션, 단일 선택 얼리 액션의 세 가지 제도를 왔다갔다하는 대학이 있기 때문이다. 얼리 액션인 줄 알고 복수 지원했는데 나중에야 얼리 디시전 대학에 지원했다는 것을 알게 되고 복수 지원이 문제가 되어 합격이 취소되는 낭패를 보는 경우도 있다. 예일이나 스탠퍼드 대학과 같이 얼리 액션에서 얼리 디시전으로 바꾸었다가 다시 얼리 액션으로 바꾼 뒤, 최근에는 싱글 초이스 얼리 액션으로 바꾼 대학들이 더러 있다.

대입 전형의 결과 통보

조기 전형에 지원한 학생들은 12월 중순까지는 대학으로부터 '합격(accepted)' '불합격(rejected)' '보류(deferred)' 중에서 한 가지 통보를 받게 된다. 정시 진형 지원자들은 4월 중순까지 '합격' '불합격' '대기(waiting)' 중에서 한 가지 통보를 받는다.

조기 지원에서 보류 통보를 받은 학생은 정시 전형에서 다른 모든 지원자들과 함께 다시 한 번 심사의 대상이 된다. 조기 전형에서 보류된 학생이 정시에 합격하는 사례가 통계상으로는 0~10% 정도라고 하지만, 최근 5년 사이에 보류자가 합격자로 바뀐 사례는 거의 찾아보기 힘들다. 간혹 예외가 있기는 하다. 내가 진학 지도를 했던 L양의 경우, 2006학년도에 조기 전형으로 하버드 대학에 지원했다가 보류 통보를 받았다. L양은 다행히 12학년 1학기가 끝나는 시점에 전국 규모의 영어 글쓰기 대회에서 3등을 했고, 또 내셔널 메릿 수상자로 선정되었다. 합격 보류 중에 이러한 탁월한 이력을 보탠 L양은 4월 중순에 하버드 대학으로부터 합격 통지서를 받았다.

대학에서는 추가 정보가 더 필요한 지원자들에게 보류 통보를 보내기도 한다. 예를 들어 고교 수석 졸업자인 학생이 그다지 높지 않은 SAT 점수를 낸 경우 보류 통보를 보낸다. 지원자가 정시 지원 마감일까지 조기 전형 때 제출한 것보다 더 나은 SAT 점수, 추천서, 고3 학교 성적 등을 제출하면 이를 고려해 최종 결정을 내리기도 한다.

대학으로부터 합격 통보를 받으면 지원자들은 합격한 대학들 중에서 어느 대학으로 진학할지 결정해야 한다. 그리고 지정된 날짜까지 예치금과 함께 진학을 약속하는 확약서를 보내야 한다. 합격한 대학 중에서 진학할 의사가 없는 다른 대학들에도 간단한 편지를 띄워 다른 대학으로 진학하기로 결정했음을 알리는 것이 예의다.

대학은 언제든, 또 무슨 이유에서든 합격 판정을 번복할 권한을 가지고 있으므로, 합격했다고 해도 고교 마지막 학년 성적을 잘 유지해야 하며, 졸업하는 날까지 어떤 징계도 받지 않도록 노력해야 한다. 고3 때의 성적이 터무니없이 낮거나 징계 대상이 아닌 한 합격이 번복되는 일은 없다.

보류 통보를 받았을 때 해야 할 일

보류 통보의 유형을 파악하라

조기 전형에서 보류 통보를 받았다면 그것이 무엇을 의미하는지 확실히 파악할 필요가 있다. 대학에서 보류 통보를 내릴 때는 '예의상 보류' 통보를 보내는 경우와 '실질적 보류' 통보를 보내는 경우 두 가지가 있다.

'예의상 보류' 통보란 합격시킬 만큼 만족스럽지는 않지만 그렇다고 불합격시킬 만큼 경쟁력이 없는 학생은 아니라고 알려주는 것이다. 즉 정중한 불합격 통보를 우회적으로 하는 것이다. 예를 들어 지원자가 고교 수석 졸업자이긴 한데 SAT I 점수가 그다지 높지 않아서 대학에서 합격시킬 의사가 없는 경우, 고교 생활을 충실히 한 학생을 가슴 아프게 하지 않으려는 배려에서 예의상 보류 통보를 보내는 것이다.

'실질적 보류' 통보란 몇 가지 서류가 보완되면 합격 가능성이 있는 학생임을 알려주는 것이다. SAT I 점수가 거의 만점에 가까운데 학교 성적이 조금 저조하거나, 전교 석차는 1~2등인데 SAT I 점수가 좀 부족하거나, 대부분의 심사 요소에서는 경쟁력을 갖췄는데 추천서가 약한 경우에 보류 통보를 보낸다. 이 경우에는 SAT 점수가 눈에 띄게 높아졌다거나, 전국 규모의 대회에서 수상을 했다거나, 연구 등의 업적을 냈다면 합격 가능성이 높아진다.

입학 사정관에게 문의하라

보류 통보를 받으면 지역 사정관에게 문의해서 자신이 예의상 보류 대상인지 아니면 실질적 보류 대상인지를 알아낼 필요가 있다. 그리고 실질적 보류 대상이라면 자신의 어떤 점이 취약하고 무엇을 더 보강해야 하는지 조언을 구하고, 그에 따라 처리해 나간다. 이때 부모님보다는 지원자 본인이 직접 사정관에게 문의하는 것이 좋다. 그래야 부모님에게 의지하지 않고 자신의 길을 개척해 나가는 학생으로 보일 수 있다. 하지만 실제로 입학 사정관은 지원자나 지원자의 부모에게 심사에 대해 직접적으로 언급하는 것을 꺼리기 때문에, 고교의 카운슬러나 교사에게 문의해 달라고 부탁하는 것이 좋다.

문의를 했을 때는 사정관의 응답에 실린 진의를 파악해야 한다. 만약 사정관이 지원자의 평균 점수가 어떻고 평점이 어떻다라고 통계 수치를 말한다면, 지원자의 SAT 점수나 고교 석차, 고교 성적이 그다지 경쟁력이 없다는 뜻이므로 합격 가능성이 없다고 해석하면 된다.

만약 사정관이 지원자에게 특별히 문제가 있는 것은 아닌데 총 지원자들 중에서 그저 중간 정도에 해당한다고 말한다면, 시험 점수나 고교 성적이 극적으로 올라가지 않고는 합격할 가능성이 없다는 뜻으로 받아들여야 한다.

지원자의 점수나 성적은 좋은데 다른 지원자에 비해 특별히 두드러진 점이 없다는 평을 듣는다면 실직적인 보류 대상자인 셈이다. 사정관이 고3 때의 성적을 보고 결정할 것이라고 말한다면, 고3 때 좋은 학점을 받아야 합격 가능성이 있는 것으로 해석하면 된다.

합격 가능성을 높이는 후속 조치를 취하라

조기 전형에서 보류 통보를 받았거나 정시 전형에서 대기 통보를 받았을 때는 지원 대학으로 간단한 편지를 보내도록 한다. 편지에는 그 대학이 정말로 진학하고 싶은 대학이라는 의견과 진학하고 싶은 이유를 적고, 지원서를 제출한 뒤에 향상된 시험 점수, 학교 성적, 전국적 또는 국제적 대회에서의 수상 경력, 업적 등에 대한 설명과 증거물을 함께 보낸다. 더불어 고3 교과의 교사에게 '강력한' 추천서를 받아서 편지와 함께 동봉하거나 별도로 우송하는 것도 좋은 방법이다.

대학에서는 모든 '보류' 지원서를 2월 말에서 3월 중에 재심사하므로 그 이전까지 편지와 각종 증거물이 대학에 도착하도록 조치를 취해야 한다. 이때 명심할 사항은 사정관에게 서신을 보내거나 이메일을 활용하는 것은 좋지만 전화를 걸어서 묻고 설명하면서 사정관의 시간을 뺏는 행동은 피해야 한다는 것이다.

보류 파일 재심사 과정을 알고 대처하라

조기 전형에서 보류 판정을 받은 지원자를 심사하는 방법은 대학마다 조금씩 다르다. 다트머스 대학의 경우, 정시 지원자를 심사하는 3월 중순이 되면 지역 사정관에게 관할 지역의 보류 지원자 파일들도 함께 넘어간다. 사정관은 예전에 자신이 평가했던 보류 지원자의 기록과 다른 사정관의 평가 기록을 다시 읽어본다. 또 보류 통보 이후에 지원자가 보내온 편지, 수상 기록, 성적 등을 근거로 보류 지원자를 재심사한다.

지역 사정관은 정시 지원자들과 견주어서 경쟁력 있는 보류 지원자들의 파일만 따로 간추려 입학처장에게 넘긴다. 대개 지역별로 20~25명의 보류 파일이 있는데, 그중에서 5~10%(1~5명) 정도만 입학처장에게 넘어가 재심사를 받게 된다. 보류 통보를 보냈던 나머지 90~95%의 지원자는 불합격시킨다.

지역 사정관이 보류 지원자의 파일을 입학처장에게 넘길 때는 지원자를 재평가한 자신의 소견서도 첨부한다. 보류 파일이 재심사 대상이 되려면 SAT 점수가 눈에 띄게 올라갔거나, 전교 석차가 1~5%대로 올라갔거나, 전국 규모 이상의 주요 대회에서 상을 받아야 한다.

입학처장은 지역 사정관들이 올려 보낸 모든 보류 파일들을 직접 검토하고 심사한다. 사정관들의 소견서를 전적으로 참작하면서, 정시 지원자들과 비교했을 때 경쟁력이 있는 지원자들을 골라 합격 판정을 내리는 것이다.

전형 시기와 재정 보조의 관계

재정 보조 장학금의 종류

미국의 대학에서 주는 장학금은 '우등 장학금' '체육 특기 장학금' '재정 보조 장학금'의 세 종류가 있다. 우등 장학금은 매우 우수한 소수의 학생에게 주는 것이고, 체육 특기 장학금은 각종 스포츠 선수에게 주는 것이다. 재정 보조 장학금은 우리나라 사람들에게는 생소한 장학금으로, 어려운 형편의 학생들에게 지급한다.

미국의 대학에 지원하는 거의 대부분의 학생들은 시민권자와 영주권자에 한해서 지원서와 함께 재정 보조 장학금 신청서도 제출한다. 조기 지원한다고 해서 재정 보조 장학금을 받을 수 없거나 보조 금액이 현저히 줄어드는 것은 아니다. 단지 대학에서 얼마를 보조해 줄지를 결정하는 시기가 정시 지원 때이므로, 4월 말은 되어야 대학에서 얼마의 재정 보조 금액을 줄지 알 수 있다.

아이비리그 대학과 그 외의 명문 사립대학들은 우등 장학금을 거의 수여하지 않는다. 굳이 장학금을 주지 않아도 많은 우수한 학생들이 입학을 원하기 때문이다. 체육 특기 장학금의 경우에는, 모든 아이비리그 대학이 엄격한 체육 규정으로 묶여 있기 때문에 대학마다 제시하는 액수에 별 차이가 없다. 이는 훌륭한 선수를 서로 끌어가려는 대학 간의 알력을 미연에 방지하려는 의도에서 출발한 규정이다. 따라서 선수를 위한 체육 특기 장학금 규정은 언제 어느 때 누가 심사를 하거나 이의를 제기해도 논리적인 근거를 제시할 수 있도록 만들어져 있다.

니드 블라인드 규정

대학은 입학 사정관과 재정 보조 금액을 결정하는 부서 간에 정보를 교환할 수 없도록 규정하고 있다. 즉 입학 사정관은 지원자가 재정 보조 신청을 했는지 안 했는지를 모르는 상태에서 지원자를 심사하는 '니드 블라인드(Need Blind)' 규정을 따른다. 이 규정의 핵심은 지원자들의 가정 형편이 좋고 나쁜 것과는 상관없이 그들의 능력, 업적, 인성에 따라서 합격이나 불합격을 결정한다는 데 있다. 이는 대입 심사에서 평등성과 공정성을 유지하고 차별성을 배제한다는 원칙을 지키는 수단이다.

그러나 유학생에게 주는 F 비자, 취업자(부모나 학생 본인)에게 주는 H 비자, 교환교수와 임시 체류자에게 주는 J 비자 등을 소지한 외국인 국적의 지원자들에겐 니드 블라인드 규정이 적용되지 않는다. 니드 블라인드 규정이 적용되지 않는 외국인 지원자가 재정 보조 장학금을 신청하면 입학 심사에서 불리하다. 미국의 명문 사립대학에서 외국인 학생을 선발하는 것이 표면적으로는 다양성을 위해서라고 하지만 사실은 학비 전액을 지불하고 재학할 학생을 선발해서 대학의 재정에 도움을 주려는 의도다. 따라서 외국인 지원자는 지적으로 우수하면서도 대학 등록금을 감당할 재정적 형편도 따라주어야 합격할 확률이 높다.

'니드 블라인드'는 정시 지원자뿐만 아니라 조기 지원자에게도 공평하게 적용된다. 그러므로 조기 지원자든 정시 지원자든 재정 보조 혜택을 받는 데는 차이가 없다. 또 재정 보조 금액도 조기 지원이든 정시 지원이든 상관없이 학생이 대학을 다니는 데 필요한 경비와 지출에 맞추어 산정된다. 그러나 정시 지원 시기가 되어야 다양한 재정 보조 프로그램이 발표되고 실행되므로, 재정 보조 금액에 따라 진학 여부를 결정해야 할 학생이라면 얼리 디시전 대학으로 조기에 지원하는 것은 신중하게 검토해야 한다.

전형 시기와 재정 보조 장학금과 관련된 조언

1 조기 지원했다고 해서 재정 보조를 받지 못하는 것도 아니고, 정시에 지원했을 때보다 더 적은 금액을 받는 것도 아니다. 다만, 대학마다 수여하는 재정보조 금액에 차이가 있을 뿐이다. 그 차이가 때로는 매년 몇 만 달러씩 되므로 재정보조가 꼭 필요한 학생에겐 무시할 수

없는 일이다.

2 얼리 디시전의 경우, 한 대학에 지원해서 합격하면 무조건 진학해야 하므로 대학간의 재정 보조 금액을 비교할 수 없다. 그러므로 재정 보조 금액이 더 많은 대학으로 가야 하는 학생이라면 얼리 디시전을 취하는 대학에 조기 지원하는 것은 곤란하다.

3 아이비리그나 기타 명문 사립대학은 우등 장학금을 거의 수여하지 않는다. 이에 반해 정시 지원으로 학생을 뽑는 주립대학은 우등 장학금이 후한 편이다. 그러므로 재정 보조가 꼭 필요하고 굳이 명문 사립대학에 입학하려는 학생이 아니라면, 우등 장학금을 받을 수 있는 주립대학으로 정시에 지원하는 것도 고려해 볼 만하다.

4 일반적으로 우등 장학금이나 체육 특기 장학금은 재정 보조 금액보다 더 많다. 그런데 통상적으로 체육 특기 장학금은 조기 지원 시기에 결정되고, 우등 장학금은 정시 지원 시기에 결정된다. 가정 형편상 조금이라도 더 많은 재정 지원이 필요한 매우 우수한 학생이라면 정시에 지원해서 우등 장학금을 받는 것도 좋은 전략이다.

2_ 나를 평가하는 사람, 입학 사정관

무엇에 대해 설명할 때는 그 대상이 누구인지에 따라서 설명의 내용과 수준을 조절해야 한다. 예를 들어 우리나라의 전통과 문화를 설명할 때, 대상이 유치원 아이들이냐 대학생이냐에 따라 그 내용이나 수준을 달리 해야 설명의 효과를 최대한으로 거둘 수 있다. 마찬가지로 명실 공히 최고 두뇌들의 배움터로 이름난 아이비리그의 높디높은 관문을 넘어서기 위해서는 그 관문이 어떻게 생겼고, 관문을 지키는 수문장이 어떤 인물인지를 알아야 한다. 다시 말해 내가 진학하고 싶은 대학의 특성을 파악하고, 나를 심사하는 사람이 어떤 사람인지를 이해해서 그들에게 초점을 맞추어 전형 서류를 작성해야 입성에 성공할 수 있다.

대입 지원서를 작성하는 학생들은 아이비리그 대학에서 서류를 심사하는 사람이 굉장히 우수한 수재들이며, 지원서에 전문적인 용어나 우회적이고 함축적인 글을 써넣어도 다 이해할 거라고 생각한다. 하지만 이것은 오해다. 실상은 그렇지가 않다. 이 장에서는 대입 지원서를 심사하는 입학 사정관이 어떤 사람이고, 또 일 년간의 입학 사정 업무가 어떻게 진행되는지 살펴보겠다.

지원서를 심사하는 사람들

대학 입학처에는 대입 지원서를 심사하는 사정관이 여럿 있다. 이들의 학력이나 경력, 배경을 살펴보면 크게 두 가지 유형으로 나뉜다.

첫째 유형은 그 대학이나 다른 명문 대학을 갓 졸업한 유능한 수재들이다. 매우 똑똑하고 지적이며, 다방면에 관심과 지식을 갖고 있고, 많은 사람들과 교류하고 대화하기를 즐기는 젊은 사람들이다. 대개는 장래에 대학원으로 진학하거나 다른 진로로 나아갈 계획을 갖고 있어서 입학 사정관으로는 몇 년간만 일하면서 좋은 경험을 쌓으려는 사람들이다. 그 때문에 입학 사정관으로서의 경험은 적은 편이다.

경험은 적지만, 이들 젊은 사정관들은 공부를 하듯이 입학 전형 과정에 열성껏 참여하는 경향이 있으며, 그들 자신이 치열한 경쟁을 뚫고 명문 대학에 입학한 당사자인 만큼 우수한 학생을 가려내는 데 있어 예민한 촉수를 가지고 있다. 따라서 지적으로 우수한 학생들을 선발하는 데 기여하는 바가 크다. 또한 젊기 때문에 특정 응시자에 대한 확신이 서면 규정된 입학 사정 기준을 얼마간 무시하고 과감하게 결정하는 대담성도 갖고 있다. 또 교내 각종 행사와 서클, 그룹 활동에 참여하기 때문에 최근 학생들의 관심사뿐만 아니라 그들의 이슈나 문화까지도 두루 알고 지원자들을 심사한다.

둘째 유형은 입학 사정관의 일을 오랫동안 해온 노련하고 경험이 풍부한 사람들이다. 우연히 입학 사정 업무에 투입된 뒤로 내내 그 일을 해온 사람들로, 대개가 전직 교사, 카운슬러, 교수의 가족, 대학교 행정 직원들이다. 예외가 있긴 하지만, 그들 대부분은 첫째 유형의 사정관처럼 수재는 아니다. 명문 대학 출신도 아니기 때문에 정말로 똑똑한 지원자가 누구인지를 가려내는 직감도 젊은 사정관들보다는 부족한 편이다. 그리고 심사 기준과 규정도 공식적으로 거의 예외 없이 적용시킨다. 어느 정도 나이가 있기 때문에 젊은 층의 문화, 호기심, 관심사, 이슈에 그다지 민감하지 못하고 현실감도 조금은 떨어지는 편이다.

그럼에도 불구하고 둘째 유형의 '풍부한 경험자'들이 입학 사정에 기여하는 바는 크다. 젊고 똑똑하며 패기 발랄한 첫째 유형의 사정관들은 몇 년만 입학 사정에 관여하고 더 나은 장래를 위해 훌쩍 떠나버리지만, 경험이 축적된 후자의 사정관들은 지속적으로 전형 관련 업무를 해왔고 앞으로도 계속할 사람들이다. 무엇보다도 그들의 머릿속엔 사정관으로서의 무수한 경험이 축적되어 있어, 첫째 유형의 사정관들보다 훨씬 신중하게 우수한 학생을 선별해내는 혜안을 갖고 있다.

예외가 있긴 하지만 미국의 명문 대학에서는 이 두 가지 유형의 사정관을 반반씩 섞어서 입학 사정 업무를 보게 한다. 그러므로 지원자들이 제출한 전형 서류는 머리가 비상하고 현실 감각이 뛰어난 젊은 수재들과 풍부한 경험과 연륜을 지닌 지혜로운 중년들의 손과 눈을 거친다고 보면 된다.

합격과 불합격 판정을 최종적으로 내리는 입학처장은 경험이 많고 뛰어난 분별력을 지녔지만 아이비리그나 명문대 출신이 아닐 때가 많다. 그러므로 전형 서류를 작성할 때는 전문적인 용어나 어렵고 난해한 문장은 가급적 피하는 것이 좋다.

대학에서는 심사의 공정성을 높이기 위해 가능한 한 다양한 나이와 경력을 지닌 사정관들을 섞어서 입학 사정팀을 구성한다. 사정관의 인종, 성별, 경력, 전문 분야, 가정 배경, 종교까지도 고려하여 팀을 구성해, 특정 유형의 지원자에게 호의적이거나 적대적이지 않도록 주의를 기울인다.

지역 입학 사정관의 지역 탐방

대학마다 다르긴 하지만 대부분의 대학들이 '지역 입학 사정관(Regional Admission Officer)' 제도를 활용한다. 각 대학에서는 미국 전역을 몇 개의 광역 지역으로 나누어서, 그 지역에서 지원한 학생들의 지원서를 지역 담당 입학 사정관에게 맨 먼저 심사하게 한다. 예를 들어 북동부 4개 주에서 온 모든 지원서는 '가' 사정관이, 서북부 6개 주에서 온 모든 지원서는 '나' 사정관이 제일 먼저 심사하는 것이다.

지역 사정관은 매년 가을 학기인 9월과 10월에 자기에게 할당된 지역(또는 다른 나라)을 순회 탐방한다. 우리나라 학생들의 명문대 합격자가 늘어나면서, 최근에는 우리나라에도 사정관들이 유학 박람회나 대학 설명회 등의 정기적인 행사 이외에도 외국어고, 민사고, 과학고 등의 학교를 수시로 탐방한다. 이 탐방의 두드러진 목적은 심사 대상 고교에 대한 구체적인 정보를 수집하고, 대학 홍보를 통해 많은 우수한 학생들이 지원하게 만드는 데 있다. 그들은 지역의 고교를 방문하여 대학 설명회를 열고, 고교 카운슬러와 정보를 주고받는다. 또 지역에 거주하는 동문들을 만나 지역 사정을 듣고, 또 앞으로 있을 동문 인터뷰에 대해 논의하고 주요 사항을 전달한다.

사정관의 탐방 계획이 잡힌 고교에서는 몇 일 몇 시에 어느 대학의 지역 사정관이 와서 설명회를 개최하는지를 재학생들에게 미리 알리고 관심 있는 학생들이 참석할 수 있도록 준비한다. 각 대학의 설명회는 약 1시간가량 진행되는데, 그중 30분 정도는 대학 소개로, 나머지 30분은 질의응답으로 채워진다. 해당 대학에 지원할 학생들은 사전에 그 대학에 대한 정보를 수집하고 문의할 내용을 준비해서 참석해야만 최대의 효과를 얻을 수 있다. 참고로 고교 설명회에서 만난 학생 중에서 특히 인상에 남았던 학생이 지원하면 지역 입학 사정관이 그 학생의 서류를 훨씬 더 주의 깊게 심사하게 된다고 한다.

고교에서 대학 설명회가 끝나면 사정관은 진학 담당 카운슬러와 정보를 교환하면서 고교의 프로파일을 받는다. 또 고교에 대한 전반적인 인상도 기록해 놓는다. 고교 프로파일에는 총 학생 수, AP(또는 IB) 강좌 수, 재학생들의 표준화 시험 점수 등이 포함된다. 사정관은 공식적인 자료에서 얻을 수 있는 정보뿐만 아니라, 학생들과의 접촉을 통해 특정 교사나 과목의 난이도, 성적 기준 등에 대한 정보를 얻어 상세히 기록해 놓는다. 예를 들어 '가' 교사의 수업은 굉장히 수준이 높다든지, '나' 교사에게 'A'를 받는 학생은 거의 없다든지, 1등인 학생이 무려 20명이나 된다든지 하는 것들이다. 이와 같이 학생들이 무심코 던진 말에서 교사의 성격이나 수준, 성적을 매기는 기준 등 고교 프로파일에서는 찾기 힘든 정보를 귀담아 들었다가 노트에 기록해 두고 입학 사정에 활용한다.

지역 입학 사정관의 심사 활동

지역 입학 사정관은 지역 탐방을 마치고 돌아온 10월 말부터 조기 전형에 지원한 학생들의 지원서를 심사하기 시작한다. 이때부터 3~4주 동안 수백 또는 수천 명에 달하는 지원자들의 서류를 검토하느라 매우 바쁘고 빠듯한 시간을 보낸다. 조기 지원서를 검토하는 11월부터 정시 지원서를 검토하는 3월까지는 입학 사정관들에게 그야말로 눈코 뜰 새 없이 바쁜 시기다. 입학 사정관은 자기에게 할당된 지역에서 온 지원서를 하루 평균 약 25~30통가량 심사한다. 가히 살인적이라고 할 만한 이러한 일정 때문에 심사 기간 중에 사정관과 전화로 통화하는 것은 거의 불가능하다.

사정관은 11월 말까지 조기 지원 심사 결과를 확정지어 12월 초에 각 지원자에게 통보한다. 그러므로 조기 지원자들은 늦어도 12월 중순까지는 합격, 불합격, 보류 중 어느 것에 해당하는지를 알리는 '통지서(Letter of Notification)'를 받게 된다.

조기 지원 심사가 끝나자마자 입학 사정관들은 곧바로 정시 지원 서류 심사에 들어간다. 정시 지원 심사는 12월 중순경에 시작되어 늦어도 3월 말까지는 끝이 난다. 사정관은 정시 지원 서류를 심사하는 동안에도 입학 사정위원회에 회부된 지원서를 심사하기 위해 사정위원회에도 참석해야 한다.

지원서 심사 작업이 모두 끝나면 수천 수만 명의 지원자 가운데 탁월한 15%의 학생을 뽑아서 합격 판정을 내리고, 학업 면에서 자격이 미달되는 20~25%의 학생들을 골라서 불합격 판정을 내린다. 나머지 중간에 해당되는 약 60%의 학생들은 입학 사정위원회에 회부시켜 사정위원들과 함께 다시 심사한다. 그리고 4월이 되면 모든 지원자에게 합격, 불합격, 대기 중 어느 한 가지의 통보를 보낸다. 그것으로 그해의 입학 사정 업무가 완전히 마무리되는 것이다.

하버드와 MIT 대학의 입학 사정관으로 일했던 엔젤라 엄 씨가 미국판 중앙일보에 게재한 바에 따르면, 한인 지원자들의 경우 대부분이 입학 결정을 쉽게 내릴 수 없는 60~65%의 보더라인(borderline)에 끼어 있다고 한다. 물론 한인 학생들의 학교 성적, SAT 점수, 과외 활동 경력이 매우 탁월하긴 하지만 다른 지원자들과 비교했을 때 돋보이는 무언가가 없다는 말이다. 아이비리그 대학 합격을 위해서는 뛰어난 학교 성적과 SAT 점수 말고도 자신만의 독특하고 특별한 재능, 강점, 열정을 계발하는 것이 참으로 중요하다.

3_ 지원서
심사 과정
—지원서 접수에서 4차 심사까지

대학에 제출된 입학 전형 서류는 어떤 과정을 거쳐서 합격과 불합격의 갈림길에서 갈라서게 되는 것일까? 확실한 것은 아이비리그나 그 외의 명문 사립대학의 입학 심사 과정은 주립대학에 비해 훨씬 더 복잡하다는 사실이다. 학교 성적과 SAT I 점수에만 거의 주목하다시피 하는 주립대학과는 달리, 미국의 명문 사학들은 그 이외의 사항들까지 모두 총체적으로 고려한다. 전국 또는 전 세계에서 최고로 우수한 학생들이 대거 지원하기 때문에 한두 가지 요소만으로는 우열을 가리기가 힘든 까닭이다.

아이비리그 대학들은 대학간의 협의를 통해 대입 전형을 위한 심사 요소나 규정의 기본적인 틀을 마련해 놓고 그 사항을 엄격히 준수하고 있다. 단지 그것을 실행하는 세부적인 방법이나 절차, 합격 커트라인만 조금씩 다를 뿐이다. 예를 들어 하버드 대학은 6개 등급으로 지원자의 학업 등급을 나누는데, 예일 대학은 4개 등급, 프린스턴 대학은 5개 등급으로 나누는 것이 그 예다. 그러므로 아이비리그 대학 한 곳의 전형 방법을 이해하면 다른 아이비리그 대학은 물론이고 기타 명문 사립대학의 전형도 파악할 수 있게 된다.

이 장에서는 아이비리그 대학의 전반적인 심사 과정을 이해하기 위해 하버드 대학과 다트머스 대학의 심사 과정을 소개하겠다. 대학에 접수된 전형 서류는 누가, 어떤 과정을 거쳐서 합격과 불합격을 결정하는지, 베일에 감춰진 듯 보이는 심사 과정을 함께 살펴보자.

전형 서류 접수와 파일 작성

아이비리그 대학에 지원할 때는 모든 구비 서류를 한꺼번에 보내도록 되어 있지 않다. Chapter 3의 1과 2에서 소개했듯이, 대학에서는 지원자가 보낸 양식 1(신상 정보 양식)을 우선 접수한다. 요즘은 많은 대학에서 학교 자체 홈페이지를 통해 양식 1을 온라인으로 접수하기도 한다. 양식 1을 접수한 뒤에는 지원자들이 보낸 양식 2(활동 경력과 에세이 양식)를 접수한다. 그 뒤에는 지원자의 출신 고교에서 직송한 양식 3(고교 보고서)을 받고, 교사가 직접 우송한 2~3통의 양식 4(교사 추천서)도 각각 따로 받는다. 그 이외에도 인터뷰 담당관이 보낸 인터뷰 평가서를 받고, ETS나 ACT에서 우송된 각종 표준 시험 점수도 받게 된다.

대학에서는 양식 1이 접수되면 곧바로 지원자 '파일'을 만든다. 그리고 양식 2, 양식 3, 추천서, 표준화 시험 점수, 인터뷰 평가서가 도착하는 대로 도착일자 소인을 찍어서 해당 지원자의 파일에 함께 보관한다. 한 명의 지원자가 적어도 7~10종의 서류를 따로따로 보내므로 그 서류들을 해당 지원자의 파일에 그때그때 넣는 일도 꽤나 시간을 요하는 복잡한 작업이다. 약 2만 명의 지원자가 7종의 서류를 제각기 따로 접수시킨다고 생각해 보자. 입학 전형과 관련된 우편물만 매년 무려 14만 통을 취급한다는 계산이 나온다.

지원자 신상 정보의 입력과 출력

지원자가 보낸 개별 서류가 지원자 파일에 모두 보관되어 최초로 심사하는 지역 입학 사정관의 손에 넘어가기 전까지의 과정은 다음과 같다.

1 입학 업무 관련자들은 배달된 전형 서류의 봉투를 뜯고 도착일자 소인을 찍은 뒤, 파일로 만들기 쉽도록 알파벳 순서대로 서류를 정리한다.

2 알파벳 순서로 정리된 서류는 컴퓨터 시스템 기술자에게 넘어간다. 그는 지원자의 구비 서류가 도착했는지의 여부를 컴퓨터에 입력하는 역할을 하는데, 정보를 입력하는 시스템 기술자도 지원자의 성씨별로 정해져 있다.

3 시스템 기술자는 마감일이 지났는데도 미비된 서류가 있는 지원자들에게 엽서를 보내어 서류를 보완하라고 통보한다. 학생들은 흔히 공식적인 SAT 점수, 교사 추천서, 고교 성적과 같은 양식 중 한두 가

지가 접수되지 않았다는 통보를 받게 된다. 앞에서도 설명했듯이 수 많은 서류가 마감 날짜에 임박해서 쏟아져 들어오기 때문에 서류가 분실되는 경우도 간혹 있다. 그러므로 지원자들은 대학에 접수시키는 모든 서류의 복사본을 남겨놓아야 한다. 고교에서 직송되는 서류의 복사본도 남겨놓도록 담당 교사에게 부탁하는 것을 잊지 말아야 하겠다. 그리고 모든 서류에 자신의 이름이 통일되어 표기되도록 주의해야 한다.

4 시스템 기술자는 개별 지원자의 파일에서 양식 3(고교 성적표)을 보면서 변환 점수(CRS : Converted Rating Scores)를 산출한다. CRS는 지원자의 고교 성적을 대학 고유의 척도로 변환시킨 점수를 말한다(CRS 변환 방법은 Chapter 5의 1을 참조).

5 시스템 기술자는 개별 지원자의 아카데믹 인덱스(AI : Academic Index)를 산출한다. AI는 고교 성적을 변환시킨 CRS와 6개의 표준 시험 점수를 일정 공식에 대입시켜서 산출한 수치다. CRS 이외에 계산에 들어가는 표준 시험은 SAT I의 독해, 작문, 수학 점수와 SAT II의 세 과목 시험 점수이다(아카데믹 인덱스 계산법은 Chapter 5의 1을 참조).

6 시스템 기술자는 컴퓨터에 입력된 지원자의 각종 정보를 출력한다. 출력된 용지를 다트머스 대학에서는 '마스터 카드(Master Card)'라고 부른다.

7 시스템 기술자는 출력된 마스터 카드를 지원자 파일의 맨 앞에 끼워 놓는다. 마스터 카드가 포함된 지원자 파일은 최초의 심사자인 지역 입학 사정관에게 넘어간다. 서류가 한 가지만 누락되어도 마스터 카

드가 출력되지 않으며, 따라서 심사가 시작되지 않는다는 사실을 학생들은 명심해야 한다.

1차 심사

접수된 지원 서류를 누가 처음으로 심사하느냐는 대학마다 다르다. 지원자의 출신 지역에 따라 사정관을 배정하는 대학이 있는가 하면, 지원자의 성씨에 따라 배정하는 대학도 있다. 또 입학 사정 순서도 약간씩 다르다. 다트머스 대학은 지역 사정관이 심사한 뒤에 2차 사정관이 심사하고, 최종적으로 입학처장이나 부입학처장이 심사한다. 프린스턴 대학의 경우에는 가장 경험이 적은 사정관이 심사를 시작해서 점차 경험이 많은 사정관이 심사를 하고, 마지막으로 입학처장이 심사한다. 대체로 모든 지원자의 파일은 적어도 2~3명이 심사한다고 보면 된다.

마스터 카드가 포함된 지원자의 파일은 지역 입학 사정관에게 넘겨진다. 대학마다 다르긴 하지만 약 4~8명의 지역 사정관이 매일 25~30명의 지원서를 심사한다. 사정관의 일일 근무 시간을 10시간이라고 보면, 지원자 한 명을 심사하는 데 약 20~25분을 할애한다는 계산이 나온다. 실제로 사정관들의 말에 따르면, 1차 심사에서 한 학생의 서류를 심사하는 데 20분 넘게 소요하는 경우는 거의 없다고 한다.

주어진 시간 동안 자신에게 배당된 수천 명의 서류를 심사해야 하는 사정관으로서는 그 이상의 시간을 할애하기 힘들 것이다. 그러나 지원자의 입장에서 보면 그렇게 많은 시간 공들여 써서 제출한 서류인데 길어야 20분을 심사한다고 생각하면 억울하기 짝이 없는 노릇일 것이다. 또 나의 장점과 탁월함을 제대로 평가할 수 있을까 싶은 의심도 생길 것이다. 그러나 사정관은 전문가적인 노련함과 고도의 정신 집중으로 지원자 한 사람 한 사람의 서류를 면밀히 검토한다고 말한다.

지역 사정관이 지역 탐방을 마치고 대학으로 돌아오는 11월이 되면 조기 지원서 파일들이 심사를 기다리고 있다. 사정관이 지원서 파일을 열면 제일 먼저 마스터 카드를 볼 수 있고, 그 뒤에는 '레디 시트(Ready Sheet)'가 있다.

마스터 카드에는 지원자의 이름, 주소, 우리나라의 주민등록번호 개념과 비슷한 소셜 시큐리티 번호(SSN), 출신 고교, 표준 시험 점수, 전교 석차(또는 GPA), 고교 때 수강한 과목들, 동문 자녀인지의 여부, 부모의 직업 등 지원자에 대한 주요 신상 정보가 일목요연하게 프린트되어 있다.

레디 시트는 사정관이 지원서를 심사한 후에 자신의 심사 소견을 기록하는 용지다. 사정관은 지원자의 성적과 점수를 부모의 직업이나 지원자의 과외 활동과 함께 총체적으로 고려해서 지원자를 평가한다. 그리고 자신의 심사 소견을 레디 시트에 반 페이지 분량으로 서술한다. 또 심사 결과로 지원자의 학업 등급과 활동 등급도 산출해서 써넣는다. 이 두 가지 등급은 '학업 등급/활동 등급'과 같이 분수 형태로 표기된다. 예를 들어 7/5로 표기되었다면 학업 등급 7, 활동 등급 5를 받은 지원자라는 뜻이다.

사정관은 레디 시트에 그 이외의 정보도 기록해 둔다. 다른 사정관이 지원자를 심사하는 데 도움이 될 정보라고 판단되는 내용이면 모두 레디 시트에 써넣는다. 예를 들어 '고교 카운슬러가 말하기를 올해 졸업생은 예년의 어떤 졸업생들보다 월등하다고 했다'라든지, '이 고교의 성적 기준은 매우 엄격하고 높기 때문에 85점을 받은 학생이라도 사실 상위 1% 이내에 드는 학생이다'라는 내용 등이 그것이다.

지역 사정관은 1차 심사가 끝난 지원자의 파일을 시스템 기술자에게 넘긴다. 이때 너무 탁월해서 곧바로 합격 판정을 내릴 수 있는 지원자와, 경쟁력이 전혀 없어 곧바로 불합격 판정을 내릴 수 있는 지원자의 파일은 시스템 기술자에게 넘기지 않는다.

지역 사정관은 학업 등급이 8이나 9(최고 등급)인 매우 탁월한 지원자의 파일은 시스템 기술자에게 넘기지 않고 입학처장에게 곧바로 보낸다. 이때 사정관은 파일에 '원 리더 A(One Reader A)'라고 표기한다. 이는 사정관 한 명의 심사만으로도 충분히 합격시킬 만한 지원자라는 뜻으로, 입학처장의 최종 승인이 떨어지면 바로 합격 처리된다. 매년 지원자의 약 5~7%가 '원 리더 A' 판정을 받는다고 한다.

이와 반대로, 학업 등급이 1이나 2(최하 등급)여서 경쟁력이 전혀 없는 지원자의 파일도 시스템 기술자에게 넘기지 않고 부입학처장에게 곧바로 보낸다. 이때 사정관은 파일에 '원 리더 R(One Reader R)'이라고 쓴다. 이는 사정관 한 명의 심사만으로도 불합격시킬 만한 지원자라는 뜻으로, 부입학처장의 최종 승인이 떨어지면 불합격 처리된다. 매년 지원자의 약 15~25%가 '원 리더 R' 판정을 받는다고 한다.

'원 리더 A'나 '원 리더 R' 판정을 받지 않은 모든 파일은 우선 시스템 기술자에게 넘겨졌다가 2차 사정관에게 넘어간다. 이 파일에는 잠정적인 것이긴 하지만 1차 사정관의 심사 결과로서, 'A(합격 : Accept)' 'R(불합격 : Reject)' 'P(미결 : Possible)' 중 한 가지를 써둔다.

2차 심사

입학처장의 2차 심사

입학처장은 1차 심사관인 지역 사정관으로부터 넘어온 '원 리더 A' 파일을 검토한다. 자신의 검토 결과가 지역 사정관의 의견과 일치하면 파일에 초록색 펜으로 'A'라고 쓴다. 이는 해당 지원자의 합격을 확정짓는다는 뜻이다. 합격 판정이 난 지원자의 파일은 시스템 기술자에게 보내진다. 이렇게 합격이 확정된 지원자의 파일은 다른 모든 지원자의 심사가 끝날 때까지 보관해 두었다가 합격자 발표 기일이 되면 해당 지원자에게 합격 통지서를 발송한다.

만약 입학처장의 심사 결과가 지역 사정관이 내린 '원 리더 A' 결정과 다르면 그 파일은 2차 사정관에게 넘겨져 재심사를 받게 된다.

부입학처장의 2차 심사

부입학처장은 1차 심사관인 지역 사정관으로부터 넘어온 '원 리더 R' 파일을 검토한다. 자신의 검토 결과가 지역 사정관의 의견과 일치하면 파일에 빨간색 펜으로 'R'이라고 쓴다. 이는 해당 지원자의 불합격을 확정짓는다는 뜻이다. 불합격 판정이 난 지원자의 파일 역시 시스템 기술자에게 보내진다. 이렇게 불합격이 확정된 지원자의 파일 역시 다른 모든 지원자의 심사가 끝날 때까지 보관해 두었다가 발표 날짜가 되면 해당 지원자에게 불합격 통지서를 발송한다.

만약 부입학처장의 심사 결과가 지역 사정관의 '원 리더 R' 판정과 다르면 그 파일 역시 2차 사정관에게 넘겨져 재심사를 받게 된다.

입학 사정관의 2차 심사

시스템 기술자는 1차 심사를 받고 지역 사정관으로부터 넘어온 지원자의 파일을 검토하면서 추가로 입수된 정보를 컴퓨터에 다시 입력한다. 그 뒤에 2차로 심사할 사정관에게 파일을 보낸다. 2차 사정관에게 파일을 넘길 때는 2차 사정관이 지역 사정관의 의견에 선입견을 갖지 않고 심사할 수 있도록 마스터 카드와 레디 시트를 파일 맨 뒤에 끼워놓는다. 2차 사정관은 지원자의 제반 서류를 검토해서 자신의 소견을 레디 시트에 쓰기까지 가능한 한 1차 사정관의 판정을 읽지 않는다고 한다.

2차 심사를 맡은 사정관은 지역 사정관처럼 파일에 담긴 모든 정보를 세밀히 검토하지는 않는다. 다만 파일에 담긴 제반 서류를 참고하면서 지원자에 대한 전체적인 인상을 확보하는 데 총력을 기울인다.

2차 사정관은 자신의 의견을 기록한 뒤, 자신의 판정 결과를 1차 사정관의 판정과 비교해 본다. 만약 자신의 판정이 1차 사정관과 일치하면 그 지원자의 서류 심사는 끝난 것이다. 1차 사정관과 2차 사정관이 모두 'R'로 판정한 파일은 부입학처장에게 넘기고, 둘 다 'A'로 판정한 파일은 입학처장에게 넘긴다. 2차 사정관의 판정이 1차 사정관과 일치하지 않는 파일 역시 입학처장에게 전달된다.

3차 심사

입학처장의 3차 심사

입학처장 역시 2차 사정관으로부터 넘어온 지원자의 파일을 검토하는데, 이때의 파일은 앞의 두 사정관이 모두 'A'로 판정한 파일이거나, 'A'와 'R'로 서로 다른 판정을 내린 파일들이다.

사실 아이비리그 대학의 입학처장들은 미국 전역과 전 세계에서 날아든 지원 서류를 다 함께 심사하기 때문에 1차나 2차 사정관들보다 지원자들을 더 합리적으로 비교 평가할 수 있다. 한 지역의 지원자가 매우 우수해 보여도 전체 지원자 풀(pool)에서 비교하면 그다지 두드러지지 않을 수 있다. 반대로 한 지역에서는 그리 우수해 보이지 않아도 전체 지원자 풀에서 비교하면 상당히 높은 수준에 포함되어 있을 수 있다. 예를 들어 미 북동부 명문 사립고교 지역의 학생들을 심사한 A 사정관은 지원자들이 하나같이 워낙 우수해서 웬만큼 특출하지 않고는 평범하다고 평가할 수 있다.

반면 교육열과 교육 수준이 낮은 지역의 학생을 주로 심사한 B 사정관은 지원자들이 하나같이 특출하지 않아 조금만 뛰어나도 굉장히 우수하다고 평가할 수 있다. 이처럼 전체 지원자 중에서 일부 그룹만 보고 심사하는 A, B 사정관과 달리 입학처장은 전체 그룹을 보고 심사하는 위치에 서게 된다. 따라서 전 지역에서 올라온 지원자 파일을 심사하면서 그중에서 탁월한 경쟁력을 지닌 지원자를 쉽게 선별해낼 수 있다.

입학처장이 서류를 심사한 결과, 앞의 두 사정관과 똑같이 'A'로 판정을 내리게 되면 합격 확정을 의미하는 초록색 'A'를 파일에 기재한다. 그런 다음 이 파일을 시스템 기술자에게 넘긴다.

앞의 두 사정관이 'A'로 판정했지만 입학처장의 심사 결과가 다르면 그 파일은 사정위원회로 넘겨서 4차 심사를 받게 한다. 또 이전의 두 사정관으로부터 다른 판정을 받은 파일도 자신의 판정 결과를 표기한 후에 사정위원회로 넘겨서 4차 심사를 받게 한다.

부입학처장의 3차 심사

부입학처장은 2차 사정관으로부터 넘어온 지원자의 파일을 검토한다. 이때 검토하게 되는 파일은 1차, 2차 사정관이 모두 'R'로 판정한 불합격 파일들이다. 부입학처장이 파일을 검토한 뒤에 앞의 두 사정관과 동일한 판정을 내리게 되면 최종적으로 불합격 판정을 내려서 파일에 빨간색으로 'R'이라고 기재한다. 만약 부입학처장의 판정이 앞의 두 사정관과 다를 경우에는 파일을 사정위원회로 넘긴다.

사정위원회의 4차 심사

정시 전형 심사가 거의 끝나가는 3월이 되면 입학처장실에서는 몇 명의 합격자, 불합격자, 합격에 가까운 미결자가 나왔는지를 산출한다. 입학처장은 그 통계에 따라 몇 명의 합격자를 더 내야 할지를 결정하고 이를 사정위원회에 통보한다.

다트머스 대학의 경우를 보면, 사정위원회에 회부되는 지원자는 매년 1천여 명 정도이며 그중에서 170명 정도를 합격시킨다고 한다. 사정위원회에 회부된 학생들끼리의 경쟁률이 6대 1 정도인 셈이다. 다트머스 대학은 4~5명의 사정관으로 구성된 사정위원회를 3개 정도 만든다. 각 사정위원회에 350명의 지원자 서류를 넘기고, 그중에서 6분의 1인 50~60명의 합격을 허가한다. 사정위원회의 심사를 거치는 지원자들은 학업적 측면으로는 모두 매우 우수한 학생들이기 때문에 사정위원회 심사에서 합격하려면 다른 지원자들과는 구별되는 특별한 것이 있어야 한다.

대학마다 사정위원회를 운영하는 방법과 과정에는 조금씩 차이가 있다. 브라운 대학의 경우, 지역 사정관이 다른 사정관들 앞에서 자기 지역의 지원자에 대해 브리핑을 한다. 이때 지역 사정관은 자기가 내린 판정 결과와 이유를 설명하고, 다른 사정관들과 함께 표결에 부친다. 지역 사정관의 판정에 많은 비중을 두는 셈이다. 다트머스 대학은 지역 사정관의 브리핑 없이 사정위원회에 소속된 사정관들이 각자 서류를 검토한 뒤에 다함께 토의하고 최종 표결에 부친다.

요컨대 학업 등급에서 상위 등급인 7, 8, 9를 받은 지원자들은 거의 합격되고, 하위 등급인 1, 2, 3을 받은 지원자들은 거의 불합격된다고 말할 수 있다. 사정위원회에 회부되어 격론을 거치게 되는 지원자는 학업 등급에서 4, 5, 6과 같이 중간 등급을 받은 학생들이다. 중간 등급의 지원자가 합격하려면 수상 여부, 임원 활동, 과외 활동, 봉사 활동에서 다른 지원자와 차별되는 두드러진 무엇이 있어야 한다.

chapter 5

나의 평가 등급
이렇게
매겨진다

1_ 학업 평가
방법과 기준

아이비리그 대학의 입학 사정관은 지원자의 파일을 심사하면서 지원자의 학업적 측면을 평가해 '학업 등급(Academic Ranking)'을 매기고, 학업 이외의 각종 교내외 활동을 평가해 '활동 등급(Extracurricular Ranking)'을 매긴다. 어떤 대학에서는 인성적 측면을 평가해 '인성 등급(Personal Ranking)'을 매기기도 한다.

아이비리그 대학들의 입학 사정관이 지원자의 합격과 불합격을 결정지을 때 가장 많은 비중을 두는 것은 바로 학업 등급이다. 사정관들은 학업 등급을 70~85%의 비중으로 고려하고, 활동 등급과 인성 등급을 15~30%의 비중으로 고려한다고 한다. 그렇다면 이렇게 큰 비중을 차지하는 학업 등급은 어떤 근거로, 또 어떤 기준으로 매겨지는 것일까?

이 장에서는 사정관이 지원자의 학업 등급을 어떻게 산출하는지 구체적으로 소개하겠다. 미국 전역, 전 세계의 고교에서 다양한 형태로 보고되는 고교 성적은 어떻게 등급화하는지, CRS 점수와 아카데믹 인덱스는 어떻게 산출하는지, 학업 등급은 어떻게 매기는지, 그리고 어느 정도의 성취를 했을 때 어떤 학업 등급을 주는지 상세하게 살펴보자.

학업 등급 산출 과정

아이비리그 대학 입시 전형에서 합격과 불합격을 판가름 짓는 데 70% 이상의 영향력을 발휘하는 학업 등급은 어떤 과정을 거쳐서 결정되는 것일까? 한 단계씩 간단히 살펴보자.

1단계 : CRS 산출

대학에서는 맨 먼저 각 지원자의 고교 성적을 'CRS(Converted Rank Score)'로 바꾼다. CRS는 여러 가지 다양한 표기법으로 매겨진 각 지원자의 고교 성적(전교 석차, GPA, 평균 점수, 퍼센타일 등)을 비교 가능한 표준 잣대로 전환시킨 일종의 '변환 점수'다.

2단계 : AI 산출

각 지원자의 고교 성적을 CRS로 바꾼 다음에는 그 CRS로 'AI(Academic Index)'를 산출한다. 아카데믹 인덱스는 지원자의 고교 성적, SAT I(또는 ACT) 점수, SAT II 점수를 정해진 공식에 대입시켜 산출한 점수다.

각 지원자의 AI를 산출한 다음에는 AI 점수에 따라 '학업 등급'을 매긴다. 학업 등급을 몇 개의 등급으로 나누는지는 대학마다 다르다. AI 점수가 조금만 차이가 나도 합격이냐 불합격이냐를 판가름하는 중요한 요소가 되는데, 아이비리그 대학 전문 컨설턴트인 허넨더스가 분석한 바에 따르면, AI가 높을수록 명문대 합격률이 높은 상관관계가 있다고 한다.

고교 성적을 CRS로 바꾸는 이유

사정관은 지원자의 중3(9학년) 1학기부터 고3, 1학기(11학년)까지의 고교 성적을 평가한다. 그중 고1과 고2 때의 성적에 특히 주목한다. 그런데 사정관이 고교 성적에 비중을 두고 지원자들의 우열을 가리기에는 다음에 제시된 몇 가지 문제점이 따른다.

첫째, 지원자들의 평균 점수나 GPA가 같더라도 그들이 어떤 고교에 재학하는지, 어느 수준의 과목을, 누구에게 배웠는지에 따라 그들의 실제 성취도에는 차이가 있다. 우수한 학생이 많은 고교에서 좋은 성적을 받기가 그렇지 않은 고교에서보다 더 어렵고, AP나 IB와 같은 고급 강좌에서 A학점을 받기가 보통 수준의 강좌에서보다 더 어려우며, 점수를 박하게 주는 교사에게 좋은 성적을 받기가 어렵기 때문이다.

둘째, 지원자들의 전교 석차가 같더라도 그들이 재학하는 학교의 규모, 다시 말해 총 동급생 수가 현저히 다르면 그들의 실제 성취도가 같다고 보기 힘들다. 수석 졸업자라고 할 때 80명 중에서 1등과 500명 중에서 1등을 같다고 볼 수 없기 때문이다.

셋째, 고교마다 성적을 표기하는 방법이 달라서 지원자의 우열을 가려내기가 힘들다. 평균 95점을 받은 학생과 A를 받은 학생, GPA 3.7을 받은 학생, 전교 5등을 한 학생 중에서 누가 더 우수한지 말하기는 힘들다. 게다가 성적 산출법도 고교마다 달라서 AP의 A를 5.0 만점으로 계산하는 고교가 있는가 하면, 4.0 만점으로 계산하는 고교도 있다.

이러한 문제점 때문에 아이비리그 대학에서는 대학 고유의 표준화 과정을 거쳐서 모든 지원자의 고교 성적을 '표준 성적'으로 바꿔야 할 필요성을 느끼게 되었다. 이러한 이유로 각 지원자의 우열을 공정하고 정확하게 가려낼 수 있도록 만든 고교 표준 성적이 바로 CRS다.

학업 평가 1단계 : CRS 산출

대입 전형을 담당하는 컴퓨터 시스템 기술자는 대학에 접수된 지원서를 토대로 모든 지원자들의 CRS를 산출한다. 지원서에 기입된 고교 성적(평균 점수, 전교 석차, 등급 등)을 컴퓨터에 입력하면 산출 공식에 따라 CRS 점수가 계산되어 나온다. CRS의 만점은 80점이다.

고교 성적을 CRS로 바꿀 때는 지원자의 고교 성적이 어떤 표기법으로 매겨졌는지에 따라 다른 방법이 적용된다. 전교 석차로 표기되었을 경우, 퍼센타일 랭크(decile, quintile, quartile rank)로 표기되었을 경우, GPA로 표기되었을 경우가 있는데, 각각의 표기법에 따라 CRS를 산출하는 과정과 방법이 제각기 다르다. 고교 성적을 CRS로 전환하는 과정과 방법을 구체적으로 살펴보자.

전교 석차를 CRS로 바꾸기

지원자의 고교 성적이 '전교 석차'로 표기된 경우에는 전교의 동급생 수에 따라서 CRS 점수가 결정된다. 전교 석차가 같더라도 동급생 수가 많을수록 높은 CRS 점수를 받고, 동급생 수가 적을수록 낮은 CRS 점수를 받는다. 동급생 수가 많을수록 상위 석차를 차지하기 힘든 점을 감안하여 정한 것이다.

예를 들어, 전교 120명 중에서 6등인 철수와 400명 중에서 6등인 영희의 CRS를 계산해 보자. 계산 방법은 석차와 동급생 수를 다음의 공식(300쪽 참조)에 대입해서 표준 점수 Z로 바꾼 뒤, 〈부록 1〉을 참고하여 Z 점수를 CRS로 전환하면 된다. 철수를 공식에 대입하면 Z=0.0458이 나오는데, 〈부록 1〉에 이에 해당하는 Z가 없다. 이 경우에는 그 다음으로 높은 표준 점수를 적용하므로, Z가 0.0496인 점수를 택해야 한다. 따라서 철수의 CRS는 67점이 된다. 영희를 공식에 대입하면 Z=0.0137이 나온다. 〈부록 1〉에는 0.0137점에 해당하는 Z가 없으므로 그 다음으로 높은 점수인 0.0159를 찾아서, CRS 72점을 얻게 된다.

철수와 영희 둘 다 전교 석차가 6등이긴 하지만 학생 수가 많은 고교에 재학중인 영희(72점)가 학생 수가 적은 고교의 철수(67점)보다 무려 5점이나 더 높은 CRS 점수를 받게 된다는 사실을 알 수 있다.

$$Z = \frac{(2 \times 석차) - 1}{2 \times 동급생 수}$$

〈계산〉

$$철수의 \ Z = \frac{(2 \times 6) - 1}{2 \times 120} = \frac{11}{240} = 0.0458$$

$$영희의 \ Z = \frac{(2 \times 6) - 1}{2 \times 400} = \frac{11}{800} = 0.0137$$

GPA를 CRS로 바꾸기

지원자의 고교 성적이 'GPA(내신 평점)'로 표기된 경우에는 AP나 IB를 수강했느냐에 따라 CRS 점수가 결정된다. 이 경우에는 몇 단계를 거쳐서 CRS로 전환된다.

• 1단계 : AP(IB) 성적에 가산점 주기

먼저 지원자가 AP나 IB와 같은 고급 강좌를 수강한 경우에는 해당 과목의 성적에 가산점을 부여한다. AP나 IB 과목에서 A학점을 받았다면 해당 과목의 학점을 5.0(어떤 대학은 4.5)으로 고치고, B학점을 받았다면 4.0으로 고친다. 이때 해당 고교에서 AP나 IB 과목 성적에 이미 가산점을 부여해 GPA를 계산했는지, 아니면 가산점을 주지 않고 계산했는지를 살피고 그에 따라 대처한다. 예를 들어 AP 과목의 A학점을 4.0으로 매겼다면 1.0을 더해서 5.0점으로 바꿔주고, 4.5로 매겼다면 0.5를 더해서 5.0점으로 바꿔주며, 5.0으로 매겼다면 원래 성적 그대로 둔다.

만약 지원자의 성적이 1~100 척도로 표기된 경우에는 해당 AP 과목의 성적에 3점씩 더해준다. 즉 AP 생물 과목에서 91점을 받았다면 3점을 더

해서 94점으로 바꿔준다.

• 2단계 : 총평점 산출하기

지원자가 수강한 모든 AP(IB) 과목의 성적에 가산점을 부여한 다음에
는, 중3(9학년)부터 고3, 1학기(11학년)까지의 총평점을 계산한다.

• 3단계 : CRS로 전환하기

가산점을 부여한 총평점을 산출한 뒤에는 〈부록 2〉의 환산표를 참고해
서 CRS 점수를 산출한다. 총평점이 A+이면 CRS 점수가 80점이 되고, GPA
가 4.2이면 CRS 점수가 79점, 백분위 점수(퍼센타일 랭크)가 95라면 CRS 점
수는 77점이 된다.

퍼센타일 랭크를 CRS로 바꾸기

고교 성적이 '퍼센타일 랭크'로 표기된 경우에는 지원자의 전교 석차
에 따라 CRS 점수가 산출된다. 이때 퍼센타일 랭크로 표기된 전교 석차는
실제 석차가 아니라, 전교생의 성적 분포에 견주어 그 학생이 어느 구간에
위치하는지를 말해 주는 것일 뿐이다. 예를 들어 지원자가 상위 10% 이내
에 들었을 경우, 이는 지원자가 상위 1~10% 구간에 있다는 뜻이다. 그런
데 이것만으로는 정확히 1%에 드는지, 5%에 드는지, 아니면 8%에 드는
지 가늠할 수가 없다. 따라서 이 경우 대학에서는 1~10% 구간의 중간 지
점을 택해 5%에 있는 것으로 간주한다.

퍼센타일 랭크의 또 다른 문제점은 고교마다 다른 퍼센타일 랭크 시스

템을 쓴다는 것이다. 어떤 고교는 '디사일(Decile)' 시스템을 쓰는가 하면, 어떤 고교는 '퀸타일(Quintile)', 어떤 고교는 '쿼타일(Quartile)'을 쓴다. 디사일은 '상위 10%'와 같이 석차를 10% 단위로 끊어서 전교 학생을 10개 구간(10%, 20%, 30% … 100%)으로 나누는 방법이고, 퀸타일은 '상위 20%'와 같이 20% 단위로 끊어서 전교 학생을 5개 구간(20%, 40%, 60%, 80%, 100%)으로, 쿼타일은 '상위 25%'와 같이 25% 단위로 끊어서 전교 학생을 4개 구간(25%, 50%, 75%, 100%)으로 나누는 방법이다. 퀸타일이나 쿼타일 랭크로 표기된 성적은 구간 간의 간격이 더 크기 때문에 지원자의 정확한 성취도가 더더욱 파악되지 않는다.

이러한 문제점 때문에 대학에서는 퍼센타일 랭크를 CRS로 바꾸는 방법을 구체적으로 정해놓고 그에 따르고 있다. 퍼센타일 랭크를 CRS로 바꾸는 방법은 다음과 같다(303쪽 참조). 다음 학생들의 퍼센타일 랭크를 앞에 예시한 방법에 따라 CRS 점수로 환산해 보자.

● 디사일 랭크를 CRS로 전환한 예

철수는 전체 동급생 수가 300명인 학교에서 제1디사일(상위 10%) 안에 들었다. 이 경우 기준값은 90이고, 상승 단위는 10이므로, 철수의 중간값은 95가 된다(기준값 90+상승 단위 10÷2). 중간값 95를 100에서 빼면 5가 되고, 이를 100으로 나누면 철수의 성취도인 0.05%가 산출된다. 이는 철수가 상위 5%의 성취를 한 것으로 인정한다는 뜻이다. 동급생 수가 300명이기 때문에 철수의 전교 석차는 15등으로 간주된다(300명×0.05). 철수의 전교 석차를 표준 점수를 구하는 공식에 대입하면 Z = 0.0483이 나오고, Z

⊙ 퍼센타일 랭크를 CRS로 바꾸는 방법

----

① 디사일, 퀸타일, 쿼타일 중에서 어느 표기법의 퍼센타일 랭크인지 파악한다.

② '기준값'을 찾는다.

　　퍼센타일 표기 방법에 따라 상승 단위가 다르기 때문에, 각 표기법의 기준값도 다르다. '상위 10% 내에 드는'처럼 디사일로 표기된 경우의 기준값은 90이고, '상위 20% 내에 드는'처럼 퀸타일로 표기된 경우의 기준값은 80이며, '상위 25% 내에 드는'처럼 쿼타일로 표기된 경우의 기준값은 75이다.

③ '중간값'을 찾는다.

　　중간값을 찾으려면 각 표기법에 따른 상승 단위를 알아야 한다. 한 단계씩 상승할 때마다 디사일은 10, 퀸타일은 20, 쿼타일은 25씩 상승한다. 표기법에 따른 상승 단위를 찾아서 그것을 2로 나눈 후, 기준값에 더하면 '중간값'이 된다.

　　중간값 = 기준값 + (상승 단위 ÷ 2)

④ 지원자의 성취도가 상위 몇 '퍼센트'에 위치하는지를 추정한다.

　　100에서 중간값을 뺀 후, 그 수를 100으로 나누어 퍼센트를 산출한다.

　　퍼센트 = (100 − 중간값) ÷ 100

⑤ '전교 석차'를 산출한다.

　　퍼센트 값을 총 동급생 수(졸업생 수)에 곱해서 전교 석차를 산출한다.

　　전교 석차 = 퍼센트 × 전체 동급생 수

⑥ 〈부록 1〉과 앞의 〈공식〉을 참고하여 전교 석차를 CRS로 전환한다.

값을 〈부록 1〉에서 찾으면 철수의 CRS는 67점이 된다.

만약 철수가 실제로는 300명 중에서 5등을 했다면, 철수의 CRS는 73점이 된다. 하지만 철수의 성적을 '상위 10% 이내'라고만 표기한 경우에는 CRS가 67점밖에 되지 않는다. 6점이나 더 낮게 평가되는 것이다. 성적이 우수한 학생의 경우에는 퍼센타일 랭크보다는 실제 전교 석차를 표기해야 훨씬 높은 CRS를 받게 된다.

● 퀸타일 랭크를 CRS로 전환한 예

상구는 전체 졸업생 수가 300명인 학교에서 제1퀸타일(상위 20%) 안에 들었다. 이 경우의 기준값은 80이고, 상승 단위는 20이므로, 상구의 중간값은 90이 된다(기준값 80+상승 단위 20÷2). 중간값 90을 100에서 빼면 10이 되고, 이를 100으로 나누면 상구의 성취도인 0.1%가 산출된다. 이는 상구가 상위 10%의 성취를 한 것으로 인정한다는 뜻이다. 동급생 수가 300명이기 때문에 상구의 전교 석차는 30등으로 간주된다(300명×0.1). 상구의 전교 석차를 표준 점수를 구하는 공식에 대입하면 Z = 0.0983이 나오고, Z 값을 〈부록 1〉에서 찾으면 상구의 CRS는 63점이 된다.

● 쿼타일 랭크를 CRS로 전환한 예

영희는 전체 동급생 수가 300명인 학교에서 제1쿼타일(상위 25%) 안에 들었다. 이 경우의 기준값은 75이고, 상승 단위는 25이므로, 영희의 중간값은 87.5가 된다(기준값 75+상승 단위 25÷2). 중간값 87.5를 100에서 빼면 12.5가 되고, 이를 100으로 나누면 영희의 성취도인 0.125%가 산출된다.

이는 영희가 상위 12.5%의 성취를 한 것으로 인정한다는 뜻이다. 동급생 수가 300명이기 때문에 영희의 전교 석차는 38등으로 간주된다(300명 × 0.125). 영희의 전교 석차를 표준 점수를 구하는 공식에 대입하면 $Z = 0.125$가 나오고, Z값을 〈부록 1〉에서 찾으면 영희의 CRS는 62점이 나온다.

불공정한 CRS 점수가 산출되는 경우

CRS 점수의 산출 과정을 면밀히 살펴보면, 동일한 성취를 한 학생들인데도 서로 다른 CRS 점수를 받거나, 반대로 상이한 성취를 한 지원자들인데도 똑같은 CRS 점수를 받는 문제점이 발견된다. 구체적으로 어떤 경우에 이렇게 불공정한 CRS 점수가 산출되는지 살펴보자.

1 전교 석차가 같은 지원자들이라도 출신 고교의 동급생 수가 다르면 CRS가 다르게 산출된다. 똑같은 수석 졸업자라 해도 학생 수가 적은 고교의 지원자는 학생 수가 많은 고교의 지원자에 비해 낮은 CRS 점수를 받게 된다. 학생 수가 100명인 학교의 수석이 CRS 76점을 받을 때, 200명인 학교의 수석은 78점, 300명인 학교의 수석은 80점을 받는다. 이처럼 동급생 수가 너무 적은 학교를 다니면 낮은 CRS를 받게 된다.

2 GPA나 평균 점수로 표기된 성적이 전교 석차로 표기된 성적보다 항상 더 높은 CRS 점수가 산출된다. 〈부록 2〉에 따르면 퍼센타일 랭크가 95이면 CRS는 77점이 된다. 그런데 퍼센타일 랭크가 95 이상인 학생들이 300명 중에서 20%나 된다면, 95점을 받았어도 실제 전교 석

차는 60등이 되는 셈이다. 300명 중에서 60등을 한 경우의 CRS 점수는 59점밖에 되지 않는데, GPA만 보고했을 때는 77점이나 받게 된다.

3 전교 석차가 서로 다른 지원자들인데 이들의 성적이 퍼센타일 랭크로 보고되는 경우에는 동일한 CRS가 산출된다. 예를 들어 제1디사일에 드는 학생이 30명 있다고 했을 때, 1등인 지원자나 30등인 지원자나 모두 제1디사일에 드는 학생으로 표기되므로 그들의 실제 성취도가 반영되지 못한다. 1등을 했건 30등을 했건 그들의 성적이 90~100% 구간에 있다고 간주되기 때문에 두 학생 모두 중간값인 95%의 성취를 한 것으로 인정받는 것이다.

대개 퍼센타일 랭크의 앞부분에 있는 학생은 실제로 받아야 할 CRS보다 낮은 점수를 받게 되어 손해를 보고, 뒷부분에 있는 학생은 실제로 받아야 할 CRS보다 높은 점수를 받게 되어 이익을 본다. 예를 들어 300명 중에서 전교 석차가 1등인 학생은 CRS 80점을 받아야 하는데, 디사일 랭킹으로 표기된 경우에는 15등(300명×0.05)으로 간주되어 CRS가 67점밖에 되지 않는다. 반대로 300명 중에서 30등인 학생은 CRS 63점을 받아야 하는데 디사일 랭킹으로 표기된 경우에는 15등으로 간주되어 67점이나 받게 된다.

CRS 점수의 조정

입학 사정관은 지원자의 파일을 심사할 때 컴퓨터 자료 입력자가 산출해서 프린트한 CRS 점수를 보게 된다. 그런데 컴퓨터에서 산출된 CRS 점수는 지원자의 고교 배경이나 상황이 고려되지 않은 채 기계적으로 산출된 점수이다. 따라서 사정관은 본격적인 심사에 앞서 우선 이렇게 일률적으로 불공정하게 매겨진 CRS 점수를 조정하는 작업부터 시작한다. 사정관이 CRS를 조정할 때는 누가 지원자의 파일을 보더라도 그 결정에 이의가 없도록 타당한 조정 사유와 근거를 파일에 기록해 놓는다.

그렇다면 사정관은 실제로 어떤 경우에, 어떤 방법으로 CRS 점수를 조정하는 것일까? 다음의 세 가지 예를 통해 그 답을 알아보자.

• 전교 석차로 산출된 CRS를 조정하는 사례

명수는 총 동급생 수가 300명인 학교에서 전교 2등을 했다. 사정관이 명수가 재학중인 고교의 프로파일을 면밀히 살펴보니 전교 1등을 한 학생이 무려 40명이나 되었다. 따라서 명수의 실제 석차는 2등이 아니라 41등이 되는 셈이다. 이 경우 사정관은 컴퓨터에서 기계적으로 산정된 명수의 CRS 점수인 78점이 실제 성취도보다 너무 높게 책정된 것으로 판단하여, CRS 점수에서 몇 점을 뺀다. 몇 점을 뺄지를 정할 때 사정관은 명수의 전교 석차를 표준 점수인 Z 점수로 환산한다. Z값이 0.135가 나오는데 이 값에 해당하는 CRS는 61점이다. 그러므로 사정관은 명수의 CRS를 61~78점 사이로 조정할 수 있다. CRS 점수를 얼마나 깎을지는 명수가 재학 중인 고교의 동급생 수, 고교의 수준, 고교에 개설되는 AP 강좌 수, 학생들의 각종 표준 시험 점수 등 고교 보고서를 근거로 해서 임의로 결정한다. 또 대학에서 각 고교의 과거 지표를 분석해 만들어둔 고교 등급화 자료도 참조한다. 이처럼 전교 석차로 CRS가 산출된 경우에는 지원자와 '같은 석차에 있는 학생이 몇 명인지'를 파악한 뒤에 CRS를 조정한다.

- GPA로 산출된 CRS를 조정하는 사례

영희의 총 GPA는 88점(B+)이다. 이때 컴퓨터로 산출된 영희의 CRS는 67점이 된다(〈부록 2〉 참조). 그런데 사정관은 해당 고교에서 88점이 도대체 어느 정도의 상위권에 해당하는지 정확하게 판단할 수가 없다. 이 경우 사정관은 해당 고교에 성적 분포표를 요구한다. 해당 고교의 성적 분포표를 보니, "A=88-92, 전체의 3% ; B=83-87, 전체의 13%"였고, 영희와 같은 학년의 학생 수가 200명으로 되어 있다. 이 경우 사정관은 영희의 성적이 비록 88점이긴 하지만 영희가 상위 3% 안에 드는 우수한 학생임을 알게 된다. 영희의 동급생 수가 200명이므로 영희는 전교 1~6등 사이에 있는 학생인 셈이다(200명×0.03=6등). 그래서 사정관은 컴퓨터로 출력된 영희의 CRS 67점이 좀 낮게 산출된 것으로 판단해 69점까지 올려준다(Z=0.0275이므로 〈부록 1〉에서 CRS는 69점이 나온다). 대개 동급생 수가 많을수록 가산점도 높아진다. GPA로 CRS가 산출된 경우에는 지원자의 GPA가 '동급생들에 비해 몇 등 정도인지'를 분석한 뒤에 CRS를 조정한다.

- 퍼센타일 랭크로 산출된 CRS를 조정하는 사례

철수는 졸업생이 300명인 학교에서 제1디사일 안에 들었다. 그런데 출신 고교에서 보내준 서신에 "우리 학교는 석차를 매기지 않습니다. 굳이 석차를 매긴다면 철수는 1등에 해당합니다. 철수가 졸업생 중 가장 높은 GPA를 받았기 때문입니다"라고 되어 있었다. 컴퓨터는 철수가 제1디사일 안에 들므로 300명 중 15등(300명×0.05=15)을 한 것으로 추정해서 CRS 67점을 산출한다. 이 경우 사정관은 철수가 실제로는 300명 중에서 1등을 한 셈이므로 초기의 CRS 점수가 실제 성취도보다 너무 과소평가되었다고 판단해 CRS 점수에 몇 점을 더해준다.

이때 사정관은 철수의 출신 고교 전체 동급생 수가 몇 명인지를 고려하게 되는데, 동급생 수가 300명이므로 초기에 67점이었던 CRS를 최고점인 80점까지도 올려줄 수 있다. 사정관이 몇 점을 올릴지 결정할 때는 동급생 수뿐만 아니라, 고교에 개설되는 AP 강좌 수, 학생들의 각종 표준 시험 점수, 그리고 그 외에도 해당 대학의 고교 등급화 자료 등을 근거로 임의로 결정한다. 그러므로 어느 고등학교로 진학할지 결정할 때는 명문대 진학률이 높은 고교로 진학하는 것이 유리하다. 퍼센타일 랭크에 따라 CRS가 산출된 경우에는 지원자가 '해당 구간에서 위쪽에 있는지 아래쪽에 있는지'를 파악한 뒤에 CRS를 조정한다.

더 높은 CRS 점수를 받는 경우

학생들은 앞에 소개된 방법으로 자신의 CRS 점수를 계산해 볼 수 있다. 그리고 고교 성적이 어떤 표기법으로 매겨졌을 때 더 낮은, 혹은 더 높은 CRS 점수를 받게 되는지도 살펴보았다. 아이비리그 대학 지원자들의 60%가 중간 학업 등급을 받고, 어슷비슷한 실력 사이에서 합격과 불합격의 성패가 갈린다는 점을 감안하면, 1~2점의 점수 차가 얼마만큼 결정적일시는 짐작하고도 남을 일이다. 그렇다면 어떤 경우에 더 높은 CRS 점수를 받을 수 있는지 하나하나 짚어보자.

1 전체 동급생 수가 50명 이하로 작은 고교인 경우에는 전교 석차보다

GPA로 보고할 때 더 나은 CRS 점수를 받게 된다. 동급생 수가 적은 고교 출신 지원자는 실제 자신의 성취도보다 항상 더 낮은 CRS를 받게 된다.

2 전체 동급생 수가 100명 이상인 고교인 경우에는 퍼센타일 랭크보다 정확한 전교 석차로 보고할 때 더 높은 CRS를 받게 된다.

3 전교 석차를 산출하지 않는 고교인 경우에는 성적(평균 점수나 GPA)만 보고하지 말고 상세한 성적 분포표도 함께 제출하는 것이 좋다. 특히 지원자가 학교에서 상위 그룹에 속해 있을 때 더욱 그렇다. '성적 분포표'란 점수 구간마다 총 동급생 중 몇 퍼센트의 학생이 있는지를 알려주는 자료로서, "94~99(상위 3%); 90~93(상위 4%); 85~89(상위 7%)" 등으로 표시된다. 만약 평균 점수가 94점인 지원자가 이와 같은 성적 분포표를 제출했다면 상위 3%의 성취를 한 학생으로 간주되어, 평균 점수만 제시했을 때보다 더 높은 CRS를 받게 된다.

4 우수한 학생들이 많아 평균 점수나 GPA가 높은 학생들이 많은 학교인 경우에는 평균 점수(또는 GPA)만 보고하는 것이 유리하다. 많은 학생들이 상위권에 몰려 있기 때문에 평균 점수가 높은데도 불구하고 전교 석차가 뒤로 밀리기 때문이다. 그래서 전교 석차를 보고하면 낮은 CRS를 받게 되지만 평균 점수만 보고하면 높은 CRS를 받게 된다.

5 수업의 수준이나 시험이 너무 어려워서 90점 이하의 성적을 내는 학생들이 많은 학교인 경우에는 전교 석차만 보고하는 편이 낫다. 비록 90점 이하라고 해도 전교 석차는 앞서기 때문이다. 그래서 평균 점수를 보고하면 낮은 CRS를 받지만 전교 석차만 보고하면 높은 CRS를

받게 된다. 그래도 평균 점수를 보고해야 할 경우라면 반드시 전교생의 성적 분포표도 함께 제출해야 높은 CRS를 받을 수 있다.

6 상황과 경우에 따라서 더 높은 CRS를 받게 되는 성적 표기법이 있긴 하지만 한 학교에서 이런 저런 척도법과 표기법을 혼용해서 쓰면 대학에서 그 고교의 성적을 신뢰하지 않는다. 그러므로 각 고교에서는 어떤 성적 표기법과 산출법이 재학생의 특성을 가장 잘 반영할 수 있을지 정해서 모든 재학생에게 동일하게 적용해야 한다.

학업 평가 2단계 : AI 산출

AI 산출 공식

모든 지원자의 고교 성적을 CRS 점수로 바꾸는 1단계 평가가 끝나면, 사정관은 2단계로 '아카데믹 인덱스(AI)'를 산출한다. AI는 고교 성적, SAT I 점수, SAT II 점수를 아래의 공식에 대입해서 산출한다.

$$AI = \frac{[SAT\ I(독해) + SAT\ I(작문) + SAT\ I(수학)]}{3} + \frac{[SAT\ II + SAT\ II + SAT\ II]}{3} + CRS$$

ETS에서는 SAT I과 SAT II 점수를 세 자릿수로 표기한다. 그런데 대학에서는 AI를 산출할 때 세 자릿수의 점수를 두 자릿수로 바꾸어 계산한다. 즉 SAT의 800점(만점)은 80점으로, 740점은 74점으로 바꾼다. 이렇게 계산하면 각 종류마다, 다시 말해 SAT I, SAT II, CRS에서 최고 점수인 80점까지 산출된다. 이 세 점수를 합해서 나오는 AI의 만점은 240점이 된다. 다트머스 대학의 입학 사정관이었던 허넨더스가 밝힌 2007년도 아이비리그 대학의 통계를 보면, 전체 지원자의 평균 AI는 200점이었고, 전체 합격자의 평균 AI는 211점이었다. 과거 어느 때보다 경쟁률이 높으므로 전보다 몇 점이라도 더 높은 AI 점수를 받아야 합격하게 된다.

AI 산출 점수

아이비리그 대입 전형을 앞둔 학생들은 조금이라도 더 좋은 점수를 내기 위해 SAT I 시험을 두세 번씩 친다. 또 SAT II의 같은 과목을 한 번 이상 치르기도 하고, 세 과목 이상 치르기도 한다. 그런데 응시할 때마다 다른 점수가 나오는데, 이렇게 한 번 이상 응시해서 매번 다른 점수가 나왔을 때는 대학에서 어떤 점수를 택해서 AI를 계산하는 것일까?

아이비리그 대학을 비롯한 거의 대다수의 미국 명문 대학에서는 다음의 세 가지 중 한 가지 점수를 선택하는데, 대부분의 대학이 다음 중 세 번째 점수를 선택하는 것으로 알려져 있다.

● 가장 최근에 응시한 시험 점수(Most Recent Composite Score)

같은 시험을 여러 번 친 경우, 맨 마지막에 친 시험의 총점을 말한다. 만약 3월에 친 SAT I 점수가 2300점이고, 6월에 친 SAT I 점수가 2250점이라면, 가장 나중에 친 6월의 2250점이 선택된다. 6월에 친 과목별 점수를 공식에 대입해 AI 점수를 산출한다.

● 최고의 총점을 낸 시험 점수(Combined Highest Composite Score)

같은 시험을 여러 번 친 경우, 총점이 가장 높은 시험의 점수를 말한다. 만약 1월에 친 SAT I의 총점이 2000점이고, 3월에는 2350점, 6월에는 2280점이 나왔다면, 그중 총점이 가장 높은 3월의 2350점이 선택된다. 3월에 친 과목별 점수를 공식에 대입해 AI 점수를 산출한다.

• 과목별 최고 점수(Single High Score)

SAT I을 여러 번 친 경우, 가장 높은 과목별 점수를 말한다. 만약 3월에는 2250점(독해 700, 작문 760, 수학 790)을 받았고, 6월에는 2270점(독해 740, 작문 730, 수학 800)을 받았다면, 그중에서 과목별로 가장 높게 나온 점수, 다시 말해 독해 740점(6월), 작문 760점(3월), 수학 800점(6월)이 선택되어 총점 2300점을 획득한 것으로 간주된다.

SAT II에서 세 과목 이상의 시험을 보았거나, 같은 과목을 한 번 이상 치렀을 경우에는 그중 가장 높은 세 과목의 점수가 선택된다. 만약 SAT II에서 수학 800점, 세계사 670점, 생물 640점, 생물 730점, 물리 710점, 화학 750점을 받았다고 하자. 이를 점수가 높은 순서대로 나열하면 수학 800, 화학 750, 생물 730, 물리 710, 세계사 670, 생물 640이 된다. 이 경우 사정관은 점수가 가장 높은 수학 800, 화학 750, 생물 730점만을 선택해 AI를 계산한다.

대부분의 아이비리그 대학에서 활용하는 과목별 최고 점수만을 선택하는 방법으로 AI를 계산해 보자. 만약 철수의 CRS가 69점으로 산출되었고, 철수의 최고 점수를 골랐을 때 SAT I 독해 710점, 작문 740점, 수학 800점이고, SAT II 역사 740점, SAT II 수학 800점, SAT II 생물 770점이라고 하자. 이것을 위의 공식에 대입하면 철수의 AI는 221점이 나온다.

$$AI = \frac{(71 + 74 + 80)}{3} + \frac{(74 + 80 + 77) + 69}{3} = 75 + 77 + 69 = 221$$

학업 평가 3단계 : 학업 등급 매기기

지원자의 AI가 산출되면 마지막 단계로 '학업 등급'을 매긴다. 그렇다면 전체 지원자들을 몇 개의 학업 등급으로 나누는 것일까? 이는 대학마다 다르다. 앞의 숫자가 최저 등급이고 뒤의 숫자가 최고 등급일 때, 하버드 (6~1), 예일(4~1), 프린스턴(5~1), 브라운(1~6), 컬럼비아(1~5), 다트머스 (1~9), 펜실베이니아(1~9), MIT(1~5) 등급으로 나눈다. 숫자가 커질수록 높은 학업 등급인 곳은 브라운, 컬럼비아, 다트머스, 펜실베이니아, MIT 대학이고, 숫자가 작을수록 높은 등급인 곳은 하버드, 예일, 프린스턴 대학이다. 코넬 대학과 스탠퍼드 대학의 경우에는 숫자 등급을 사용하지 않는다고 한다.

이렇게 나뉜 각각의 학업 등급에는 몇 점의 AI를 받은 지원자들이 분포하는 것일까? 다트머스 대학에서 사정관으로 일했던 허넌더즈의 저서『A is for admission』에 소개된 내용을 정리한 다음의 표를 보면, AI가 240점 만점에 225점 이상인 지원자들은 최상위 그룹에 해당하는 8이나 9등급을 받았다. AI가 225점 이상이라는 말은 고교에서 상위 1%(대개 전교 1~3등) 안에 들고, SAT I이나 SAT II에서 과목별로 750점 이상씩 획득했다는 의미다. AI가 216~224점대에 있는 지원자들은 상위 그룹인 6이나 7등급을 받았다. 이들은 고교에서 상위 5%(전교 5등 내외) 안에 들고, SAT에서 과목별로 720점 이상의 점수를 냈다는 뜻이다. AI가 200점 미만인 지원자들은 하위 그룹에 해당되는 1, 2, 3등급을 받았으며, 이들의 합격 가능성은 매우 희박하다.

다트머스 대학 지원자들의 학업 등급별 AI 점수		
학업 등급	2000년도 지원자	2001년도 지원자
9등급	AI 229 이상	AI 230 이상
8등급	AI 225~228	AI 225~229
7등급	AI 221~224	AI 221~224
6등급	AI 216~220	AI 216~220
5등급	AI 210~215	AI 211~215
4등급	AI 200~209	AI 203~210
3등급	AI 189~199	AI 193~202
2등급	AI 180~188	AI 181~192
1등급	AI 179 이하	AI 180 이하

학업 등급을 매기는 과정을 자세히 분석해 보면, 아이비리그 대학에 합격하는 데 가장 중요한 요소가 아카데믹 인덱스(AI)임을 알 수 있다. 이렇게 중요한 AI는 AI 산출 공식에서 보듯이 고교 성적과 더불어 SAT I과 SAT II 점수에 따라 결정된다. 특히 SAT I과 SAT II의 세 과목 점수가 AI를 산정하는 데 각각 3분의 1씩 영향을 미친다는 사실은 자못 놀랍다. 중학교 3학년과 고교 3년간의 학습을 반영하는 고교 성적과 맞먹는 비중으로 영향을 미치기 때문이다.

단언컨대 아이비리그 대학에 합격하기 위해서 가장 확실하게 준비해야 하는 것은 학업이다. 하지만 안타깝게도 아이비리그 입성을 꿈꾸면서 예체능 활동은 열심히 하면서도 정작 노력하고 집중해야 하는 공부는 소홀히 하는 학생들을 많이 보았다.

물론 학업 성적이 뛰어난 수석 졸업자라고 해서 아이비리그 합격이 보장되는 것은 아니다. 하버드 대학의 2007년도 입학생 자료를 보면, 지원자 22,955명 중 3,000명이 수석 졸업자였는데 총 합격자 수는 2,058명이었다. 다시 말해 수석 졸업자라고 해서 모두 합격하는 것은 아니다. 스탠퍼드 대학의 2004년도 입학생 자료를 보면 지원자 중 3,200명이 수석 졸업자였는데 합격자 수는 그보다 적은 수인 2,150명이었다. 다트머스 대학의 경우 2007년도 합격자의 27%가 수석 졸업자이고 10%가 차석 졸업자였으므로, 합격자의 37%만이 전교 1~2등이었다는 뜻이다. 이들이 고교 성적이 우수한데도 불합격되는 이유는 SAT I이나 SAT II 점수가 높지 않거나, 특별 활동이나 봉사 활동 경력이 평범하거나, 좋지 않은 추천서를 받았거나, 학문에 대한 열정이 돋보이지 않았기 때문이다.

학업 등급별 지원자 분포

아이비리그 대학의 관문 앞에서 치열한 경쟁을 해야 하는 학생들은 자신과 실력을 겨루는 다른 지원자들은 과연 어느 정도의 학업 성취를 이루어 내는지 궁금할 것이다. 이는 각각의 학업 등급에 몇 퍼센트의 지원자가 있는지를 분석해 보면 알 수 있다. 다트머스 대학의 2000년도 통계 자료인 다음의 표를 살펴보자(318쪽 참조).

합격 가능성이 매우 높은 최상위 그룹인 9등급은 전체 10,854명의 지원자 중에서 2.3%(251명)밖에 되지 않았고, 8등급을 받은 학생도 전체의 2.8%(308명)에 불과했다. 합격 가능성이 최상위 등급과는 비교가 되지 않지만 그래도 높은 편에 속하는 7등급을 받은 학생은 전체 지원자의 4.9%(525

명)였고, 6등급을 받은 학생은 7.9%(855명)였다.

이에 비해 합격 가능성이 현저히 떨어지는 중간 그룹인 5나 4등급을 받은 학생은 전체 지원자의 36%(3,910명)나 되었고, 합격 가능성이 거의 없는 하위 그룹인 3~1등급을 받은 학생은 전체 지원자의 거의 절반인 46%(5,005명)를 차지했다. 요컨대 지원자의 18%(1,939명)만이 합격 가능성이 높은 6등급 이상을 받았고, 나머지 82%(8,915명)는 합격 가능성이 매우 희박한 5등급 이하를 받은 셈이다.

학업 등급을 최저 6등급~최고 1등급으로 매기는 하버드 대학의 경우도 다트머스 대학과 비슷한 양상을 보인다. 2000년도 지원자 중에서 최상

다트머스 대학의 학업 등급별 지원자 및 합격자 수(2000년도 입학생)

등급	등급별 AI 점수	등급별 지원자 수(%)	등급별 합격자 수(%)	등급별 불합격자 수(%)
9	229 이상	251명(2.3%)	236명(94%)	15명(6%)
8	225~228	308명(2.8%)	284명(92%)	24명(8%)
7	221~224	525명(4.9%)	399명(76%)	126명(24%)
6	216~220	855명(7.9%)	445명(52%)	410명(48%)
5	210~215	1,345명(12.4%)	337명(25%)	1,008명(75%)
4	200~209	2,565명(23.6%)	282명(11%)	2,283명(89%)
3	189~199	2,478명(22.8%)	173명(7%)	2,301명(93%)
2	180~188	1,403명(12.9%)	70명(5%)	1,333명(95%)
1	179 이하	1,128명(10.4%)	1명(0.1%)	1,127명(99.9%)
합계	지원자의 평균 AI = 200	총 지원자 수 10,854명(100%)	총 합격자 수 2,227명(21%) 합격자의 평균 AI = 211	총 불합격자 수 8,627명(79%)

위권인 1~2등급을 받은 학생은 전체의 5%밖에 되지 않았고, 중위권인 3~4등급을 받은 학생은 무려 65~75%나 되었다. 우리가 흔히 말하는 '수재'들 거의 대부분이 아이비리그 전형에서는 중간 등급을 받는다. 중간 등급을 받는 지원자가 이렇게 많기 때문에 학업뿐만 아니라 다양한 활동에서 두각을 나타내야 합격할 수 있다고 말하는 것이다.

각 등급별로 지원자의 몇 퍼센트가 합격하고 불합격하는지 옆의 표를 다시 한 번 살펴보자. 최상위 그룹인 9등급을 받은 학생은 251명인데, 그들의 대부분인 236명(94%)이 합격하고 15명(6%)만이 불합격했다. 8등급을 받은 학생은 308명인데, 그들 중 284명(92%)이 합격하고 24명(8%)은 불합격했다. 다시 말해 9나 8등급과 같은 최상위 학업 등급을 받으면 92%가 넘는 확률로 합격하게 되는 셈이다. 최상위 학업 등급을 받고도 불합격한 학생들은 활동·인성 평가에서 중간 이하의 등급을 받았기 때문이다.

합격 가능성이 높은 상위 그룹인 7이나 6등급을 받은 학생은 모두 1,380명인데, 그들 중 합격자는 844명(61%)이고 불합격자는 536명(39%)이다. 합격 가능성이 희박해지는 중간 그룹인 5나 4등급을 받은 학생은 3,910명이나 되는데, 그들 중에서 합격한 학생은 619명(16%)밖에 되지 않았고 불합격한 학생은 무려 3,291명(84%)이나 되었다. 합격 가능성이 거의 없는 하위 그룹인 3~1등급을 받은 학생은 무려 5,005명이나 되는데, 그들 중에서 합격자는 단지 244명(5%)뿐이고 나머지 95%의 학생들은 모두 불합격됐다.

요컨대 학업에서 최상위 등급을 받은 학생은 92%의 합격률을 기대할 수 있고, 상위 등급을 받으면 60%, 중간 등급을 받으면 15%, 하위 등급을 받으면 5%의 합격률을 기대할 수 있다.

학업 등급별 지원자의 성취도와 특성

소문난 수재들의 박빙의 경쟁에서 최상위 학업 등급을 받는 학생과 최하위 학업 등급을 받는 학생들은 서로 어떤 점이 얼마나 다른 것일까? 최상위 등급을 받는 학생부터 최하위 등급을 받는 학생까지 그들의 고교 성적이나 시험 점수는 얼마나 다른지, 또 학업과 관련된 각종 활동이나 경력, 인성적 특징에는 어떤 차이가 있는지 살펴보자.

최상위 학업 등급을 받는 지원자의 특성

최상위 학업 등급은 아이비리그 대학들 전체 지원자의 약 5%가 받는다. 하버드 대학의 1~2등급, 예일의 1등급, 다트머스의 9~8등급, MIT의 5등급 등이 최상위 등급이다.

최상위 학업 등급을 받는 학생들은 자기 고교에서 상위 1% 안에 드는 성적으로 대부분이 전교 1~5등을 차지하며, 수석이나 차석으로 고교를 졸업한다. 이들의 GPA는 4.0/4.0이며, 고교 재학 중에 8~10개의 AP(IB) 과목을 수강하고, AP 시험에서도 거의 대다수가 최고 점수인 5점씩을 획득한다. 표준 시험인 SAT I에서는 2300점 이상을 획득하고, SAT II에서는 과목별로 770점 이상씩 나오는 최고로 우수한 인재들이다. 사실 800점 만점짜리는 수두룩하다.

이들은 미국 전역 또는 세계적으로 유명한 대회에서 주요 상을 받은 경험이 있거나, 내셔널 메릿 Finalist로 뽑힌 학생들이다. 게다가 자기가 속한 곳에서나 분야에서 중요한 리더 역할을 맡는다.

최상위 등급을 받는 학생들의 가장 두드러진 특징은 배움에 대한 열정이 대단해서 배우기 위한 노력, 헌신, 집중도가 높고 그 성취도 역시 높다는 점이다. 누가 요구하지 않아도 스스로 원해서 추구하고 노력하기 때문에 개별 프로젝트나 공동 연구에 참여한 이력을 갖고 있다. 이미 대단한 수준의 결과물(논문, 작품 등)을 발표한 학생들도 있다.

상위 학업 등급을 받는 지원자의 특성

상위 학업 등급은 전체 지원자의 약 10~15%가 받는다. 하버드 대학의 '1400 Club'으로 분류되는 3등급이나 예일의 2등급, 다트머스 대학의 7~6등급이 이에 해당한다. 참고로 '1400 클럽'이란 세 과목(Critical Reading, Math, Writing)으로 구성된 현행 SAT I이 아니라 두 과목(Verbal, Math)으로 구성되었던 예전의 시험에서 과목당 700점, 두 과목의 점수를 합하면 1400을 받은 학생들이란 뜻이다. 우수한 지원자로 분류되긴 하지만 그렇다고 해서 최우수 집단은 아니라고 구분하는 것이다. 세 과목으로 구성된 현재의 SAT I에서 보면 '2100 Club'으로 불릴 수 있는 그룹이다.

상위 학업 등급을 받는 학생들은 자기 고교에서 상위 2~5% 안에 드는 성적으로 대부분이 전교 15등 이내에 있다. 이들은 거의 모든 과목에서 좋은 성적을 내지만 관심이 없거나 동기가 유발되지 않는 한두 과목에서는 최고의 성취를 하지 못하는 학생들이다. 이들의 GPA는 3.9/4.0 정도이며, 고교 재학 중에 5~7개의 AP(IB) 과목을 수강하고, AP 시험에서도 거의 대다수 과목에서 최고 점수인 5점씩을 획득하지만 몇 과목에서는 4점 정도를 받는다. SAT I에서는 2200점 이상을 획득하고, SAT II에서는 과목별로 740점 이상씩을 내는 우수한 학생들이다.

상위 등급을 받는 지원자들은 주 단위나 전국 규모의 대회에서 수상한 경험이 있거나, 내셔널 메릿의 Semi-Finalist로 뽑힌 학생들이다. 최상위 학업 등급의 학생들처럼 개별 프로젝트나 연구에 열성껏 참여하지만 결과물이나 증거는 최상위 학생들보다 좀 빈약한 편이다. 그래도 이들은 교사나 친구에게 지구력, 열정, 호기심, 성취도가 높다는 평을 받는다. 따라서 사정관은 이들이 대학에 들어와 관심과 동기가 유발될 전공 분야에 뛰어들면 무궁무진한 잠재력을 발휘할 학생으로 평가한다.

중간 학업 등급을 받는 지원자의 특성

중간 학업 등급은 전체 지원자의 약 30~40%가 받는다. 하버드 대학의 4등급이나 예일의 3등급, 다트머스 대학의 5~4등급이 이에 해당한다.

중간 학업 등급을 받는 학생들은 자기 고교에서 상위 10% 안에 드는 성적으로 대부분이 전교 30등 안쪽에 든다. 이들 역시 상위 그룹의 학생들처럼 거의 모든 과목에서 높은 성적을 나타내지만 고급 수준의 과목과 보통 수준의 과목을 섞어서 수강한다. 이들의 GPA는 3.8/4.0 정도이며, 고교 재학 중에 3~5개 정도의 AP(IB) 과목을 수강하고, AP 시험에서는 3~5점(IB에서는 5~7점)을 낸다. SAT I에서는 2100점 정도를 획득하고, SAT II에서는 한두 과목에서 700점 이상을 내고 한 과목에선 650점 정도를 획득하는 학생들이다. 이들도 주요 대회에서 수상한 경험이 있지만, 대회 규모가 크지 않아 교내, 시, 카운티 단위에서 받은 상이다.

이들 중간 등급 지원자들이 상위 등급의 지원자들과 다른 점은, 지적 탁월함이나 학구열이 그다지 두드러지지 않는다는 데 있다. 또 열정이 부족한 만큼 스스로 추구하는 바나 목표도 뚜렷하지 않아서, 학교에서 요구하는 것 이외의 것들을 위해 애써 노력한 흔적을 찾아보기 힘들다. 사실 이들의 겉으로 드러나는 모습은 상위 등급의 학생들과 매우 비슷하다. 그러나 자세히 분석해 보면, 상위 등급의 학생들은 내면의 관심과 열정을 갖고 스스로 세운 목표를 향해 전력 질주하는 데 비해, 중간 등급의 학생들은 좋은 대학에 합격하기 위한 목적과 수단을 위해 재능과 열의를 발휘한다는 차이점이 있다. 사정관들은 추천서, 에세이, 면접 등을 통해 이러한 것을 간파한다.

하위 학업 등급을 받는 지원자의 특성

하위 학업 등급은 전체 지원자의 약 50%가 받는다. 하버드 대학의 5~6등급이나 예일의 4등급, 다트머스 대학의 3~1등급이 이에 해당한다.

아이비리그 대입 전형에서 이렇게 하위 학업 등급을 받는 학생들도 그들 고교에서는 상위 15~25% 안에 드는 우수한 학생들이다. 이들도 상위 그룹의 학생들처럼 좋은 성적을 내지만 대부분이 보통 수준의 과목을 수강하고, 성적도 A와 B가 섞여 있다. 이들의 GPA는 3.6/4.0 정도이며, 고교 재학 중에 1~3개 정도의 AP 과목을 수강하고, AP 시험에서 3점 이하의 점수를 받는다. SAT I에서는 2000점 정도를 얻고, SAT II에서는 과목별로

650점 정도를 받는다.

하위 등급을 받는 학생들의 두드러진 특징은 또래 학생들보다 우수하긴 하지만 어느 한 가지도 특출한 것이 없다는 점이다. 또 교사나 학교에서 요구하는 것 이상을 스스로 추구한 흔적이 보이지 않고, 학문에 대한 진정한 관심이나 흥미도 보이지 않는다. 따라서 사정관은 이들이 수준 높고 강도 높은 대학의 수업을 잘 감당해낼 수 있을지 의문을 품는다.

학업 등급별 합격 가능성을 높이는 전략

최상위 학업 등급을 받으면 활동 등급에 별문제가 없는 한 합격 확률이 굉장히 높다. 그러나 지원자의 절반 이상이 받는 중간 학업 등급을 받으면 합격 확률이 현저히 떨어진다. 아이비리그 대학의 사정위원회에서는 중간 등급에 놓인 학생들의 당락을 결정짓기 위해 격렬한 논의를 거쳐서 합격 여부를 결정한다. 그렇다면 어떤 학생들이 사정위원회의 격론의 도마 위까지 올라갔다가 극적으로 합격의 영광을 안게 되는 것일까?

아이비리그 대학 사정위원회에서는 어떤 상황과 배경을 지닌 지원자에게 좋은 평가를 내리는지, 어떤 경우일 때 합격 가능성이 높아지는지 살펴보자. 다음에 소개한 내용을 머릿속에 새겨두면, 아이비리그 합격 가능성을 높이기 위해 고교생활을 어떻게 해야 하는지 가늠하는 데 도움이 될 것이다.

상위 등급 학생의 합격 가능성 높이기

상위 그룹의 학업 등급은 전체 지원자의 약 10~15%밖에 받지 못한다. 그리고 이 그룹에 속하는 지원자 대부분이 대학에 합격한다. 하지만 이렇게 높은 학업 등급을 받고도 예외적으로 불합격되는 학생들이 있는데, 다음의 경우에 해당하는 학생들이 그들이다. 바꾸어 말하면 다음에 해당하지 않으면 거의 합격한다는 말이다.

1 교사에게 부정적인 추천서를 받은 학생. 예를 들어 참을성이 없다거나, 거만하다거나, 건방지다거나, 예의가 없다거나, 다른 사람의 생각을 이해하거나 수용하지 못하는 편협한 성격을 가졌다는 평을 받은 학생

2 동문 인터뷰나 캠퍼스 인터뷰에서 부정적인 평가를 받은 학생

3 공부 이외의 다른 특별 활동을 거의 하지 않았거나 두드러진 활동을 하지 않은 학생

4 부지런하고 성실하지만 새로운 것을 배우고 추구하는 데 관심이 없는 학생

5 고교 재학 중에 폭력 사건에 연루되었거나 심각한 문제를 일으켜 처벌을 받았던 학생

중간 등급 학생의 합격 가능성 높이기

우리가 흔히 공부 잘하는 학생, 전교에서 몇 손가락 안에 꼽히는 우등생이라고 평가하는 학생들 대부분이 아이비리그 대학 전형에서는 중간 학업

등급밖에 받지 못한다. 그러니 얼마나 우수한 학생들이 아이비리그 대학에 지원하는지, 또 합격의 문은 얼마나 좁은지 짐작하고도 남을 일이다.

전체 지원자의 절반 이상이 중간 수준의 학업 등급을 받기 때문에 중간 등급을 받으면 합격 가능성이 매우 낮아진다. 그 이유는 조기 전형에서 합격 정원의 20~30%를 채우고, 또 상위 등급에서 정원의 반 이상을 채운 뒤, 남아 있는 20~30%의 자리를 놓고 치열한 경합을 벌이는 것이기 때문이다.

만약 중간 학업 등급을 받은 지원자가 그 대학 동문의 자녀(Legacy)이거나, 유명 인사의 자녀, 세계적 수준의 대회 수상자, 운동선수, 소수 민족(Minority)과 같은 '특별 전형자'에 해당한다면 합격의 확률은 매우 높아진다. 그러나 그렇지 않다면 활동·인성 평가에서 최고의 등급을 받아야 합격의 가능성이 희미하게나마 생긴다.

그렇다면 활동 평가에서 높은 등급을 받으려면 어떤 특성을 지녀야 하는 것일까? 다음의 사항에 해당하는 지원자들은 높은 활동 등급을 받을 수 있다.

1 총학생회나 교내외 특별 활동 그룹에서 두드러진 리더십을 발휘한 학생
2 지적 만족이나 학업 성취를 위해 노력한 증거가 확연히 눈에 띄는 학생(개별 및 공동 연구 프로젝트를 수행했거나 우수한 여름 프로그램에 참여한 학생)
3 진정한 열정과 탁월함이 드러나는 업적이나 결과물을 이뤄낸 학생

(소설을 발표했거나, 유수의 학술지에 주목할 만한 이론이나 연구 결과를 게재했거나, 카네기홀에서 연주를 했거나, 유명 갤러리에 작품을 전시한 학생)

4 전국 또는 세계적 수준의 경시대회에서 수상한 학생(국제 물리 올림피아드 대회 수상, 웨스팅하우스 과학 경시대회 수상, 전국 토론 리그, 골프 챔피언, 하계·동계 올림픽 출전 선수)

5 전국 또는 세계적 수준의 단체에서 활동한 학생(국내 저명 오케스트라, 오페라, 발레, 합창, 연극 단원, Boys/Girls Nation)

6 중3 때 성적은 좋지 않지만 고1 때부터는 성적이 놀랍도록 향상되고, 지원서를 제출한 뒤인 고3 마지막 학기까지 매우 두드러진 학업 성취를 보인 학생

7 동급생에 비해 탁월하다고 평한 교사 추천서나 카운슬러 추천서를 받은 학생. 이 경우 추천서를 쓴 교사는 탁월하다고 평한 구체적인 증거를 제시해야 한다('성적 면에서 탁월하진 않았지만 수차례에 걸친 깊이 있는 연구로 수업에 기여한 점이 많은 학생'이라든지, '창의적 발상으로 수업중에 토론의 질적 변화에 긍정적인 영향을 준 학생'이라는 평을 받은 경우).

하위 등급 학생의 합격 가능성 높이기

아이비리그 대학 전형 전체 지원자의 절반가량이 하위 학업 등급을 받는데, 이들이 합격하기란 거의 불가능하다. 그러나 예외는 있다. 중간 학업 등급의 학생들을 위해 앞에 소개한 경우나, 다음에 제시한 경우에 해당해도 합격의 가능성이 얼마간 생긴다.

1 경제적으로나 환경적으로 매우 불우한 형편에서 자라난 탓에 학업에
   집중할 수 없었지만 높은 학구열과 학업의 목표, 삶의 목적을 분명하
   게 지닌 학생

2 자신의 불우한 환경을 딛고 일어선 내용과 학문에 대한 열정과 관심
   이 확연히 드러나는 탁월한 에세이를 쓴 학생

2_ 활동 평가
방법과 기준

아이비리그 대학에서 지원자의 과외 활동 경력을 평가하는 이유는 크게 세 가지로 나누어볼 수 있다. 첫째, 전체 지원자의 절반이 넘는 학생들이 너무도 엇비슷한 학업 성취도를 보이는 까닭에 학업만으로는 그들의 우열을 가리기가 힘들기 때문이다. 둘째, 대학의 구성원을 다양한 재능을 지닌 인재들로 채우기를 원하기 때문이다. 다양한 분야의 인재를 확보해야 대학이 발전하고 지역사회에도 긍정적인 파급 효과를 낼 수 있다. 셋째, 사회와 국가를 위해 일할 다방면의 인재를 배출할 수 있고, 그로 인해 대학의 명성도 높아질 수 있기 때문이다.

그러므로 아이비리그 대학으로 진학하길 원한다면, 학업은 물론이고 자신의 재능이나 능력을 십분 발휘할 수 있는 활동에서 월등한 경력을 쌓아서 높은 활동 등급을 받는 것이 중요하다. 이 장에서는 이렇게 중요한 활동 등급이 어떻게 매겨지는지에 대해 소개하겠다. 활동 평가의 초점과 기준은 무엇이고, 높은 등급을 받는 활동에는 어떤 것이 있는지, 얼마나 적극적으로 활동해야 하는지 알아보고, 대학에서는 지원자들의 활동 등급을 어떤 방법으로 매기는지 살펴보자.

활동 평가의 초점과 기준

대입 사정관은 지원자가 고교 재학 중에 어떤 과외 활동을 했는지에 주목한다. 과외 활동(ECAs : Extra Curricular Activities)이란 교내외에서 참여한 학업 이외의 모든 활동을 포함하는 말로 클럽 활동, 봉사 활동, 취미 활동, 취업·사업·수상 경력 등이 이에 해당한다.

사정관은 지원자의 과외 활동 경력을 평가하기 위해 지원자가 직접 작성한 지원서와 에세이는 물론 교사 추천서, 인터뷰, 경력의 결과물, 업적, 수상 경력까지 총체적으로 고려한다. 이러한 지원자의 다양한 활동 경력을 평가할 때 사정관은 평가의 초점을 어디에 맞추는 것일까? 사정관은 다음에 소개된 다섯 가지 사항에 주목한다.

① 활동의 탁월성(Examples of Success)

지원자가 전체 지원자들과 비교했을 때 얼마나 탁월한지를 평가한다. 어느 수준과 규모의 업적이나 결과물을 냈는지, 어느 수준의 상을 탔는지에 관심을 둔다. 지원자의 수상 여부, 수상 수준, 작품, 출판물, 방송 경력, 학술지나 유수 잡지의 기고, 협연 또는 독주, 공연, 전시 경력에 주목하여 활동의 탁월성을 평가한다.

② 활동에 대한 열정과 관심(True Passion)

활동에 '진정한 열정'을 갖고 있는지를 평가한다. 누가 시켜서, 혹은 남들이 하기 때문이 아니라 자발적으로 원해서 활동한 것인지, 뚜렷한 목적을 갖고 활동한 것인지에 주목한다. 고2나 고3이 되어서 갑자기 시작한 활동이라면, 대학에 합격하기 위한 수단으로 활동한 것인지, 아니면 자신의 관심 분야를 그때에 찾았기 때문인지를 주시한다. 지원자가 어떤 활동을, 몇 년간 꾸준히, 일주일에 몇 시간씩 활동했는지를 살피면서 열정과 관심의 정도를 평가한다.

③ 활동의 폭과 깊이(Breadth and Depth)

'몇 가지 활동(Breadth)'에 어느 정도로 '깊이 관여했는지(Depth)'를 평가한다. 폭이 넓고 깊이가 깊을수록 좋게 평가하는데, 그렇지 못한 경우에는 활동의 폭보다 깊이에 더 비중을 두고 평가한다. 그러므로 여러 단체에 이름만 걸어놓고 소극적으로 활동하는 것은 바람직하지 않다. 그렇다고 해서 한 가지 활동만 집중적으로 하는 것도 그다지 바람직하지 않다. 사정관은 지원자가 몇 가지 단체에 소속되어, 한 주에 몇 시간씩 할애했고, 몇 년간 지속적으로 활동했는지에 주목하면서 활동의 폭과 깊이를 평가한다.

④ 활동에서의 역할과 비중(Leadership)

활동 단체에서 어떤 역할을 맡았고, 얼마나 중대한 역할인지를 평가한다. 얼마나 비중 있는 직책을 맡았는지, 어느 정도의 책임이 요구되는 자리인지, 몇 명을 이끌어나갔는지, 무엇을 주도했는지, 남다른 특별한 역할

(업적)이 있었는지에 관심을 둔다. 더불어 지원자가 수행한 직책, 임무, 활동 대상의 규모 등에 주목하면서 역할과 비중을 평가한다.

⑤ 활동의 영향력(Impact)

지원자가 참여한 활동이 학교나 단체, 사회의 발전에 어떤 영향을 미쳤는지를 평가한다. 또 지원자가 그 활동을 앞으로도 꾸준히 계속하여, 대학에 들어와서는 대학의 발전과 다양성에 이바지하고, 대학 졸업 후에는 지도자가 될 소양을 지녔는지에 주목한다. 지원자가 그 활동을 통해 구체적으로 무엇을 어떻게 바꾸었고, 누구에게 얼마나 긍정적인 영향을 미쳤는지에 주목하면서 활동의 영향력을 평가하는 것이다.

과외 활동의 종류와 관련 단체

미국에 있는 학생들은 거의 대부분이 어렸을 때부터 다양한 과외 활동을 한다. 미국의 고등학생들이 주로 하는 과외 활동을 분야별로 살펴보면, 학업, 스포츠, 공연, 서비스, 정치, 종교, 출판, 미디어, 음악, 미술 분야 등이 있다. 그중에서 아이비리그 대학에 지원하는 학생들이 주로 하는 활동을 꼽아보면 학생회 임원, 학교 신문 편집장, 학교 연감 편집장, 방송반 임원, 운동부 주장, 음악이나 봉사 및 취미 클럽의 주요 임원, 시립 오케스트라 단원 등이 있다. 또 수학반, 과학반, 토론반과 같은 학업 분야에서 활동하면서 각종 대회에서 수상한 경험도 많다. 아이비리그 대학의 지원자들은 거의 대다수가 주나 지역 단위의 대회에서 수상한 경험이 있는 학생들이다. 수학·과학 올림피아드나 올림픽과 같은 세계적·전국적 규모의 대회에서 수상한 학생들도 많다.

하버드 대학의 입학 사정관이었던 척 휴는 심사에서 좋은 등급을 받는 활동 단체, 직책, 대회 명칭, 수상 수준을 그의 저서『What really takes to get into the ivy league & other highly selective colleges』에서 소개하고 있다. 여기서는 각종 활동 단체를 정치, 토론, 음악, 공연 예술, 봉사, 수상 분야로 나누어 소개하려 한다. 고유명사의 의미를 그대로 전달하기 위해 단체와 직책을 영어 원문 그대로 두었다. 전국 단위의 활동 단체는 다음의 〈표 1〉에, 지역과 주 단위의 활동 단체는 〈표 2〉에 제시하였다.

우리나라 학생들은 미국의 활동 단체나 대회 이름이 생소하겠지만, 아이비리그 대학에 지원서를 넣는 다른 경쟁 상대들이 어떤 활동을 어느 수준으로 하는지를 파악하는 데 도움이 될 것이다.

〈표1〉 미국의 전국 규모 활동 단체·대회와 리더십 직책

분야·종류	단체 및 프로그램 명칭	직책 및 수상 경력
정치	Boys and Girls Nation U.S. Senate Youth Program U.S. Senate Page School Statewide Student Government Association	President, Vice president, Attorney General Officer position Officer position Officer position
토론	NFL(National Forensics League) Tournament CFL(Catholic Forensics League) Tournament Lincoln-Douglas Debate Extemp Debate Policy Debate U.S.A. High School National Mock Trial World Schools Debating Championship	Category National Champion, Semifinalist Category National Champion, Semifinalist Category National Champion, Semifinalist Category National Champion, Semifinalist Category National Champion, Semifinalist National Champion, National Runner-Up Winner, Runner-Up, Best Individual
음악	Grammy High School Jazz Ensemble National Youth Symphony American Youth Philharmonic Interlochen/Tanglewood Summer Music Program Kennedy Center/Carnegie Hall 주최 대회 National Concerto Competition	Concertmaster, 1st Chair, Participant Concertmaster, 1st Chair, Participant Concertmaster, 1st Chair, Participant Participant National Concerto Winners National Concerto Winners
공연예술	National Ballet/유명 Dance Programs Professional Acting National Art Competition	Dancer in Nutcracker, etc. Television, Screen, Broadway
봉사	Future Farmers of America Key Club SADD Habitat for Humanity	National President National President National President National President
수상	U.S. Math/Chemistry/Physics Olympiad Westinghouse (Intel) Science Talent Search Coca-cola Scholarship Wendy's Heisman Award Bronfman Youth Scholars National Merit American High School Math Exam(AHSME) National Council of Teachers of English(NCTE) Rotary Scholar, AP Scholar	Participants, 국제 올림피아드 출전 자격 획득 National Winner National Winner National Winner 25 National Awards Finalist Achievement Awards Achievement Awards

〈표2〉 미국의 지역 및 주 규모 활동 단체·대회와 리더십 직책		
분야·종류	단체 및 프로그램 명칭	직책 및 수상 경력
정치	Boys and Girls State U.S. Senate Page School Senate Youth Scholarship Associated Student Body Government School Board or Principal's Advisory Board Class Officer	Governor, Lt. Governor, Attorney General, Recipients Recipients President, Officer positions Student Representative President, Officer positions
토론	전국 규모 대회와 동일	Category State Champion, Semifinalist
출판·글	School Newspaper School Yearbook NCTE Writing Award 책, 신문, 잡지 주요 학술 저널	Editor in Chief, Section Editor Editor in Chief 출판 연구 보고서 게재
음악	All-State Band All-State Choir/Vocal Youth Symphony Orchestras	 Concertmaster, 1st Chair
봉사	Future Farmer's of America Boys/Girls Scouts of America Boys/Girls Clubs of America Key Club National Honor Society Jack and Jill	Regional Officer Eagle Scout Gold/Silver Award President, Regional Officer President Regional Officer
수상	National Merit ROTC Scholarship Cum Laude/Magna Cum Laude 고교의 Department Awards Athletic Honors	Semi-finalist

학업 관련 경시대회와 교육 프로그램

아이비리그 대입 심사에서 높은 활동 등급을 받으려면 고등학생을 대상으로 열리는 다양한 학업 관련 경시대회나 우수 프로그램 또는 캠프에 참가하거나 수상 경력이 있어야 한다. 그런데 입시 준비로 바쁜 학생들과 그들을 지도하는 교사, 부모 들은 어떤 단체에서 어떤 대회를 언제 어디서 여는지 자세한 정보를 접하기가 쉽지 않다. 참가하거나 수상하면 아이비리그 대입 전형에서 높은 활동 등급을 받게 되는 전국 또는 국제 규모의 대회, 캠프, 프로그램에는 어떤 것들이 있는지 하나하나 살펴보자. 우리나라 학생들이 참가할 수 있는 대회와 단체 이름도 구체적으로 소개해 놓았다.

우리나라에서 참가할 수 있는 대회와 단체

우리나라 고등학생들은 미국의 대학에서 인정해 주는 대회에 참가하거나 단체에서 활동하기가 쉽지 않다. 그렇더라도 우리나라에서 전국 단위로 운영되거나 국제 대회에 출전하기 위한 사전 단계로 운영되는 각종 대회에 참가하면 아이비리그 대학 입학 사정관에게 좋은 평가를 받을 수 있다.

미국 명문대 진학률이 높은 외국어고, 민족사관고뿐 아니라 과학고, 영재고의 학생들이 주로 참가하는 국제 규모의 경시대회와 국내 대회를 다음의 표에 소개했다. 그 이외의 국내 각종 기관과 단체에서 주최하는 다양한 분야의 크고 작은 경시대회도 소개했다. 각 대회의 일정이나 내용, 선발 과정 등은 해당 웹사이트를 참조하면 된다.

우리나라 학생들이 참가하는 국내외 경시대회		
	경시 대회 명칭	웹사이트 주소
한국 수학 올림피아드 국제 수학 올림피아드	KMO : Korea Mathematics Olympiad IMO : International Mathematics Olympiad	www.kms.or.kr www.imo.math.ca
한국 물리 올림피아드 국제 물리 올림피아드	KPhO : Korea Physics Olympiad IPhO : International Physics Olympiad	www.kps.or.kr www.ipho2006.org
한국 화학 올림피아드 국제 화학 올림피아드	KChO : Korea Chemistry Olympiad IChO : International Chemistry Olympiad	www.kcsnet.or.kr www.35icho.uoa.gr
한국 정보 올림피아드 국제 정보 올림피아드	KOI : Korea Olympia in Informatics IOI : International Olympiad in Informatics	www.kado.or.kr olympiads.win.tue.nl/ioi
한국 로봇 올림피아드 국제 로봇 올림피아드	KRO : Korea Robot Olympiad IRO : International Robot Olympiad	www.iroc.org/korea/info/host.htm http://www.iroc.org
한국 천문 올림피아드 국제 천문 올림피아드	KAO : Korea Astronomy Olympiad IAO : International Astronomy Olympiad	www.kasolym.org www.issp.ac.ru/iao
한국 철학 올림피아드 국제 철학 올림피아드	KPO : Korea Philosophy Olympiad IPO : International Philosophy Olympiad	philosopiad.org/kpo www.philosopiad.org
한국(세계) 고교생 디베이팅 챔피언십	Korean High School Debating Championship World Schools Debating Championship	www.schoolsdebate.com
미국 고교 모의법정 대회	U.S.A. High School National Mock Trial	www.nationalmocktrial.org
서울 모의 유엔 헤이그 모의 유엔 모의 유엔	MUNOS : Model United Nations of Seoul THIMUN : Hague Model United Nations MUN : Model United Nations	www.munos.co.kr www.thimun.org www.unausa.org

위의 표에 소개된 대회 이외에 우리나라에서 개최되는 대회, 주최, 관련 웹사이트 주소는 다음과 같다. 단, 이들 대회는 미국의 대회처럼 지속적으로 운영되지 않고, 개최 계획 또한 수시로 바뀐다.

- 전국 영어/수학 학력 경시대회 : 성균관대 주최(http://skku.edusky.co.kr)
- 전국 독서 논술 경시대회 : 한국청소년보호연맹 주최(www.nonsulcup.com)
- 학생 창의력 올림피아드 : 특허청, 삼성전자 주최(www.sec.co.kr)
- 전국 고교생 증권 경시대회 : 한국개발원 주최(http://click.kdi.re.kr)
- 전국 고교생 경제 경시대회 : 한국개발원 주최(http://click.kdi.re.kr)
- 환경 사랑 청소년 환경대회 : 전국투자자교육협의회 주최(www.ksda.or.kr)
- 경제 글쓰기 대회 : 조선일보와 한국개발연구원 주최(www.kdi.re.kr)
- 시장경제 글쓰기 대회 : 전국경제인연합회 주최(www.fki.or.kr/Main.aspx)

• Korea/US Math Olympiad

우리나라에서는 한국 수학 경시대회에서 뽑힌 최종 결선자 6명이 집중 훈련을 거친 후 한국을 대표해 국제 수학 올림피아드인 IMO에 참가한다. 미국에서는 AMC 시험과 AIME 시험(시험 안내는 Chapter 2의 3을 참조) 점수를 기준으로 미국 전역에서 약 250명의 고등학생을 선발한다. 이들 250명에게 United States of America Mathematics Olympiad(USAMO) 시험을 치르게 한 후 우수한 12명의 학생을 선발하여 USAMO 캠프의 단기 집중 훈련에 참가시킨다. 훈련에 참가한 학생들 중에서 최종적으로 선발된 6명은 미국을 대표해 국제 수학 올림피아드(IMO)에 참가하게 된다. 우리나라에서는 KMC 시험에서 뽑힌 최종 결선자 6명이 한국을 대표해 IMO에 참가한다.

• International Math Olympiad (IMO)

'국제 수학 올림피아드'는 각국에서 선발된 4~6명의 우수한 학생들이 국가 대표로 참가하는 국제 규모의 경시대회다. 이 대회에 참가하는 거의 모든 나라에서는 최종적으로 선발된 6명의 학생을 수학 분야에 참가시킨다. 국제 대회 참가자들은 해당 분야에서 자기 나라의 대표로 뽑힌 학생들이므로 비록 수상하지 못하더라도 아이비리그 전형에서 매우 유리한 활동 평가를 받게 된다.

• Korea/US/International Chemistry Olympiad

한국 화학 올림피아드 대회에서 최종 4명으로 선발되면 국제대회인 국제 화학 올림피아드(IChO)에 참가할 자격을 얻는다. 미국에서는 전국 경합에서 뽑힌 최종 20명의 학생을 US Chemistry Olympiad(USCO) 캠프에 참가시켜 단기 집중 훈련을 시킨 후 최종적으로 4명을 선발해 미국을 대표해 국제 화학 올림피아드에 참가시킨다.

• Korea/US/International Physics Olympiad

한국 물리 올림피아드 대회에서 최종 5인으로 선발되면 국제대회인 국제 물리 올림피아드에 참가할 자격을 얻는다. 미국에서는 전국 경합에서 최종적으로 선발된 20명의 학생을 US Physics Olympiad 캠프에 참가시켜 단기 집중 훈련을 시킨 후 다시 최종적으로 5명을 선발해 미국을 대표해 국제 화학 올림피아드에 참가시킨다.

• Research Science Institute (RSI)

이 프로그램은 Center for Education Excellence(수월성 교육센터)에서 후원하고 MIT 대학에서 운영하는 세계 최우수 여름 연구 프로그램 중 하나이다. 매년 여름에 미국에서 50명의 고등학생을 선발하고, 외국에서 25명의 고등학생을 선발해 프로그램 참가 자격을 준다. 관련 정보는 웹사이트(www.cee.org/home/index.shtml)에서 볼 수 있다.

• Intel Science Talent Search (Intel STS)

예전의 명칭은 Westinghouse Science Talent Search였다. 이 프로그램에서 1등을 하면 10만 달러의 장학금을 받게 된다. 최종 '탑 10'으로 선발되면 미국의 어느 대학이든 거의 합격이 보장되며, 결승에 진출한 40명도 대입 심사에게 매우 유리한 위치에 서게 된다. 관련 정보는 웹사이트(www.intel.com/education/sts/index.htm)에서 볼 수 있다.

• Siemens Westinghouse Science and Technology Competition

위에 소개된 Intel Science Talent Search와 거의 비슷하다. 개인이든 팀이든 최우수 한 명(또는 한 팀)으로 뽑히면 10만 달러의 장학금을 받는 동시에 미국의 아이비리그 및 명문대 입시 전형에서 매우 유리하다. 관련 정보는 웹사이트(www.siemens-foundation.org)에서 볼 수 있다.

• Coca-Cola Scholarship Program National Award Winners

미국의 코카콜라 회사는 매년 다양한 분야의 고등학생을 선발해서 장학금을 지급한다. 관련 정보는 웹사이트(www.cocacola.com)에서 볼 수 있다.

• Telluride Association Summer Experience

코넬 대학에서 처음 시작한 이 프로그램은 인문 사회나 정치 분야에 뛰어난 지식을 가졌거나 깊은 관심과 열정을 보이는 고등학생을 선발해 코넬 대학에서 수업을 들을 수 있는 기회를 준다. 관련 정보는 웹사이트(www.tellurideassociation.org)에서 볼 수 있다.

• Concord Review

『콘코드 리뷰』는 미국의 고등학생이 집필한 역사 관련 에세이와 연구 보고서를 싣는 계간 저널이다. 저널에 글이 실리려면 독창적이고 질적 수준이 높아야 한다. 관련 정보는 웹사이트(www.tcr.org)에서 볼 수 있다.

• NCTE Achievement Awards in Writing

미국의 전국영어교사협의회에서 주관하는 작문 대회로, 이 대회에 출전하려면 11학년(고2) 때 재학 고교의 영어교사로부터 지명 추천을 받아야 한다. 관련 정보는 웹사이트(www.ncte.org/grants/achieve.shtml)에서 볼 수 있다.

• National Merit and National Achievement Scholarship Programs

11학년 10월이 되면 미국 전역에서 일제히 실시되는 PSAT(NMSQT) 시험을 치르게 된다. 이 시험 점수에 따라 수상자가 결정되는데, 대입 심사에서 좋은 평가를 받으려면 National Merit Finalist(NMF)나 National Achievement Scholars(NASP)로 뽑혀야 한다. 관련 정보는 웹사이트 (www.nationalmerit.org)에서 볼 수 있다.

• Summer(Math) Programs

학업 및 학문 분야에서 우수한 여름 프로그램을 운영하는 곳을 찾으려면 다음 웹사이트에 접속하면 된다.

CTY Program at Johns Hopkins University : http://cty.jhu.edu
EPGY Program at Stanford University : http://epgy.stanford.edu
GERI Summer Residential Program at Purdue University
: www.geri.soe. purdue.edu/main/default.html

IDEA Youth Forum

16~19세의 고등학생들이 모이는 토론 훈련 캠프로, 2주간 정책 토론을 위한 워크숍을 연다. 우리나라에서는 한국토론협회에서 고등학생 3명을 선발해 참가시킨다. 관련 정보는 웹사이트(www.ideayouthforum.org)에서 볼 수 있다.

좋은 평가를 받는 과외 활동

아이비리그 대학 진학에 뜻을 둔 학생들과 그 자녀를 둔 부모들은 아이비리그 진학에 가장 유리한 과외 활동이 무엇인지 궁금해한다. 음악, 미술, 스포츠 중에서 어떤 활동을 해야 하는지, 같은 분야 안에서 구체적으로 무엇을 해야 좋은지(예를 들어, 음악 분야라면 첼로와 바이올린 중에서 어느 것을 선택해야 하는지) 알고 싶어한다.

오케스트라에서 바이올린을 연주하면 좋다는 말에 재능이 없는 자녀를 무작정 몰아치는 부모, 토론 대회에서 상을 타면 좋다고 수줍음 많은 자녀를 Debate 클럽으로 모는 부모, 학보 편집을 하면 좋다고 글 솜씨가 없는 자녀를 학교 신문사에 넣으려는 부모, 운동에 소질이 없는 자녀를 어떻게 해서든 선수로 만들려는 부모들을 많이 보아왔다. 또 정말로 많은 부모와 학생 들이 과외 활동에 대해 부정확하고 잘못된 정보를 갖고서 시간과 돈을 허비하는 경우도 많이 보았다.

아이비리그 진학에 가장 유리한 과외 활동은 바로 지원자 자신이 가장 좋아하고 잘할 수 있는 활동을 두세 가지쯤 찾아서 꾸준히 하는 것이다. 그렇기 때문에 이 분야의 활동이 저 분야의 활동보다 더 좋다고 말할 수는 없다.

하지만 사정관들의 솔직한 의견을 들어보면, 아이비리그 대학에서 더 선호하고 더 높은 등급을 주는 활동이 있다고 한다. 사정관들이 활동 등급을 매길 때 따르는 기본 원칙이 이러한 사실을 입증한다.

첫번째 원칙은 대학에서 가치를 두고 더 선호하는 종류의 활동을 한 지원자에게는 최상위 등급을 준다는 것이다. 학교를 이끄는 총학생회 활동, 정치나 행정과 관련된 활동, 펜의 힘을 과시하는 언론 방송 활동, 탁월한 재능을 발휘하는 예술 및 스포츠 활동, 박애정신이 돋보이는 봉사 활동, 뛰어난 능력을 발휘하는 취업이나 사업 활동 등이 그것이다.

두 번째는 대학에서 예전부터 전통적으로 해오던 활동, 예를 들어 미식축구, 야구, 농구, 조정, 테니스의 스포츠 종목과 오케스트라, 방송, 신문 활동에는 많은 예산이 책정되어 있고, 또 많은 학생들이 필요하기 때문에 이러한 전통적인 활동을 한 지원자들에게는 더 높은 등급을 준다는 것이다.그렇다면 이러한 활동들을 구체적으로 어떻게 해야 입학 사정관에게 높은 활동 등급을 받게 되는지 알아보자.

총학생회 활동

아이비리그 대학에서는 총학생회의 주요 직책을 맡아서 적극적으로 활동한 학생을 매우 선호한다. 그들이 대학에 입학해서는 학생회를 이끌 지도자가 되고, 더 나아가 졸업 후에는 사회에 진출해 정치가나 각계각층의 지도자가 되어 대학의 이름을 빛내는 데 일조할 것이라고 기대하기 때문이다.

클럽이나 서클의 회장직을 수행해도 좋은 평가를 받지만, 총학생회의 회장이나 부회장직을 수행할 때 더 높은 평가를 받는다. 특히 몇 개의 지역을 연합하여 구성된 연합학생회나, 주 전체를 통합한 연합학생회의 주요 임원일 때 최고의 활동 등급을 받게 된다.

대입 사정관은 지원자가 총학생회에서 어떤 직책을 맡았는지에 주목하는 동시에 학생회의 활동 범위와 영향력이 어느 정도인지도 아울러 평가한다. 이를 평가하기 위해 사정관은 지원자가 재학하는 고교가 어느 도시에 위치해 있고, 학생 수는 몇 명인지, 어떤 문제가 있는 고교인지, 학생회에서는 무슨 일을 했고, 학교나 지역사회에 어떤 긍정적인 파급 효과를 미쳤는지를 살핀다.

예를 들어 지원자가 학교 점심시간에 변화를 주기 위해 투표를 실시하여 새로운 운영 체계를 도입했다든지, 학업 성취도가 낮은 학생을 돕는 무료 과외 공부 프로그램을 시작했다든지, 경제적 어려움에 처한 학생을 돕는 획기적인 프로그램을 시작했다면 좋은 평가를 받을 수 있다. 이렇게 새로운 변화를 모색한 학생이 그 활동을 통해 얼마나 긍정적인 효과를 냈는지를 설명하고 증명하는 교장이나 교사, 교육감의 추천서까지 보태진다면 입시 전형에서 매우 높은 등급을 받게 된다.

정치 · 행정 관련 활동

아이비리그 대학에서는 앞으로 자국의 주 정부나 연방 정부의 정치 · 행정 분야에서 활약할 인재를 확보하기를 원한다. 동문 졸업생이 국가적 차원의 요직에서 활동하게 되면 내힉의 발전은 물론이고 대학의 평판이나 명성에도 도움이 된다고 여기기 때문이다. 그 때문에 고교 재학 중에 정치나 행정 관련 단체에서 활동한 학생을 매우 선호한다. 이러한 학생들을 선발하기 위해 사정관은 지원자가 지역사회나 학교의 발전에 기여하는 단체에서 활동했는지, 어떤 규모의 어떤 영향력을 지닌 단체에서 활동했는지 등에 주목한다.

최상위 활동 등급을 받으려면 전국 규모의 단체에서 활동해야 한다. 전국 규모의 단체에서 활동했다는 것은 이미 여러 단계의 경쟁을 거치고 선발 절차를 밟은 경쟁력 있는 학생이라는 점까지 입증되는 것이다. 그 외에도 뛰어난 대인관계 기술과 원만한 인성을 지녔다고 입증되면 좋은 인성·활동 등급을 받게 된다.

언론 · 방송 · 출판 활동

펜의 힘은 가히 막강하다고 할 수 있다. 그러한 힘에 대한 동경은 동서양을 가리지 않는다. 이미 세계 최고 수준의 실력과 명성을 갖춘 아이비리그 대학들에서 이러한 힘을 발휘할 만한 미래의 인재를 확보하고자 하는 것은 어찌 보면 당연한 일이다.

입시 전형에서 언론 미디어 활동을 평가할 때는 지원자가 어떤 직책을 맡았는지보다 얼마나 깊이 관여했는지에 더 관심을 둔다. 구체적으로 말하면, 얼마나 자주 출판(방송)을 했는지, 어떤 일(제작, 기획, 편집, 기고 등)을 맡았는지, 출판물(방송물)의 질적 수준이 어느 정도였는지, 얼마만큼의 막중한 책임을 졌는지, 몇 명이 함께 팀워크를 이루어 활동했는지에 평가의 초점이 맞춰져 있다.

학교 신문 편집장(Editor in Chief)은 매우 높이 평가받는 직책이고, 원고 정리 편집자(Copy Editor)나 섹션 편집자(Section Editor)도 좋은 평가를 받을 수 있다. 규모가 비교적 큰 고교에서 학교 연감 제작을 위해 주요 임무를 맡았을 때도 좋은 평가를 받는다. 주요 지역신문에 글을 기고하거나, 주요 저널이나 잡지에 글을 게재하거나, 책을 출간해서 전국적으로 판매

되거나, 또 언론 기관에서 인턴으로 꾸준히 일해도 입시 전형에서 유리한 평가를 받는다.

아이비리그 대학에 지원할 때는 자신의 글, 업적, 산출물을 지원서에 증거로 첨부할 필요가 있다. 물론 지원자가 활동한 단체의 관계자가 지원자가 어떤 일을 맡았고, 얼마나 중요한 일에서 얼마나 높은 성과를 이루었는지에 대해 써준 추천서까지 동봉하면 훨씬 효과적이다.

토론 활동

아이비리그 대학에서는 토론(Debate) 활동 또한 매우 가치 있는 활동으로 여긴다. 학생들은 토론 활동을 통해 대화의 기술, 설득력, 발표력, 분석력, 비평력, 논리적 사고력, 연구 추진 능력 등을 익힐 수 있다. 이러한 총체적 문제 해결력을 지닌 학생은 앞으로 사회에 진출했을 때 각계각층에서 뛰어난 역량을 발휘하여 성공적인 지도자로 거듭날 수 있다. 그들이 장래에 모교의 이름을 빛내줄 것은 당연한 일이므로, 대학에서는 그들을 선호하지 않을 수 없다.

전국 규모의 유명한 토론 활동으로는 전국 토론 리그(NFL)와 가톨릭 토론 리그(CFL)가 꼽힌다. 이 활동에서 개인 경기인 Extemp Category나 Lincoln Douglas Category에 들거나, 2인 1조로 운영되는 Policy Debate Category에 들면 아이비리그 대학에서 최상위 활동 등급을 받을 수 있다. 지역 또는 주 단위의 유명한 토론 활동으로는 Tournament of Champions가 꼽힌다.

토론에 재능이 있는 학생들은 여름방학 기간에 하버드, 노스웨스턴, 다트머스, 스탠퍼드, 미시건, 아이오와, 에모리 대학의 우수 Debate 캠프에 참여하라고 권하고 싶다.

예술 활동

① 음악 활동

입시 전형에서 과외 활동을 평가할 때 음악 활동에는 어느 정도의 비중을 두는 것일까? 그것은 대학마다 차이가 있다. 또한 음악 장르나 악기에 대한 선호도도 대학마다 다르다. 아이비리그 대학 중에서는 하버드, 예일, 컬럼비아 대학이 음악 관련 활동에 높은 활동 등급을 주는 것으로 알려져 있다.

음악 활동 중에서도 재즈나 밴드, 보컬 활동을 한 지원자보다는 고전 음악에 필요한 클래식 악기인 각종 현악기, 타악기, 관현악기를 다루는 지원자를 더 높이 평가한다. 하지만 클래식 악기 중에서도 하프, 프렌치호른, 더블베이스, 오보에, 바순이나 특정 타악기를 다루는 학생을 더 선호한다. 피아노, 바이올린, 색소폰을 연주할 수 있는 지원자는 항상 넘쳐나는 편이라고 한다. 어떤 대학에서는 밴드를 필요로 하지 않기 때문에 밴드 활동을 한 지원자는 높이 평가하지 않는다. 그러므로 악기를 다루는 학생들은 진학을 희망하는 대학에서 선호하고 필요로 하는 음악의 장르와 악기가 무엇인지 미리 알아보고 대비하는 것이 좋겠다.

하지만 대학별 특성과 필요에 맞추어 미리 준비하는 것이 쉬운 일은 아니다. 대학에서 필요로 하는 음악의 장르와 악기 연주자가 매년 달라지기 때문이다. 특정 악기를 다루던 연주자가 졸업하면 그 악기 연주자가 필요해지는 것처럼 필요에 따라, 그해 졸업생에 따라, 심사에서 더 높은 활동 등급을 받는 장르와 악기의 종류가 달라지는 것이다. 어느 해에는 바이올린 주자가 많이 졸업해서 바이올린을 담당할 학생이 필요하고, 어느 해에는 바이올린 주자 자리는 꽉 차 있고 플루트를 부는 학생만 필요할 때도 있다. 요컨대 해마다 어떤 악기를 담당하는 학생이 졸업하느냐에 따라 입시 전형에서 음악 활동을 평가하는 초점도 달라지는 셈이다.

참고로, 남들이 흔히 다루는 고전 악기를 다루면 희소성은 없어도 활동할 수 있는 곳은 많은 데 비해, 흔치 않은 악기를 다루면 희소성은 있지만 대학에서 필요로 하는 자리가 아예 없거나 한정되어 있다. 이 점을 염두에 두고, 음악 활동을 선택할 경우 어떤 음악 장르에서 재능을 펼치는 것이 좋을지 심사숙고하기 바란다.

입학 사정관은 지원자가 어떤 장르의 음악을 하고 어떤 악기를 다루는 지에 초점을 맞추되, 그보다 더 관심을 두는 것은 바로 어느 정도 규모의 단체에서 활동했는가 하는 점이다. 전국 규모의 음악 단체에서 활동했다면 최상위 활동 등급을 받을 수 있다. 물론 주 단위나 지역 단위의 대회에서 수상해도 좋은 평가를 받게 된다.

그 이외에 유명한 콘서트홀에서 공연한 경력도 매우 좋은 평가를 받는다. 유명 콘서트홀에서 공연했다는 사실만으로도 일정 수준 이상의 실력을 갖춘 것이 입증되기 때문이다. 사정관은 지원자가 독주를 했는지 그룹으로 연주했는지, 또 공연이 얼마나 탁월했는지도 평가한다. 당시에 연주한 곡이 녹음된 CD나 테이프를 지원 대학으로 보낼 때는 최상의 음질로 녹음된 것을 보내는 것이 좋다.

② 공연 예술 활동

공연 예술 활동으로는 Musical Theater, Drama, Jazz Dance, Ballet, 전통춤 등이 있다. 아이비리그 대학 심사에서 공연 예술 활동으로 높은 평가를 받으려면, 지역이나 시 이상의 대규모 단위에서 많은 활동을 한 단체에서 활동해야 한다. 특히 특정 문화나 종족(미국 인디언, 중국의 소수민족 등)의 문화를 소개하고 계승하는 공연이나, 지역사회의 이슈거리를 제공하고 반향을 불러일으킨 공연 등 주위에 긍정적인 파급 효과를 내는 활동을 높이 평가한다.

③ 미술 활동

대입 심사에서 미술 활동은 음악이나 공연 예술만큼 좋은 평가를 받기는 힘들다. 미술 활동으로 좋은 평가를 받으려면 전국이나 주 단위의 미술 대회에서 수상작을 내야 한다. 자신의 미술 분야 활동을 부각시키고 싶다면, 대학에 지원할 때 작품 설명서와 함께 슬라이드나 사진을 제출하는 것이 좋다. 단, 부피가 크고 두꺼운 실물 작품은 절대로 보내지 않도록 주의해야 한다. 또 그만그만한 수준의 작품은 전혀 도움이 되지 않으므로, 완성도 높은 뛰어난 작품만 제출하는 것이 유리하다.

스포츠 활동

스포츠는 아이비리그 대학의 근간을 이루는 중요한 일부분이다. 아이비리그의 모든 대학이 Division I(1군)에 속해 있으며, 몇 종목을 운영하는지는 대학마다 다르다. 하버드 대학의 경우, 남녀 종목 합쳐서 총 41개의 스포츠 종목을 운영하고 있다. 모든 아이비리그 대학이 스포츠에 비중을 두지만, 더 비중을 두고 육성하는 종목 또한 대학마다 다르다. 일반적으로 미식축구와 농구는 모든 대학에서 가장 많은 비중을 두고 운영하고 있다. 그다음으로는 조정, 아이스하키, 라크로스를 들 수 있다. 참고로, 미국 대학의 스포츠에 대해 상세히 알고 싶다면 웹사이트(www.ncaa.org/wps/portal)를 찾아보면 된다.

각 대학에서는 종목별로 유능한 선수들을 확보하려 하지만 뛰어난 운동선수가 공부까지 두루 잘하기는 어려운 탓에, 대학에서는 그들의 학업 수준이 다른 지원자들에 비해 현저히 떨어져도 기꺼이 받아들인다. 아이비리그 대학에서는 합격 정원 중의 일정한 수를 운동선수를 위한 자리로 배정해 놓고 있다. 매년 선발하는 선수의 수는 모든 종목을 통틀어서 합격 정원의 약 10% 선이라고 한다.

대학에서는 합격 정원의 일정 비율로 운동선수를 뽑되 종목별로 몇 명씩 뽑을지는 매년 달리 정한다. 대학을 졸업하는 선수들의 스포츠 종목과 인원 수가 해마다 다르기 때문이다. 각 종목의 코치들은 자기 종목의 선수를 한 명이라도 더 뽑기 위해 대학 입학처장과 총장, 선수 선발 관계자들과 치열한 로비 작전을 펼친다고 한다.

선수 선발 권한은 거의 전적으로 각 종목의 코치에게 맡겨져 있다. 코치들은 고교에서 활약하는 우수 선수 명단을 작성해서 그들과 사전에 긴밀하게 접촉하며, 특히 뛰어난 선수들을 다른 대학에 뺏기지 않으려고 전심전력을 기울여 스카우트를 성사시킨다. 입학처에서는 각 종목의 코치가 결정한 선수들은 거의 모두 합격시킨다고 보면 된다.

고교에서 스포츠 활동을 했어도 주전팀에 소속되지 않았다면 대입 전형에서 좋은 평가를 받기 힘들다. 대학의 코치에게 선발될 수준이 아니기 때문이다. 또한 뛰어난 선수였어도 대학 진학 후에는 선수로 뛸 의사가 없는 지원자들도 대입 전형에서 특별한 혜택을 받지 못한다.

봉사 활동

아이비리그 대학에서 지원자의 봉사 활동 경력에 관심을 쏟는 이유는 무엇일까? 그것은 바로 지원자가 공부밖에 모르는 공부벌레가 아니라, 어려운 처지와 환경에 처한 사람들을 위해 가슴 아파하는 박애정신이 있는 학생인지 보기 위해서이다. 다시 말해, 자기 주위 사람들, 세상의 이슈와 문제에 적극적인 관심을 가졌는지를 파악하기 위해서다. 미국의 명문 사립대학뿐만 아니라 주립대학들도 학생들의 봉사 활동 경력에 주목한다.

미국에 있는 대다수의 고등학교는 일정 시간 이상의 봉사 활동을 졸업 요건으로 명시하고 있다. 보통 4년간 40~100시간 이상의 봉사 활동을 요구한다. 하지만 아이비리그 대학에 지원할 계획이라면, 그 정도의 봉사 활동으로는 명함도 내밀기 힘들다는 사실을 알아두기 바란다. 고교 시절에 적어도 300시간 이상의 봉사 활동을 해야 하는 것이다.

처음에는 대입을 위해, 또는 고등학교 졸업 이수 조건을 만족시키기 위해 억지로 봉사 활동을 시작한 학생이라도 점차 그 일에 관심과 열정을 갖게 된다고 한다. 오랜 기간 지속적으로 특정한 봉사 활동을 하는 학생들의 말을 들어보면, 그들도 처음에는 대학 입학 심사에서 좋은 평가를 받으려고 시작했지만, 점차 봉사의 참의미를 알게 되면서 대입 전형과 관계없이 진심을 다해 열성적으로 헌신하게 되었다고 한다. 그러한 과정을 거치면서 소외된 사람들을 생각하고, 그들을 위해 작고 큰 해결책을 생각해 보게 된다. 그렇게 해서 주위를 둘러보는 사람이 되고, 시야가 넓어지며, 특정 방향에 기여하고 싶은 뜻도 품게 되는 것이다. 아이비리그 대학들이 지원자의 봉사 활동 경력을 살피는 것은 바로 그러한 따뜻하고 열정적인 사람을 뽑기 위해서이다.

입학 사정관은 지원자들의 봉사 활동 경력에서 구체적으로 무엇을 평가하는 것일까? 중요한 것은 지원자가 무슨 활동을 했는가 하는 것이 아니다. 그보다는 그 활동을 어떤 계기로 왜 시작했고, 얼마나 헌신적으로 열정을 갖고 참여했으며, 얼마나 꾸준히 지속적으로 활동했는가 하는 점이다. 그렇다면 봉사 활동을 어떻게 해야 대입 심사에서 좋은 활동 등급을 받을 수 있는지 살펴보자.

1 고교 재학 중에 두세 가지의 봉사 활동을 적어도 '300시간 넘게' 해야 한다. 병원에서 1000시간을 봉사했다는 고등학생들을 주위에서 가끔 보았는데, 이들이 대입 심사에서 높은 등급을 받았을 거라는 사실에는 누구도 이의를 제기하지 않는다. 왜냐하면 1000시간의 봉사 활동이란 중3부터 고2까지 3년간 봉사했다고 했을 때 매년 330시간이란 엄청난 시간을 봉사에 헌신했다는 의미이기 때문이다. 고된 학업을 병행하면서 적어도 매주 6시간 이상씩 봉사했다는 얘기다.

2 봉사 활동을 하다가 말다가 하지 말고, '매주 일정한 시간을 들여서' 하도록 한다. 3년간 지속적으로 해온 봉사라 하더라도 한 달에 한 번

씩 활동했다든지, 봉사 시간이 그리 길지 않다면 좋은 평가를 받기 힘들다.

3 1회의 오지 선교 여행이나 단발적인 봉사 활동보다는 '몇 년간 꾸준히 지속하는' 활동이어야 한다. 단발성 봉사나 1년 정도만 활동한 것은 아무것도 하지 않은 것보다는 낫겠지만 좋은 등급을 받는 데는 크게 도움이 되지 않는다.

4 봉사를 하는 나름의 이유와 철학을 뚜렷이 갖고 있어야 한다.

학생들은 봉사하려는 마음이 있어도 정보가 부족해, 정작 어디에 가서 어떻게 봉사 활동을 시작해야 할지 몰라 우왕좌왕하게 된다. 또 많은 기관이나 단체에서 학생들의 봉사 활동을 그리 반기지도 않는 형편이다. 일회성 봉사나 생색내기 봉사에 그들도 어느 정도 지쳐 있는 것이 사실이다. 학생들이 봉사할 만한 일로는 병원이나 정부 기관, 비영리 단체에서 일하거나, 저소득층 학생의 공부를 가르쳐주거나, 주일학교 교사로 일하거나, 장애인을 돕거나, 가난한 사람과 노숙자를 위해 일하거나, 구호 단체에서 일하거나, 방학 기간을 이용해 미개발 국가를 찾아가 집 없는 사람을 위해 집 짓는 일을 돕거나 하는 일을 꼽을 수 있다.

참고로 미국 명문대 진학 경험이 많은 대원외고, 한영외고, 민족사관고, 과학고, 자사고 학생들이 주로 참가하는 봉사 활동 기관으로는 한국청소년진흥센터(www.youthvol.net), 세계청년봉사단(www.kopion.or.kr), 한국해비타트(www.habitat.or.kr), 참길복지후원회(www.chamgilbokgi.or.kr) 등이 있다.

취업 · 사업 활동

입학 사정관이 지원자의 취업 경력을 심사할 때는 취직이나 사업을 한 이유가 무엇인지, 특별한 재능이나 능력을 십분 발휘한 일인지, 이익금은 어디에 썼는지, 가정이나 직장, 타인에게 기여했는지에 초점을 맞춘다. 특별한 이유 없이 그저 돈을 벌기 위해 한 일이라면 높은 활동 등급을 받기 힘들다. 그렇다면 취업이나 사업 활동을 어떻게 해야 좋은 활동 등급을 받게 되는지 살펴보자.

1 사업을 시작한 타당한 이유와 근거가 있고 성공적인 성과가 있었다면 좋은 활동 등급을 받게 된다. 지원자가 그 분야에 남다른 재능이나 열정, 창의성이 있기에 사업을 성공적으로 이끈 것이라고 판단하기 때문이다. 또 누가 시키지 않아도 스스로 동기를 부여해 자기 주도적으로 일하는 성격은 좋은 평가를 받을 수 있다.

2 고등학생들이 벌이는 사업으로는 자신이 디자인한 티셔츠를 온라인 쇼핑몰에 올려서 판매하거나 관련 의류업체에 디자인을 파는 사업, 컴퓨터나 특정한 기계를 조립하거나 수리하는 사업, 자동차 정비 사업, 웹사이트를 디자인하고 관리하는 사업 등이 있다. 이런 사업을 한 학생들은 스스로 사업 아이디어를 내어 실제로 매출과 이익을 낸 사업가인 셈이다. 수익금을 자선단체 기부금이나 구호금으로 썼다면 사업 운영 능력과 더불어 봉사 정신도 뛰어난 지원자로 인정받아 높은 활동 등급을 받게 된다.

3 가정 형편이나 수익과는 상관없이 그 일이 너무 좋아서 혹은 그 일에

특별한 재능이 있어서 일한 것이어도 좋은 평가를 받을 수 있다. 예를 들어, 컴퓨터 프로그래밍에 남다른 재주와 관심이 있는 학생이 백화점에 취직해서 고객들의 계절별 취향과 수익을 올리는 상품을 분석할 수 있는 프로그램을 만들었는데, 그 프로그램이 향후 매출에 긍정적인 영향을 미쳤다고 하자. 이 지원자는 컴퓨터 프로그래밍에 특출한 재능이 있는 것이며, 그 재능을 긍정적으로 활용해 회사의 이익 창출에 기여한 능력이 돋보이므로 높은 활동 등급을 받게 된다.

4 어려운 가정 형편 때문에 돈을 벌기 위해 아르바이트를 한 경우에도 좋은 활동 평가를 받게 된다. 대개 저소득층이거나 병환으로 경제 활동에 어려움이 있는 부모를 둔 학생들이 이에 해당하는데, 학업을 병행하면서 주당 10~20시간씩 꾸준히 일을 했다면 별다른 특별 활동을 하지 못했더라도 긍정적인 활동 평가를 받을 수 있다. 어려운 형편에서도 공부를 열심히 한 점, 가정을 꾸려나갈 책임을 실행에 옮긴 점, 성실함과 꿋꿋한 의지가 엿보이는 점을 높이 평가하는 것이다.

우리나라 학생이나 미국에 사는 한인 학생들은 과외 활동에서 대개 중간 등급을 받는다. 미국 학생들에 비해 우리나라 학생들이 특별히 두각을 나타내는 활동 분야는 음악이다. 하지만 전교를 대상으로 활동하는 리더십 직책은 맡지 못하는 편이며, 미국 대학에서 긍정적으로 평가하는 펜 활동(신문, 방송, 집필 등)에도 약한 편이다. 봉사 활동에서도 꾸준히 열정적으로 헌신하는 모습이 잘 보이지 않는다. 좋은 활동 등급을 받기 위해 중요한 것은 어떤 활동을 하느냐보다는 활동하는 이유가 분명하고, 열정과 관심이 있으며, 그 활동을 통해 특별히 기여하는 모습을 보여야 한다.

활동 등급 매기기

아이비리그 대학에서는 지원자의 다양한 과외 활동 경력을 심사한 뒤에 어떤 기준으로 활동 등급을 매기는 것일까? 어느 정도의 활동을 했을 때 어떤 활동 등급을 주는 것일까? 이에 대한 답을 찾기 위해 하버드, 프린스턴, 다트머스 대학의 활동 등급과 등급을 매기는 기준을 살펴보자.

하버드 대학

하버드 대학은 활동 등급을 4개 등급으로, 인성 등급을 5개 등급으로 따로 매기는데, 인성 등급은 교사 추천서, 인터뷰, 에세이를 모두 고려해서 등급을 정한다. 하버드 대학에서 나눈 등급의 내용과 각 등급을 매기는 기준은 다음과 같다.

- ● 하버드 대학의 활동 등급

1등급(National Talent) : 한두 분야에서 세계적·전국적으로 인정받을 만한 능력, 재능, 업적, 성취를 한 학생(Boys/Girls Nation, US Senate Youth Program, NFL, CFL, Varsity Athletic Recruit, National Caliber Musician, 유명 영화 출연 및 연극 공연, TV 출연)

2등급(Strong Local and/or Secondary School Contributor) : 주·지역 단위

또는 재학 중인 고교에서 주요 직책을 맡아 탁월한 리더십을 보이고 능력과 재능을 인정받은 학생(Class President, Associated Student Body Government, Statewide Student Government Association, Boys/Girls State, 학교 신문·연감 편집장)

3등급(Solid Contributor) : 학교나 지역 단위에서 활동하고 있지만 리더십 직책을 맡지 않았거나, 탁월한 능력이나 재능을 인정받지 못한 학생(Varsity 팀원, 오케스트라 멤버)

4등급(Little or No Contributions to Activities or Athletics) : 학업 말고는 다른 활동을 거의 하지 않은 학생

- **하버드 대학의 인성 등급**

1등급(Rare personal appeal) : 대인관계, 설득력, 호소력이 뛰어난 학생

2등급(Standout) : 자기 통제 능력, 자기 관리 능력이 뛰어난 학생

3등급(Outstanding) : 박애 정신과 긍정적인 인간성을 가진 학생

4등급(Positive) : 긍정적인 인성을 지녔으나 평범한 학생

5등급(Questionable to poor) : 부정적이고 좋지 않은 인성을 지닌 학생

프린스턴 대학

프린스턴 대학은 활동 등급을 최고 1등급에서 최저 5등급까지 5개 등급으로 나눈다. 이 대학의 활동 등급별 내용과 각 등급을 매기는 기준은 다음과 같다.

1등급 : 국제적·전국적 수준에서 뛰어난 성취, 업적을 이루어낸 학생

(올림픽 선수, 카네기멜론 홀에서 연주한 학생, 특허품을 낸 학생, 책을 출판한 학생)

2등급 : 음악이나 스포츠에서 주 또는 지역 단위의 성취를 보인 학생

3등급 : 1~2개 팀의 주장, 오케스트라의 Concert Mistress, 학생회장이나 부회장인 학생

4등급 : 여러 개의 클럽, 팀에 적극적으로 참여하지만 임원이 아니라 팀원인 학생

5등급 : 활동 단체에 이름만 올려놓고 적극적으로 활동하지 않는 학생

다트머스 대학

다트머스 대학은 학업 등급과 마찬가지로 활동 등급도 최저 1등급부터 최고 9등급까지 매긴다. 학업 등급에서 상위 등급인 7, 8, 9등급을 받은 학생은 활동 등급에 따라 당락이 크게 좌우되는 일 없이 거의 합격되고, 학업 등급에서 하위 등급인 1, 2, 3등급을 받은 학생은 아무리 높은 활동 등급을 받아도 거의 모두가 불합격된다. 그러나 학업 등급에서 중간 등급인 4, 5, 6등급을 받은 학생은 활동 등급에 따라 합격할 수도 불합격할 수도 있다. 지난 몇 년간 합격자들의 학업 등급/활동 등급을 보면, 9/9, 9/8, 9/7, 8/9, 8/8, 8/7을 받은 것으로 나타났다.

다트머스 대학의 활동 등급별 내용과 각 등급을 매기는 기준은 다음과 같다.

8~9등급 : 국제적·전국적 규모의 대회 수상자이거나 리더십 역량을 보인 학생, 전국 대회에서 1~3등을 한 학생(토론·수학·과학·체스 대회), 영재 수준의 재능으로 국제적 수준의 활동을 한 학생(유명 작가, 음악가, 미

술가, 운동선수 등)

6~7등급 : 지역이나 주에서 리더십을 보이거나 교내에서 두드러진 리더십을 보인 학생, 지역 토론 대회에 참가한 학생, 교내의 주요 직책에 있는 학생(학생회 및 기타 단체의 회장), 두세 개 스포츠 팀의 주장이거나 두각을 나타낸 학생(All American 선수, MVP), 전문가 수준의 음악 활동을 한 학생(카운티 오케스트라의 주 첼로리스트, 시도 단위 유수 음악 단체의 단원), 주당 20시간 정도의 일을 1~2년간 꾸준히 한 학생

5등급 : 교내에서 리더십을 보인 학생, 한두 개 스포츠 팀의 부주장인 학생, 보이스카우트에서 'Eagle Scout'가 된 학생, 학교 신문의 편집장인 학생

4등급 : 몇 개의 클럽에 참여했지만 임원이 아니라 회원인 학생, 두세 개의 스포츠 바시티 팀원인 학생

3등급 : 몇 개 클럽의 회원이긴 하지만 활발히 참여하지 않는 학생

1~2등급 : 별 활동을 하지 않거나 학교에서 정학과 같은 부정적 징계를 받은 학생

아이비리그 대학에서 활동 등급을 매기는 기준

- 전국적·세계적 수준의 대회에서 수상을 했거나 활동을 했다면 최상위 활동 등급을 받게 된다.
- 주·지역 수준의 대회에서 수상을 했거나 활동을 했다면 상위 활동 등급을 받게 된다. 또한 재학 중인 고교에서 주요 직책을 맡아서 적극적으로 활동한 경우에는 중간 등급을 받게 되고, 몇 개의 단체에서 평회원으로 활동하면 중하위 등급을 받게 된다.
- 학업 말고는 과외 활동을 거의 하지 않았거나 이름만 올려놓고 적극적으로 활동하지 않았다면 최하위 활동 등급을 받게 된다.

보다 넓고 큰 꿈을 위하여

인간의 가능성은 무한하다. 자신의 꿈과 미래를 위해 전력 질주하는 어린 학생들의 가능성이란 더더욱 그 끝을 알 수 없다. 그런 꿈나무들의 교육을 위한 길을 걸어온 내가 어떤 사명을 감당해야 할지 곰곰 생각하곤 한다. 학생들 스스로 자신의 타고난 능력을 계발해야겠다는 의지를 다질 수 있도록 동기를 부여해 주어야 한다는 생각, 어떤 꿈이 가능한지 그 길을 열어 보여줘야 한다는 생각, 품은 꿈을 어떻게 이룰 것인지 구체적인 과정을 가르쳐주어야 한다는 생각, 그리고 그 꿈을 이룰 수 있도록 이인삼각 경기를 하듯 그들과 함께 걸음을 떼어줘야 한다는 생각을 해본다.

교육자로서 나의 사명을 감당하겠다는 의지의 표현으로, 아이비리그에서 더 큰 꿈을 펼치고자 하는 꿈나무들의 길잡이가 되어주고 싶은 바람으로, 『아이비리그 올마이티』를 여러분 앞에 내놓는다. 이 책은 아이비리그를 비롯한 미국의 명문 사립대학 입시를 준비하는 데 도움이 될 구체적인 사항과 과정을 A부터 Z까지 하나하나 일러주는 지침서이다. 다시 말해

'아이비리그 전과'인 셈이다.

하지만 나는 이 책을 읽는 어린 학생들이 명문 대학에 진학하는 것만을 인생의 최종 목표로 삼지 않기를 바란다. 대학에 입학하고 졸업하는 것은 기나긴 인생의 일부분이며 짧은 과정에 지나지 않는다. 그럼에도 불구하고 내가 이 책을 내놓는 이유는 학생들에게 큰 꿈을 품어야 하는 이유를 보여주고, 그 꿈을 이룰 수 있는 최선의 길도 안내해 주고 싶기 때문이다. 세계 최고봉을 효율적으로 무사히 정복하려면 그 산을 등반하는 데 필요한 기술, 방법, 코스에 대한 안내를 받아야 하듯이, 아이비리그 입시의 어려운 과정이나 효과적인 전략에 대해 구체적인 안내를 받으면 각자가 원하는 대학에 들어가기가 훨씬 쉬울 것이라고 생각한다.

이 책을 읽는 사람들이 모두 '성공한 사람'이 되었으면 하는 바람이다. 내가 말하는 '성공한 사람'이란 이런 사람이다. 스스로 잘하고 좋아하는 일을 찾아 재능과 실력을 다져서, 그 일을 평생의 즐거운 생업으로 삼고 살아가는 사람, 그리고 더 나아가 그 일을 통해 다른 사람들의 삶까지도 윤택하게 해줄 수 있는 사람이다.

타고난 잠재 능력이란 하늘과 세상으로부터 받은 '선물'이다. 그 선물은 자신만의 것이 아니다. 많은 선물을 받은 '복 받은' 사람들이야말로 자기 발전에 안주하지 말고 국가를 위해, 세상 사람들을 위해 무엇인가 큰일을 해야겠다는 생각을 품어야 하지 않을까? 더 나아가 세상의 어두운 그늘에 가려진 이들의 삶까지도 환히 밝혀주는 일을 해야겠다는 뜻을 품어야 하지 않을까?

그러한 꿈을 실현하려면 우선 자기 실력을 키워나가야 한다. 그리고 다양한 재능을 지닌 친구와 선후배 들과 함께 서로의 부족한 면을 채우며 그 꿈을 향해 더 큰 걸음을 떼어야 할 것이다. 세계 최고의 배움터에서 최고의 인재들과 친구가 되고 선후배가 되어 함께 어깨를 겨룰 수 있다는 것은 가슴에 품기에 더없이 매력적인 꿈이다. 여러분도 그 꿈을 안고 더 크고 넓은 세상을 향해 도약해 주기를 바란다. 좋은 대학은 평생의 친구와 동료를 만나고 더 큰 꿈을 펼치는 데 최적의 장소이다.

자, 여러분의 꿈과 평생의 동료를 만날 수 있는 대학을 향해 이제 한 걸음을 힘차게 떼어보자!

부록

| 부록1 |

CRS 산출 공식에 대입하여 CRS 변환하기

다음의 CRS 산출 공식에 대입하여 Z값을 구한 뒤, 아래 표에서 Z값에 해당하는 CRS 점수를 찾으면 된다.

$$Z = \frac{(2 \times 전교\ 석차) - 1}{2 \times 총\ 학생\ 수}$$

찾으려는 CRS 점수가 아래 표의 Z값과 일치하지 않을 경우에는 한 단계 올림한 Z값을 찾으면 된다. 예를 들어, Z값이 0.0099이면 Z의 올림값은 0.0123이 되고, CRS는 73점이 된다.

Z	CRS	Z	CRS	Z	CRS
0.0017	80	0.1712	60	0.8531	40
0.0023	79	0.1978	59	0.8749	39
0.0031	78	0.2267	58	0.8944	38
0.0041	77	0.2579	57	0.9115	37
0.0055	76	0.2913	56	0.9265	36
0.0072	75	0.3265	55	0.9394	35
0.0095	74	0.3633	54	0.9505	34
0.0123	73	0.4014	53	0.9599	33
0.0159	72	0.4405	52	0.9678	32
0.0203	71	0.4802	51	0.9744	31
0.0257	70	0.5199	50	0.9798	30
0.0323	69	0.5596	49	0.9842	29
0.0402	68	0.5987	48	0.9878	28
0.0496	67	0.6368	47	0.9906	27
0.0607	66	0.6736	46	0.9929	26
0.0736	65	0.7088	45	0.9946	25
0.0886	64	0.7422	44	0.9960	24
0.1057	63	0.7734	43	0.9970	23
0.1252	62	0.8023	42	0.9978	22
0.1470	61	0.8289	41	0.9984	21
				1	20

| 부록 2 |

내신성적 대비 CRS 환산표

자신이 재학 중인 고등학교에서 전교 석차를 내지 않고, 퍼센타일이나 영문으로 표기되는 학점, 또는 4.0 만점으로 표기되는 학점을 매긴다면, 아래 표에서 각 내신성적에 해당하는 CRS 점수를 찾을 수 있다.

퍼센타일 석차	영문으로 매겨진 학점	4.0 척도에서의 GPA	CRS
98 ≥ 97.00 – 97.99 96.00 – 96.99	A⁺	4.30 ≥ 4.20 – 4.29 4.10 – 4.19	80 79 78
95.00 – 95.99 94.00 – 94.99 93.00 – 93.99	A	4.00 – 4.09 3.90 – 3.99 3.80 – 3.89	77 75 73
92.00 – 92.99 91.00 – 91.99 90.00 – 90.99 89.00 – 89.99	A⁻	3.70 – 3.79 3.60 – 3.69 3.50 – 3.59 3.40 – 3.49	71 70 69 68
88.00 – 88.99 87.00 – 87.99 86.00 – 86.99	B⁺	3.30 – 3.39 3.20 – 3.29 3.10 – 3.19	67 66 65
85.00 – 85.99 84.00 – 84.99 83.00 – 83.99	B	3.00 – 3.09 2.90 – 2.99 2.80 – 2.89	63 61 59
82.00 – 82.99 81.00 – 81.99 80.00 – 80.99 79.00 – 79.99	B⁻	2.70 – 2.79 2.60 – 2.69 2.50 – 2.59 2.40 – 2.49	57 55 53 51
78.00 – 78.99 77.00 – 77.99 76.00 – 76.99	C⁺	2.30 – 2.39 2.20 – 2.29 2.10 – 2.19	49 48 47
75.00 – 75.99 74.00 – 74.99 73.00 – 73.99	C	2.00 – 2.09 1.90 – 1.99 1.80 – 1.89	46 45 44
72.00 – 72.99 71.00 – 71.99	C⁻	1.70 – 1.79 1.60 – 1.69	42 40
70.00 – 70.99	D⁺	1.50 – 1.59	38
70.00 ⟨	D	1.50 ⟨	35

미국의 우수 대학교 순위

America's Best National Universities (2007년도 발표)
자료 : 〈US News & World Report〉

1 Princeton University(NJ)

2 Harvard University(MA)

3 Yale University(CT)

4 California Institute of Technology(CA)

  Stanford University(CA)

  Massachusetts Inst. of Technology(MA)

7 University of Pennsylvania(PA)

8 Duke University(NC)

9 Dartmouth College(NH)

  Columbia University(NY)

  University of Chicago(IL)

12 Cornell University(NY)

  Washington University in St. Louis(LA)

14 Northwestern University(IL)

15 Brown University(RI)

16 Johns Hopkins University(MD)

17 Rice University(TX)

18 Vanderbilt University(TN)

  Emory University(GA)

20 University of Notre Dame(IN)

21 Carnegie Mellon University(PA)

  University of California-Berkeley(CA)

23 Georgetown University(DC)

24 University of Virginia(VA)

  University of Michigan-Ann Arbor(MI)

26 Univ. of California-Los Angeles(CA)

27 U. of North Carolina-Chapel Hill(NC)

  Univ. of Southern California(CA)

  Tufts University(MA)

30 Wake Forest University(NC)

31 College of William and Mary(VA)

  Brandeis University(MA)

  Lehigh University(PA)

  Univ. of Wisconsin-Madison(WI)

  Boston College(MA)

  New York University(NY)

  University of Rochester(NY)

  Case Western Reserve University(OH)

  Univ. of California-San Diego(CA)

  Georgia Institute of Technology(GA)

41 U. of Illinois-Urbana-Champaign(IL)

42 University of Washington(WA)

  Rensselaer Polytechnic Inst.(NY)

44 University of California-Irvine(CA)

  Tulane University(LA)

  Yeshiva University(NY)

47 Pennsylvania State U.-University Park(PA)

  University of Texas-Austin(TX)

University of California–Davis(CA)

Univ. of California–Santa Barbara(CA)

University of Florida(FL)

52 George Washington University(DC)

Syracuse University(NY)

54 Pepperdine University(CA)

University of Miami(FL)

Univ. of Maryland–College Park(MD)

57 Ohio State University–Columbus(OH)

University of Pittsburgh(PA)

Boston University(MA)

60 Miami University–Oxford(OH)

Texas A&M Univ.–College Station(TX)

University of Georgia(GA)

Rutgers–New Brunswick(NJ)

64 Purdue Univ.–West Lafayette(IN)

University of Iowa(IA)

Worcester Polytechnic Inst.(MA)

67 University of Connecticut(CT)

University of Delaware(DE)

70 Clemson University(SC)

Indiana University–Bloomington(IN)

Southern Methodist University(TX)

Brigham Young University(UT)

Michigan State University(MI)

Fordham University(NY)

76 Univ. of California–Santa Cruz(CA)

77 Virginia Tech(VA)

University of Colorado–Boulder(CO)

St. Louis University(LA)

Stevens Institute of Technology(NJ)

81 North Carolina State U.–Raleigh(NC)

Baylor University(TX)

Marquette University(WI)

Iowa State University(IA)

Clark University(MA)

86 American University(DC)

SUNY–Binghamton(NY)

88 University of Tulsa(OK)

University of Tennessee(TN)

University of Vermont(VT)

University of Alabama(AL)

Auburn University(AL)

Univ. of California–Riverside(CA)

University of Denver(CO)

Howard University(DC)

University of Kansas(KA)

University of Missouri–Columbia(MO)

University of Arizona(AZ)

University of the Pacific(CA)

Northeastern University(MA)

Univ. of Massachusetts–Amherst(MA)

Univ. of Nebraska–Lincoln(NE)

SUNY College of Environmental Science
and Forestry(NY)

SUNY–Stony Brook(NY)

105 University of New Hampshire(NH)

Texas Christian University(TX)

University of Dayton(OH)

University of San Diego(CA)

Illinois Institute of Technology(IL)

110 Ohio University(OH)

Florida State University(FL)

112 University of Missouri–Rolla(MO)

University of Kentucky(KY)

Loyola University Chicago(IL)

미국의 우수 대학 순위 산정 방법

대학 입학 시험 점수의 순위에 따라 일사불란하게 대학교 순위가 정해지는 우리나라와는 달리, 미국에서는 '좋은 대학' 순위가 다양한 자료와 기준으로 만들어진다.

매년 미국의 대학 순위를 집계하여 발표하는 〈US News & World Report〉와 같은 기관에서는 입학생들의 대입 전형 시험 점수, 입학생들의 내신성적, 교수의 수 및 학생 대 교수의 비율, 한 학급당 학생 수, 학생에게 지급하는 재정 보조의 규모, 지원자 대비 합격률, 합격자 대비 등록률, 등록 학생의 보유율, 대학의 운영 총액 등을 종합적으로 고려하여, 박사/석사/학사 과정별로, 또는 전공분야별로 집계하여 발표한다.

따라서 어느 대학으로 진학할 것인지를 결정하려면 지원하고자 하는 희망 전공을 먼저 정한 후, 해당 전공 분야의 대학 순위를 찾아보고, 그 대학의 전반적인 순위까지 종합적으로 판단하여 결정하는 것이 바람직하다. 이외에도 물론 학비, 기숙사비와 같은 교육 경비, 학교에서 주는 재정 보조 금액, 학교의 위치나 생활 환경 등도 고려해야겠다. 참고로, 다음은 대학 평가 자료를 제공하는 대표적인 곳이다.

1. US News & World Report : 대학교와 대학원 순위와 전공별 순위를 책자나 인터넷 (www.usnews.com)으로 제공한다.
2. The Princeton Review : 『The Best 345 Colleges』라는 책자를 시판한다.
3. Kaplan : 『How to Get Into College』라는 책자를 시판하고 있다.
4. 『The Fiske Guide』: 대학별 특장점 및 교육 환경, 생활 환경 등의 정보가 담긴 책자이다.

대입 지원용 우수 에세이 샘플

미국에 거주하다 초등 6학년 때 한국으로 온 남학생이 쓴 에세이다. 미국에서
자랐기에 한글을 잘 못했으며, 공부해야 할 개념을 잘 이해할 수 없어 일단은
무조건 통째로 외워서 시험을 칠 수 밖에 없었던 상황을 실감나게 묘사했다.
밤늦도록 시험 준비를 하는 모습을 통해 자신의 무서운 끈기, 집념, 노력하는
인성을 보여주었다.

   The Test approaches and everything comes together in slow
motion. A veil of nervousness over me shakes, half with anxiety and
the other half with excitement. The first test at a school in Korea. With
a deep breath, I take the test papers from the fellow classmate in front
of me and I begin. One look at the choices and I am filled with a
familiar confusion ? it's written in Korean. Problem number one:
Which of the following is not true about the Korean language?
'Hmm… is the answer 'A' or 'C?' I am perplexed. As I gradually
engross myself into the text, however, each problem becomes easier,
easing little by little the heavy weight that had smothered me for the
past week. 'Ah, the answer is 'A.' Now everything is back as it was,
moving at a normal pace and before I know it, I am already on
problem forty, the last one on The Test. Along with any remnants of
anxiety left, I place The Test into the pile of other tests in a box at the
front of the room. Yet, walking back to my desk, the worries I had just

fended off jump out from the box of tests and strike me again. The slow motion kicks back in and I look back at my week preparing for The Test.

The clock in the living room strikes midnight for the fifth day in a row as I prepare for The Test. I am becoming accustomed to the hazy sensation of my head bobbing up and down like a cork in water as I unwittingly walk between the vague line of sleep and study. Dragging my feet to the bathroom and splashing my face with water for the second time, I am awake again, though I do not know how long it will last. Plopping down at my desk, I am overpowered by a feeling of emptiness, for I cannot stand the meaningless routine of simple memorization. And for some reason, it is at that moment that I pledge to myself this: no longer will I memorize concepts but attempt to understand them, and this I would do through patience and perseverance.

The teacher gives us our Test scores the next day. I am astonished. I had learned only the basics of Korean from my parents and also from a weekly Korean-language school at a church in America, and subsequently, my knowledge was that of a second grade student in Korea. Not knowing how to read nor write Korean very well when I first moved to Korea, I had felt as if there was a sheet of plastic wrap around my face suffocating me both physically and psychologically. Spending endless, seemingly futile nights in front of my desk trying to soak in the words from the abominable textbooks, I eventually memorized whole passages from the text without comprehending the concepts. Yet here I was, having just received my first graded test in Korea; I had done surprisingly well compared to my fellow sixth grade classmates.

I take a good look at the score on The Test. After a moment of staring, I then realize that the endless effort was more than worthwhile. And to my own astonishment, as the years pass, I find myself in Korea's top high school truly savoring the beauty of knowledge. The Tests that had distressed me so much back then are all but mere tests now. Diligence has brought me here, where I am no longer afraid of The Test.

〈Essay 2〉 A Poem

이 글은 장래에 시인이나 영문학자가 되길 희망하는 여학생이 쓴 에세이다. 시를 공부하던 중 어느날 갑자기 찾아든 깨우침, '아하!' (Aha) 과정을 통해 시의 오묘한 맛과 세계에 매료되었고, 시를 구성하는 단어들이 더 이상 단편 단편 조각난 것이 아니라 자신에겐 아름다운 하나의 예술품으로 다가온다고 썼다. 이러한 매력적인 시문학 분야에서 학업을 계속할 의사도 밝혔다.

Epiphany: the sudden realization or comprehension of the essence or meaning of something. A decent definition, but Wikipedia neglected to mention that an epiphany is often accompanied with a strong, almost irrational emotion, such as disappointment or shock. In my case, euphoria.

It was in English Literature class, the moment that I decided I wanted to major in the subject. The poem was 'Digging' by Seamus Heaney; it retraced the lives of the narrator's father and grandfather, as the narrator himself stood at a window watching his father gardening. The line was "My father, digging… bends low, comes up twenty years away." The question, a seemingly innocent query from our teacher, was "Which word should have been used instead of 'years'?" And it hit me. It was "yards." The narrator's father had bent low, and came up twenty yards away.

"Yards!" I yelled. "It's yards! It's yards!" My friends sitting on either side of me began to inch away with peculiar looks on their faces. "It's yards, isn't it? Oh my god, it's pure genius, it's amazing, it's yards!" I was enraptured. Just like that, twenty yards had become twenty years, and the reader had begun a walk into the past. With one word, the poet had transformed distance into time.

In my mind's eye, I can see myself then, in a cave, vacantly staring into a wall filled with flickering shadows. Someone quietly walks up from behind, and gently puts a hand on my shoulder. I turn, docile, unsuspecting, and a light fills my eyes and floods my veins. I don't need the wall anymore, I have the real thing. I have had an "epiphany."

That was what the moment in literature class meant to me, an epiphany. Until then, poetry had just been words, strung together in a random form to make it look artistic. I preferred prose, which actually seemed to make sense. That moment, however, helped me glimpse through a small chink in the door, where, like multi-colored threads tangled in a beautifully measured chaos, I observed the complex entwining of technique and meaning.

I often wonder whose hand it is on my shoulder in that cave. It could be the teacher's, the poet's, or even the poem's. Perhaps it is my own, a part of me within that had been waiting for this moment all along. Frederick W. Robertson once said that "the office of poetry is not to make us think accurately, but feel truly." It only took a moment for me to not rationally decide, but to feel that this was what I wanted to study, what I wanted to do. Two years later, I have yet to change my mind.

어릴 때 미국에서 살다 한국에 돌아온 후, 몇 년 지나 다시 미국으로 이주한 남학생이 쓴 에세이다. 자신이 미국에서 한글학교에 다니며 어렵게 한글을 익혔던 경험과, 다시 미국에 건너간 뒤 한글학교에서 유치원 어린이들에게 '르'을 올바르게 발음하도록 가르치는 모습을 묘사했다. 여러 조각이 모여 아름다운 모자이크가 되듯, 한국과 미국 문화의 고유성과 다양성을 조화롭게 연결시킬 '다리'가 될 수 있음을 부각시켰다.

"All right everyone. This is the character 'lee-ul.' Repeat after me. Lee-ul."

"Ree-ul."

It is a Friday. Korean school begins and the kindergarten students are bubbling with excitement despite the fact that they were dismissed from their American schools just a few hours earlier. The teacher earnestly starts class with an introduction to a new Korean character, hoping that her pupils will just as eagerly try to learn. As I, her assistant, look into the eyes of these children who are giving all they have ? without success ? to make this one particular sound, I see an image of a boy. It is not, however, a boy whose face is marked with distinctive attributes of a teenager, but the youthful face of a seven-year-old boy. It is myself, but eleven years ago in America.

"OK, why don't we try pronouncing 'lee-ul' today," my own teacher inquired.

It was after church service, and my parents had sent me to a Korean Sunday school. Here, my teacher had brought into my life the enigma of 'lee-ul' with this question. "Ree-ul," I would say with diminishing alacrity for the fourth time, unable to adopt the new phenomena as my tongue confused its identity between the two different worlds of English and Korean. Then, my teacher would patiently correct me for the fifth time. This character had become the bane of my life. After a while though, with time and the help of my parents, I was able to master the obnoxious 'lee-ul.' Yet, a few years later when I first moved to Korea, I encountered more than just the character 'lee-ul.' Painfully, yet not fruitlessly, I slowly unearthed my self-identity; I learned the history, culture, and traditions of my native country and became infinitely grateful for having experienced what it was to be a Korean.

When I came back to the States a few years later, however, I met some Koreans whose cultural unawareness was rather disappointing. I found this lack of knowledge disheartening, for the beauty and strength of the Korean heritage was one that I had come to respect and love. It was for this reason that I started to enjoy helping the younger generation; I felt I had much to tell them of their identity and of the contributions they could make in a Korean-American society. I too wanted to be a part of someone's life just as my Korean Sunday school teacher was part of mine.

I look into the reflection in the kindergartners' eyes again, and see another fragment of the young person whom I had first seen. I am a bridge, connecting the two different worlds. Teaching others of the Korean and American culture, I hope that someday they will be able to stand proudly and at the same time fit into society's mosaic. Multiple cultures are bound to clash, but I hope to be the one to fuse them together with my knowledge.

Now that class has actually started, the kindergartners all of a sudden look tired. Some are fidgeting in their seats, and others are off in another world. But nevertheless, I help them because I love who they are.

"No. Let's try again. It's called Lee-ul."

"Ree-ul," they say.

〈Essay 4〉 Prison

자신이 다섯 살 되던 해에 학생운동으로 감옥에 들어가시던 아버지와 교도소 앞에서 헤어지던 순간을 그리면서 그 당시 자신의 철없던 행동과 생각으로 오랫동안 죄책감과 혼란에 빠졌던 여학생이 쓴 에세이다. 그 이후 지속적으로 짓누르던 죄책감이 오늘날 자신을 서 있게 만든 밑거름이라고 고백하면서, 만약 다시 그러한 상황이 온다면 자유와 정의를 위해 일하는 아빠의 든든한 지지자요 후원자가 되겠다고 다짐했다.

When I was five, my father went to prison. I offered to accompany him to the building. Firmly gripping his little finger, I walked his unhesitating firm walk. As the heavy imposing doors approached, my solemn loyalty slowly began to disintegrate. The bleak grey bars began to frighten me, and I wondered, would I actually have to go into prison with him? What if they don't let me go? What if I have to stay in prison without my mother? Oh no, I don't want to do that, I-

I let go of his hand, and ran back to my mother.

Over the years, I tried to justify my actions. I was only five. It was the natural thing to do. But as I learned more about the political circumstances of the time, the choices my father faced, the risks he took, the truth stared at me more mercilessly than ever. I had deserted my father.

My shame grew as I understood both my parents' decisions. I

remembered my mother's expression as he went into the building: reproachful, but grudgingly admiring. During South Korea's political turmoil and military dictatorships of the 80s and 90s, he had fought for laborer's rights and fair elections. He had refused to remain silent to the bloodshed at Kwangju in 1980, at the student protests in June of 1987, and he refused to remain silent now. (That day, he had actually been on his way to a demonstration that led to his arrest. Being young, I had perceived it as going straight to prison.) She could have left him then, for putting his causes before his family, but divorce was never an option. After all, they had met through one of those student demonstrations, and she wanted her girl to grow up with a father. She knew the hardships we would face, but she accepted them. She did not desert him. I did.

It's a funny thing, guilt. Sometimes you can shrug it off, but sometimes it weighs in your stomach like a block of lead and stays there. My guilt settled in my five-year-old belly as I ran from my father that day, and it hasn't left since. The real blow, however, came slowly. My father had never deserted, and would never desert me as I had deserted him. He would always be in the background, a reassuring hand on my shoulder. I realized that the tremendous support that I had always taken for granted was something I had never given. I found myself wanting to be the pillar that my father had always been to me.

In retrospect, I owe a great deal to my guilt. It's made me who I am today. As I replayed that moment in my head, I promised myself what my parents have showed me all their lives; that I will be in the background, the hand on the shoulder, the pillar to those I love.

지원자가 사는 동안 풀리지 않는 미스터리로 남아 있는 것이 무엇인지라는 주제로 쓴 에세이다. 누구나 몇 번씩 꾸었을 꿈에 대해 묘사한 이 글은 꿈속에서 크라운이 왜 자기를 계속 쫓는지, 꿈은 왜 내용이 논리적으로 연결되지 않는지, 그런 꿈을 꾸는 이유가 무엇인지에 대해 썼다. 이러한 의문점들이 언젠가는 풀려 각자 꾼 꿈을 이해하는 날이 오길 바란다는 이 글은 심리학(또는 의학) 분야에 관심이 많은 여학생이 쓴 것이다.

I was running down the empty streets as fast as I could. Still running, I took a quick look behind me and saw the clown on the unicycle following me. Desperate to escape the clown, I dashed into a random house on the street. As I hesitantly walked through the house, I recognized my friend and a pink bunny in a tuxedo having a tea party. Relieved to see her, I tried to join their serious discussion about the poor grade of my midterm paper, but my friend stopped me. Bewildered, I looked at her as she slowly opened her mouth and began to make an annoying buzzing sound.

It was after I turned off the alarm next to my bed and saw the sun shining though the misty fog in my room did I realize I was dreaming of the well-dressed bunny on my dresser and the grade of my paper, which I had not even gotten back yet. However, this was not the first time I dreamt about being chased by a clown. Why was I having random, recurring dreams, and what was the meaning of these particular dreams? As I lay in bed thinking about these questions, I could not help but feel disappointed at the fact that despite today's advanced scientific research, no definite explanation on dreams is yet constructed.

For centuries, several renowned scientists and psychologists have tried to explain the phenomenon of dreams, but with no satisfactory data that fully fortifies their assertions. As posited in many of his books, psychologist Sigmund Freud speculated that dreams reveal our hidden desires through symbols in our dreams. Recently, scientific researchers focused on the biological approach and claimed that dreams occur when the brain reacts to either random neuron firings or clears out and organizes the information taken in during the day. Those studies significantly contributed to getting closer to understanding what dreams are. Although none were able to offer infallible explanations, humans still strive for the truth behind dreams, each for different reasons.

I prefer a clear explanation on the reasons for certain recurring dreams and if any, the hidden meanings inside them. Do the random characters, settings, or illogical plots do in fact have profound meanings? If the chase scene represents my anxiety and nervousness coming from the overwhelming workload coming from college applications, SAT scores, and college classes, then why was it portrayed through a clown on a unicycle? Could dreams potentially alert us to the personal problems that we tend to overlook? Perhaps deciphering dreams could help us become more aware of our own identities, if they truly mirror our deepest anxieties and aspirations.

지원자가 겪은 이질적인 문화를 묘사하고 그 차이를 어떻게 이해했는지 쓰라는 대학의 선택 주제로 남학생이 쓴 비교적 짧은 에세이다. 고등학생일 때 미국에 유학 간 학생인데, 다른 학생들이 자기와 지나쳐갈 때마다 자기를 보고 웃어서 자신을 비웃는 것이라 여기고 기분이 나빴다고 했다. 그런데 미국인들은 모르는 사람과 맞닥뜨렸을 때 서로 웃는데, 한국인들은 무표정하다는 문화적 차이를 설명했다.

I checked my shirt; no stain. I checked my pants and shoes. I checked my face and my hair to find anything that looked funny; nothing seemed to be wrong. Then why in the world did she laugh at me? After I came to America, I often caught people grinning at me when I walked by. I was confused and indignant.

One day, I was walking with my friend on campus. A cute girl, with dark curly hair, round eyes and nice clothes, was walking towards us. When our eyes met, she laughed at me. After a few embarrassing seconds, she walked past us, and I asked my friend why people kept laughing at me. He told me that she was not "laughing at" me, but she was "smiling towards" me. I found out that people here smile to each other to be nice and to show respect.

That was a new experience for me. If I smiled at an unfamiliar person in Korea, he would think that I was jeering at him, and he would probably be angry. In comparison to the cold and serious personal atmosphere in Korea, America seemed warm and welcoming with friendly greetings given to strangers. While it was difficult at first to smile at people I didn't know, one day I tried it and it wasn't that hard at all. To smile and to say "hi" to an unfamiliar person has become my new habit. In response, I receive a warm and welcoming "hi" with a smile.

SAT 영어 시험을 준비하는 중고등학생을 위한 추천 도서

다음은 미국 사립고등학교협회와 칼리지보드에서 SAT영어 시험 준비를 위해 꼭 읽을 것을 권하는 추천 도서 목록이다.

● **고등학생 추천 도서** ●

Achebe, Chinua. *Things Fall Apart.*

Alvarez, Julia. *How The Garcia Girls Lost Their Accents*

Anderson, Sherwood. *Winesburg, Ohio*

Angelou, Maya. *I Know Why the Caged Bird Sings*

Arnett, Peter. *Live from the Battlefield: From Vietnam to Bagdad*

Austen, Jane. *Pride and Prejudice*

Baker, Russell. *Growing Up*

Blais, Madeleine. *In These Girls, Hope Is a Muscle*

Brontë, Charlotte. *Jane Eyre*

Brontë, Emily. *Wuthering Heights*

Brooks, Polly Schoyer. *Queen Eleanor, Independent Spirit of The Medieval World: Biography of Eleanor of Aquitaine*

Buck, Pearl S. *The Good Earth*

Cather, Willa. *O Pioneers*

Cervantes, Miguel de. *Don Quixote.*

Chaucer, Geoffrey. *The Canterbury Tales*

Cisneros, Sandra. *The House On Mango Street*

Conrad, Joseph. *Lord Jim*

Cooper, James Fenimore. *Last of the Mohicans*

Cormier, Robert. *The Chocolate War*

Crane, Stephen. *The Red Badge of Courage*

Defoe, Daniel. *Robinson Crusoe*

Delany, Sarah and Elizabeth. *Having Our Say : The Delany Sisters' First 100 Years*

Dickens, Charles. *David Copperfield*

Dickens, Charles. *Great Expectations*

Dickens, Charles. *A Tale of Two Cities*

Dostoyevsky, Fyodor. *Crime and Punishment*

Dreiser, Theodore. *Sister Carrie*

Du Maurier, Daphne. *Rebecca*

Eliot, George. *Silas Marner*

Ellison, Ralph. *Invisible Man*

Faulkner, William. *As I Lay Dying*

Faulkner, William. *The Sound and the Fury*

Fitzgerald, F. Scott. *The Great Gatsby*

Frank, Anne. *Anne Frank : The Diary of a Young Girl*

Golding, William. *Lord of the Flies*

Grealy, Lucy. *Autobiography of a Face*

Gunther, John. *Death Be Not Proud*

Haley, Alex. *Roots*

Hardy, Thomas. *Return of the Native*

Hawthorne, Nathaniel. *The House of Seven Gables*

Hawthorne, Nathaniel. *The Scarlet Letter*

Heinlein, Robert A. *Stranger in a Strange Land*

Hemingway, Ernest. *A Farewell to Arms*

Hemingway, Ernest. *For Whom the Bell Tolls*

Hemingway, Ernest. *The Sun Also Rises*

Homer. *The Ilia*

Homer. *The Odyssey*

Hugo, Victor. *Les Misérables*

Hurston, Zora Neale. *Their Eyes Were Watching God*

Joyce, James. *Portrait of the Artist as a Young Man*

Kesey, Ken. *One Flew Over the Cuckoo's Nest*

Knowles, John. *A Separate Peace*

Kuralt, Charles. *Charles Kuralt's America*

Lee, Harper. *To Kill a Mockingbird*

London, Jack. *The Sea Wolf*

Malamud, Bernard. *The Natural*

McCaffrey, Anne. *Dragonsong*

McCullers, Carson. *Member of the Wedding*

Melville, Herman. *Moby Dick*

Miller, Arthur. *Death of a Salesman*

Miller, Arthur. *The Crucible*

Mitchell, Margaret. *Gone With the Wind*

Myers, Walter Dean. *The Glory Field*

O'Brien, Tim. *The Things They Carried*

Orwell, George. *1984*

Paton, Alan. *Cry, the Beloved Country*

Poe, Edgar Allan. *Complete Tales and Poems*

Potok, Chaim. *My Name is Asher Lev*

Potok, Chaim. *The Chosen*

Remarque, Erich Maria. *All Quiet on the Western Front*

Salinger, J.D. *The Catcher in the Rye*

Scott, Sir Walter. *Ivanhoe*

Shakespeare, William. *Macbeth*

Shakespeare, William. *A Midsummer Night's Dream*

Shakespeare, William. *Hamlet*

Shakespeare, William. *King Lear*

Shelley, Mary. *Frankenstein*

Shepard, Alan and Deke Slayton. *Moon Shot: The Inside Story of America's Race to the Moon*

Shute, Nevil. *On the Beach*

Silko, Leslie Marmon. *Ceremony*

Sinclair, Upton. *The Jungle*

Sophocles. *Oedipus Rex*

Steinbeck, John. *The Grapes of Wrath*

Steinbeck, John. *The Pearl.*

Steinbeck, John. *The Red Pony*

Steinbeck, John. *Of Mice and Men*

Stevenson, Robert Louis. *Dr. Jekyll and Mr. Hyde*

Stoll, Clifford. *Silicon Snake Oil*

Swift, Jonathan. *Gulliver's Travels*

Tan, Amy. *The Joy Luck Club*

Thoreau, Henry David. *Walden*

Thurber, James. *My Life and Hard Times*

Thurber, James. *The Thurber Carnival*

Twain, Mark. *The Adventures of Huckleberry Finn*

Twain, Mark. *The Adventures of Tom Sawyer*

Wharton, Edith. *Ethan Frome*

Wilder, Thornton. *Our Town*

Williams, Tennessee. *The Glass Menagerie*

Wright, Richard. *Black Boy*

Wright, Richard. *Native Son*

Alexander, Lloyd. *The Arkadian*

Armstrong, Jennifer. *Steal Away*

Banks, Lynne Reid. *Mystery of the Cupboard*

Beller, Susan. *Cadets At War : The True Story of Teenage Heroism at the Battle of New Market*

Bruchac, Joseph. *A Boy Called Slow: The True Story of Sitting Bull*

Bruchac, Joseph. *The Boy Who Lived with the Bears and Other Iroquois Stories*

Byars, Betsy. *The Moon and I*

Collier, James L. and Christopher. *With Every Drop of Blood*

Cooney, Caroline. *Among Friends*

Cooney, Caroline. *Out of Time*

Coville, Bruce. *Jennifer Murdley's Toad*

Coville, Bruce. *Jeremy Thatcher, Dragon Hatcher*

Creech, Sharon. *Absolutely Normal Chaos*

Cummings, Pat. *Talking with Artists: Volume Two*

Curtis, Christopher Paul. *The Watsons Go to Birmingham-1963*

Cushman, Karen. *The Midwife's Apprentice*

Dubois, Muriel L. *Abenaki Captive*

Engel, Dean & Freedman, Florence B. *Jack Keats: A Biography with Illustrations*

Filipovic, Zlata. *Zlata's Diary : A Child's Life in Sarajevo*

Freedman, Russell. *Eleanor Roosevelt: A Life of Discovery*

Fritz, Jean. *You Want Women to Vote, Lizzie Stanton?*

George, Jean Craighead. Julie. *A terrific sequel to Julie of the Wolves*

Gray, Luli. *Falcon's Egg*

Haas, Jessie. *Uncle Daney's Way*

Hesse, Karen. *Letters from Rifka*

Hite, Sid. *It's Nothing to a Mountain*

Hobbs, Will. *The Big Wander*

Hoestlandt, Jo. *Star of Fear, Star of Hope*

Klass, David. *Danger Zone*

Lewin, Ted. *I Was a Teenage Professional Wrestler*

Lowry, Lois. *All About Sam and Attaboy Sam*

McKay, Hilary. *Dog Friday*

Myers, Walter Dean. *Shadow of the Red Moon*

Naylor, Phyllis Reynolds. *Alice the Brave*

Olaleye, Isaac. *The Distant Talking Drum: Poems from Nigeria*

Paterson, Katherine. *Lyddie*

Paulsen, Gary. *Brian's Winter*

Paulsen, Gary. *Call Me Francis Tucket*

Peck, Robert Newton. *A Part of the Sky*

Plummer, Louise. *The Unlikely Romance of Kate Bjorkman*

Powell, Randy. *Dean Duffy*

Rawls, Wilson. *Where The Red Fern Grows*

Rosen, Michael J. *A School for Pompey Walker*

Rostkowski, Margaret. *Moon Dancer*

Rylant, Cynthia. *The Van Gogh Cafe*

Stevenson, James. *Sweet Corn*

Taylor, Mildred. *The Well : David's Story*

Taylor, Theodore. *The Bomb*

Taylor, Theodore. *The Cay(and its prequel Timothy Of The Cay)*

Van Laan, Nancy. *In a Circle Long Ago: A Treasury of Native Lore from North America*

Wallace, Bill. *Buffalo Gal*

Watkins, Yoko Kawashima. *My Brother, My Sister, and I*

Yolen, Jane. *The Ballad of the Pirate Queens.*